鴻雁

千里寄故人

林子青書信集

聖嚴法師序

創造歷史的林子青居士

法鼓文化將在今年（二〇〇八）陸續出版林子青老居士的文集，一共四冊，這是一套超過五十萬字的大書；是林子青居士除了弘一大師研究的著作之外，比較完整的一套文集。

這套書是由林子青老居士的女兒林志明女士蒐集及整理，我向林女士提議：「最好能夠把老居士的著作，出版成為一套文集，可以讓後人做為研究的參考；否則只留下一些初稿，是永遠沒有人可以看得到的。」於是她就著手把林老居士的文章、文稿整理出來。

整理完成之後，我問她要在哪裡出版？她說：「大陸河北省的柏林禪寺重建者淨慧老法師願意出版，但沒有把握是不是一定會出版。」我說：「如果淨慧老法師不方便出版，那就在台灣出版。法鼓文化不是以營利為目的，但是，這是一本大書，法鼓文化如果不能承擔，就由我來募款，一定要把這套書出版。」

現在，這套書終於出版了，我非常的高興；相信最高興的應該就是林志明女士，因為這是她父親的遺著。

我和林子青老居士的關係是從上海靜安佛學院開始的，其實林老居士在上海靜安寺住不久，教書不到兩個學期，他主要教《古文觀止》。林老師的古文課，我不是聽得很懂，但是他解釋得很清楚。另外，他又替我們上英文課，上的是小學的英文，因為我會背，所以每次考英文都是一百分，因此他對我的印象很深。

他不僅懂英文、中文，而且日文也很好，我到過他的房間，書桌上堆了很多日文的佛教書籍。他教我的時間雖然不多，但是我很佩服他，他的儀表非常的莊嚴，少年時曾經出家，法名慧雲，曾到台灣的靈泉寺傳戒當任戒師。

這一套書內容相當豐富，一共分為四冊：

（一）第一冊為詩文集，分成兩大篇，第一篇是詩集，包含《煙水庵詩稿》以及其他的詩文合集；第二篇是散文集。

（二）第二冊是書信集，我們知道弘一大師的書信相當豐富，而林子青的書信則有十七萬字之多，這是從二十世紀六十年代以後，寫給佛教界長老以及各界朋友、家人的書信。

（三）第三冊為傳記集，分成兩大篇，第一篇人物篇，有《釋迦如來一代記》及高僧、居士、學者的傳記；第二篇為碑銘篇。林老居士素有文采，對古文的修養、對佛教的典故非常的熟悉，撰寫寺院塔銘是他所擅長。文革之後，許多寺院重修時，都會邀請他題寫碑記及塔銘。傳記集還附有林老居士的簡譜和小傳。

（四）第四冊是佛學論著集，所收錄的《因明入正理論》是學術著作，《量之定義》是因明類邏輯的書，此外還有一些短篇的文稿。

在這四冊中，每本前還有我和大陸中國佛教協會副會長覺醒法師以及林志明女士的序。由這套書中，可以看到林老居士的一生，也可以看到近代中國佛教的縮影。

法鼓文化為了報我的師恩，出版這套書。希望這套書出版之後，道場、學者們都能來請購這套書，或是林老居士的學生、朋友們也能夠買這套書送人，除了是對法鼓文化的鼓勵，也可以讓林老居士的行誼成為現代人學習的典範。

覺醒法師序

為中國佛學研究寶庫增添光輝

林子青居士是中國當代知名的佛教學者和佛學研究專家。他一生寫下了許多研究佛教方面的著作和文章，內容包括佛教理論研究、佛學知識介紹、人物傳記等等，可謂包羅萬象，豐富多彩。林子青居士，對近現代中國佛教文化的發展作出了巨大的貢獻，是中國佛教界的楷模。現在將其著作和文章匯集出版，不僅為中國佛學研究寶庫增添了光輝的一頁，也為當代學佛修行者提供了珍貴的學習資料。

林子青居士與上海佛教界可謂因緣殊勝。早在青年時期，他就在上海弘揚佛法，為一些佛教刊物撰寫文章。一九四九至一九五五年期間，他受趙樸初居士（時在上海弘法）和上海佛教會之託，在靜安古寺整理撰寫上海佛教史料，短短數年內，為上海佛學研究提供了一批可信的資料。現存上海市佛教協會的一些寺廟史料和佛教人物傳記，大都出於他的手筆。遷居北京後，林子青居士仍經常到上海弘揚佛法。他和玉佛寺的真禪大和尚交往甚密，一九八〇年以後，常來上海玉佛寺小住。

當時我為真禪大和尚侍者，每次他與真大和尚談論佛法時，我都陪侍在側。他常常勉勵我要努力學習佛學理論，爭取做一個弘揚佛法的接班人。我記得，林子青居士每次到上海弘法，都要為上海佛學院學僧講課，有時還到上海佛教居士林為居士們講授佛學。還曾應邀到上海社會科學院宗教研究所和上海市宗教學會講演，受到聽眾們的歡迎。正是由於有像林子青居士這樣潛心於佛學研究和弘法事業的大德的示範，我們上海佛教界才一直具有重視弘揚佛教文化的優良傳統。

談起林子青居士與真禪大和尚的深厚友誼，真是十分感人。不僅林子青居士每次到上海弘法，都要在玉佛禪寺小住，而且真禪大和尚每次去北京，都要到林老家拜訪。有時兩人白天同在中國佛教協會參加會議，晚上真大和尚還一定要前往林老家暢談一番。

林老與真大和尚的深情厚誼，也影響到了林子青居士的子女。林老的女兒江濤（林志明）也成為真禪大和尚的佛門好友，她雖身居常州，但幾乎每年都要到玉佛寺來拜佛，並拜見真禪大和尚。記得有一年，常州天寧寺的松純大和尚邀請真禪大和尚前往講經，江濤居士（時任常州市佛教文化研究會副會長）也在座聽講。她不僅認真聽，而且還做了詳細記錄，後來並整理成文，刊登在他們當時出版的《毗陵佛教》刊物上，分發給常州佛教界人士傳閱。

正是因為林子青居士一家與真禪大和尚有著如此的情緣，所以在真禪大和尚與林子青居士先後故世後，江濤居士仍與我過從甚密。去年五月，上海靜安寺慶祝「正法久住」梵幢落成典禮時，我和她再度相逢，當時她提起要我為即將編輯出版的《林子青集》作序的事，我雖自知才疏學淺，恐有負重託，但還是允諾了。

林子青居士曾為《中國大百科全書》（宗教卷）撰寫了許多有關佛教的條目，為讀者所稱頌。他所撰寫的有關佛教儀軌及介紹中國古代佛教史及歷代高僧等文章，均被收入《中國佛教》第一、二、三、四輯，已成為一些佛學院所採用的重要學習資料。他的佛學著述和文章，涉及範圍甚廣：有闡釋佛學理論的專著，也有弘揚佛教知識的講演；有為佛教高僧編寫的《年譜》（他是研究和弘揚弘一大師精神和撰寫《弘一大師年譜》的第一人），也有為佛教名人撰寫的小傳；有為各地名山大寺所寫的碑記，也有為高僧大德出版的佛學著作所寫的序和跋；有為許多寺廟（尤其是閩南地區）殿堂所撰的楹聯；另外，還有大量他早年行腳各地佛寺和名勝古蹟時歌頌佛教及懷念師友的詩詞歌賦（當年曾被稱為詩僧）……。現在，把它們蒐集到一起，真可謂琳琅滿目，美不勝收。

特別值得一提的是，林子青居士的所有著作和文章，有一個明顯的特點，就是字字句句認真負責，一絲不苟。據我所知，他在編寫《弘一大師年譜》和後來的《弘一大師新譜》，以及研究房山石經資料過程中，數十年如一日，孜孜矻矻，一字一條，都認真審核，查對原始資料，以免差錯。他所寫的佛學論文，也都實事求是，從不道聽塗說，做到言必有據，而且說理性強。他的文筆非常通暢生動，深入淺出，頗受讀者歡迎。

林子青居士著述的結集出版，不僅為今後大力弘揚佛法提供了許多寶貴資料，而且也為我們後學之輩樹立了一個良好的榜樣。在林子青居士文集即將付印之際，遵江濤居士之囑，撰寫序文。之前我翻閱了部分文稿，感到獲益匪淺，然自愧愚鈍，不善作文，勉為其難，寫成此序，尚祈佛門同道加以斧正。

二〇〇八年一月於滬上

◎覺醒法師，現任中國佛教協會副會長、上海佛教協會會長、上海玉佛禪寺住持

林志明代序

讀其書而知其人

《林子青文集》行將付梓，十分感恩，無限欣慰！感恩的是，若不是聖嚴法師的倡議，這個集子將難以問世；欣慰的是，父親留存的遺稿終於能讓後人得以分享，使佛教文化的寶庫中多少增添了一些可資參考和學習的內容。

父親於二〇〇二年九月往生，聖嚴法師於是年十一月八日便來信提到：「我很想寫一篇追悼文，苦於手頭的資料不多，也許可請你們姊弟中的一人，或者找到一位有文字能力的人士，為林子老編一冊年譜，縱然是簡譜，也很有保存中國佛教近代史料文獻的意義和價值。……」儘管在父親九十壽辰時，法鼓文化已編輯出版了《林子青居士文集》三冊，近五十萬字，但卻未涵蓋其早年所撰已出版及未出版的著作。親歷父親為編著《弘一大師年譜》、《弘一法師書信》、《弘一大師新譜》等，前後數十年匯集、整理、編輯之艱辛，加之，自己才疏學淺，對於法師的建議自覺難以勝任。但由於法師的提醒，二〇〇三年我開始整理父親的遺稿，並將它們一一複印並編出目錄。

為能展示父親的思想感情、學術觀點和待人接物，我於二〇〇四年開始清理其親朋好友的來信，選出三十幾位僧俗好友的書信，但其中仍住世者竟不到三分之一。我輾轉打聽到各人的住址後，向海內外有關人士發出了近三十封信，希望從他們本人或其後人處匯集父親的手札。然而，得到的回信僅僅不到十封。幾經周折，先後歷時一年多，終於匯集到了二百餘通，但多是文革以後的。

二〇〇五年以後，得到法鼓文化的鼓勵，我在整理謄寫父親其他文稿的同時，也開始用繁體謄寫其手札，至二〇〇六年中，完成計約二十餘萬字的抄寫。為文集的《書信集》做好了準備。這裡，要特別感謝上海的彭長青老師，他所保存的父親手札最完整，每當遇到信中論及某些人物及專題時，他都會應我所求而作註解；圓拙老法師的弟子黃克良居士，保留著父親的全部書信，父親通過他與其最可親的學生和摯友拙老交流；天津弘一法師俗家孫女李莉娟女士，不但提供了父親給她本人及其父的手札，並蒐集到父親給天津有關人士的書信；台灣陳慧劍居士（已往生）的女兒陳無憂女士在百忙中整理出三十多通，並一一複印寄來；其他，如新加坡妙燈長老、陳珍珍女士、豐一吟女士、沈繼生居士（已故）的女兒、夏宗禹先生（已故）的女兒等，都為此作出了貢獻。

《詩文集》應是《文集》中最精彩的，因為它是以父親一九三六年所出版的《煙水庵詩稿》及此後幾年曾在早期《佛教公論》上所刊出的「華嚴詩社詩選」的詩作為基礎的，而那正是他風華正茂、才華橫溢時的作品；那一腔愛國熱血，令人激昂不已，也可看到他早年生活和行腳的點點滴滴。此後，他也做過不少散見於各處的詩篇、悼詞、楹聯等，卻往往是應一時之需而為，但其中那篇〈悼亡室周太夫人〉，確實是其真情之流露，讀來感人肺腑，催人淚下！

《傳記集》中的《釋迦如來一代記》，是作者早年根據武者小路原著編譯的，讀來文字有點怪怪的，大概是時代差異太大的緣故吧?!《福建禪德》，是一本手稿，未見發表過，作為福建人，他對故鄉的高僧大德情有獨鍾，才會如此認真地蒐集編寫他們的小傳，是頗有歷史價值的。至於那些名剎的碑記、塔銘及寺廟簡介和教界僧俗人物之介紹，多半是應各方要求而作，有好多則是應《佛教百科全書》編輯之需而寫成的，所以，有的限於字數的要求，不夠詳細全面。但作者對所有的介紹都是負責的，有時，為考核其中某個年代，往往查詢多次，從他的《書信集》中可見一斑。

在《佛學論著集》中，《因明入正理論淺疏》是在父親的舊筆記本中找到的，那是一九三七年他到武漢參加抗日僧侶救護團被解散後輾轉到香港大嶼山時所作。當時他在大嶼山佛學院教書，有人向他請教有關因明的問題，他查閱了許多相關書籍，寫出了《淺疏》，讀其中的〈序〉便可知。當時才二十七歲的他，卻能如此認真研究學問，又書寫得如此工整，實在讓我欽佩！至於其他學術性的文章，多散見於各佛教刊物，也有的是在《佛教百科全書》上收錄的。

應法鼓文化的要求，我撰寫了父親的〈簡譜〉和〈小傳〉。我十八歲就離開了家，要完成這項任務實在困難。幸好我保存了父親六十多本日記、讀書筆記等。去年我去台灣探親，訪問了台南開元寺，在其「開祖堂」竟然找到了父親一九三六年應邀參加傳戒時，作為三師之一而受到歡迎的盛裝照片，我如獲至寶地翻拍了下來，同時也為編寫其〈簡譜〉和〈小傳〉提供了可靠線索。此後，我閱讀了他的日記，從中精選出二十八本，作為重點來摘取，同時，也找到了他本人在一九八〇年填寫的履歷表，經過認真核對和查證，終於勉強交了卷。我的態度是，實事求是，把一個真正的「慧雲法師——林子青居士」的一生呈現在讀者面前。

父親真的是謙謙一君子，他平易近人，寬容大度，對於自己、家人和朋友的各種境遇，不管幸運與否，總是隨喜，而從不怨天尤人，總是認真地去面對，善意地給予關懷和鼓勵。他崇敬弘一大師，處處學習大師的行誼。他的人生閱歷、學術生涯、佛教文化之旅，亦同近百年間的社會文化以及佛教文化和時勢的變遷密不可分。希望我們能讀其書而知其人：他勤奮好學，博學多才，記憶力超強；他肯於默默無聞地工作，是趙樸老的得力助手；他人緣好，交友廣，與老一輩和新一代的許多高僧大德都是好友。他為佛教文化和教育事業貢獻了一生，卻始終寧靜而淡泊志遠，平心靜氣而寵辱不驚。得知《文集》出版，相信父親在天有靈，定會含笑九泉了。

我誠摯地感謝法鼓文化的菩薩們精心策畫和組織《文集》的編輯出版，他們的耐心和虛心尤其使我感動和感謝！在數年的整理和謄寫過程中，外子喬尚明常為我查閱有關的詞書，以確認疑難字和詞；大女兒喬清波為我義務複印了全部近千頁的手抄稿留底，以防萬一丟失；小女兒喬清汶則為我去台南匯集父親的寶貴資料而創造了有利條件。對於這一切親人的支持和相助，我藉此一併向他們致謝！

二〇〇八年七月八日於澳洲悉尼

◎本文作者為林子青先生的女兒

凡例

一、本《書信集》的編排，以受信人為單位。同一受信人的書信，按時間先後排列；各人之先後，按每人第一封信的時間先後排列，但家書部分則置於最後。

二、各信的具體時間，一般均有年月日，個別未註明年份者，根據所蒐集到的信封郵戳推斷，或依據內容判斷而加用括號註明。

三、信中無法辨認的字，以□標示。

四、凡提行、空格、謙稱、著重號等書信行款格式，盡量悉如其舊而謄錄，以符合原意。

五、每一受信者盡可能加以簡介。

六、信中所涉及的人名、字號等，必要時，一般在首次出現時酌情加以註釋。

目錄

▌1944年4月10日，玉佛寺上海佛學院與靜安佛學院師僧座談後在靜安寺合影，作者（前排左四）時在靜院教書。前排右三為真禪法師，右六為芝峰法師，左三為時任靜安寺監院的密迦法師。

▌1985年，作者陪同廣洽法師（右二）參訪廬山東林寺時留影。左一為豐子愷之女豐一吟，右一為東林寺住持果一法師。

1985年，作者（右四）陪同趙樸初先生（左四）及夫人陳邦織女士（左五）等人，至福建考察文革後寺廟恢復情況時留影。

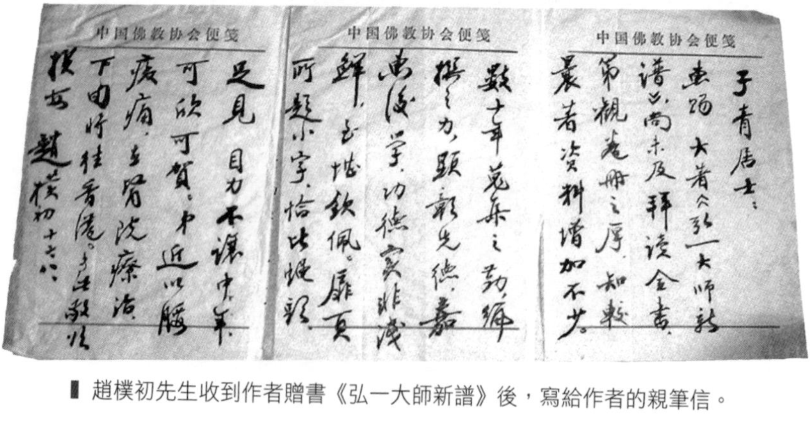

中国佛教协会便笺

子青居士：

惠赠大著《弘一大师新谱》尚未及拜读全书，第观卷册之厚，知较最著资料增加不少。

中国佛教协会便笺

数十年蒐集之勤，编撰之力，显彰先德，嘉惠后学，功德实非浅鲜，至堪钦佩。扉页所题小字，恰比蝇头，

中国佛教协会便笺

足见目力不让中年，可欣可贺。弟近以腰疼痛，去冬住院疗治，下月将往香港。手此敬颂

撰安

趙樸初 十六、八

趙樸初先生收到作者贈書《弘一大師新譜》後，寫給作者的親筆信。

1987年4月，作者與時任中國佛教協會副會長暨福建省佛教協會會長圓拙法師，於福州湧泉寺「忘歸石」側留影。

1988年10月14日（農曆九月初四）為弘一法師圓寂四十六週年，作者（前排右四）與妙蓮法師（前排右三，曾任大師侍者）等人，至泉州清源山「弘一大師舍利塔」掃墓。

▌1988年10月3日，作者（後排左三）攝於廈門南普陀寺。前排右為圓拙法師，左為妙蓮法師。

▌1988年，作者與德悟法師（右）、傳芬尼師（左）於福州佛學院留影。

▌1995年10月，作者與圓拙法師（坐者右）等友人在泉州合影。立者右起分別為豐一吟、弘一大師俗家孫女李莉娟、劉質平之子劉雪陽。

▌1995年8月，作者訪台時應邀至南投永光別苑拜訪久別數十年的印順法師。右一為作者外孫喬文華留日時的台灣同學黃雪英女士。

1995年9月20日，作者於訪台期間參訪善導寺，與了中法師（左一）和妙然法師（右一）合影。

1997年11月，上海玉佛寺住持覺醒法師（坐者右一）和靜安寺都監德悟法師（坐者右二），陪同新加坡毗盧寺住持慧雄法師（坐者左二）訪問時在外孫女喬清波上海家中小住的作者夫婦時留影。立者左一為林志明，左三為作者之妻鄭麗都。

▌1989年3月22日，作者與家人合影。左一為兒子林肯堂，右一為女兒林志明。

▌1998年，中國佛教協會祝賀作者米壽（八十八歲）送來大蛋糕；家人又為其與鄭麗都女士（右）結婚二十週年而買了小蛋糕，慶賀「雙喜臨門」。

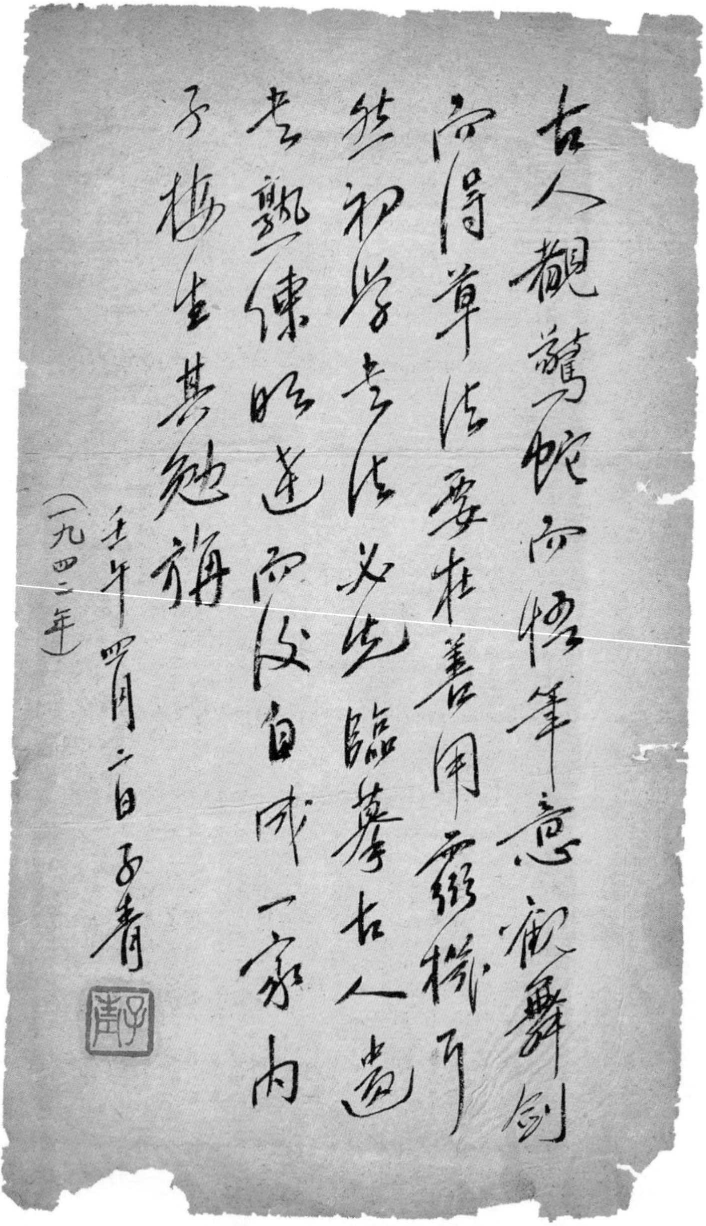
古人觀驚蛇而悟筆意觀舞劍
而得草法要在善用靈機耳
然初學書法必先臨摹古人遺
書熟練明達而後自成一家內
子梅生其勉旃
壬午四月二日子青
（一九四二年）
子青

1942年，作者為勉勵其妻周梅生練習書法而親書之贈言。

致淨嚴法師❶（一通）

淨嚴法師道鑒：

不奉教言，忽又兩載。遙惟道體安隱，諸事吉祥，為無量頌。青來京從事《佛教百科全書》編輯，已閱四載，自慚學殖荒落，進步甚遲。《百科全書》擬於今年結束，故不得不有所躍進也。

頃撰《佛教百科全書》條目，歷史資料尚可設法搜尋，唯「少林寺」一條，由青撰寫，因欲介紹之於國外，不能不力求精確。撰寫計畫，初擬寫歷史（創建及沿革），次寫建置，再次寫歷代高僧及其他傳說如少林僧兵拳術等。關於實際情況，苦不明了。

❶ 淨嚴法師：無法考證其為住何寺之僧，推測當時或住少林寺，或住少林寺附近。

考少林寺之起源，初為魏孝文帝為跋陀禪師所創，其後達摩又入寺面壁，慧可斷臂求法，種種傳說，為宗門所樂道，遂使少林寺成為中國禪宗祖庭。唐初寺僧曇宗等以破王世充有功，其後多習武術；盛唐時代，常弘戒律，禪法無聞。

元初雪庭福裕來主少林，大弘曹洞宗風，被稱為少林開山第一代，其後歷明及清，代有高德，建置規模，頗為完備。民國五年以後，尚修理一次（日本建築學家關野貞與常盤大定等曾於期間訪問少林寺，攝有照片）。民國十七年（一九二八）軍閥石友三與樊鍾秀戰於登封，石友三疑寺僧與樊部交通，遂縱兵焚掠，將天王殿、大殿、法堂等主要建築物付之一炬，古代建築似僅存寺外祖庵而已。其後不知曾進行修葺否？佛教刊物，未見報導，不得而知。

一九四九年以後，人民政府重視名勝古蹟，各地重要寺院，多撥款修建。據《現代佛學》一九五七年九月號釋妙性報導，謂自一九五七年農曆四月十五日起，政府已撥款修理，將陸續修建內外諸建築。至今已將三年，不知修建情況如何，尊處有所聞否？又少林寺近聞當住有十餘僧人，其中負責同邑不知曾常聯繫否？關於少林寺修建情況，法師如有所聞，乞賜數行，以便寫入《佛教百科全書》為禱。

耑此　並候

道安

林子青　敬禮

一九六〇年一月二十六日

乾隆十二年，登封焦如蘅修《少林寺誌》四冊（未分卷數），多收載詩，於作者亦無介紹；修誌時似未與少林寺僧合作，故未提及當時寺中情況，作為誌書，無甚價值。

致李麟玉❶（一通）

麟玉先生有道：

曩在江南，為撰《弘一大師年譜》，曾與令弟晉章（時名李𤎩）先生通信多次，其後不久，聞即順世，消息遂斷，距今已二十年矣。頃因事至津，曾於大悲院弘一法師紀念室，參觀大師早年若干墨跡，其中有一佛號立軸，題為「歲在大辰前安居，匡山沙門勝臂」，據該會負責人云，係大師於民國十七年回津時居於李善人家（李嗣香家）所書。

據青考之，大辰即大火，當係卯年（即丁卯），即民國十六年（一九二七），又查拙著大師《年譜》近年香港再版時，增插照片頗多，其中有一幀係大師與先生合影（似在杭州孤山西泠印社），照片左上角有大師親題「歲在大辰四月仲兄子聖章居

❶ 李麟玉，字聖章，為弘一法師俗家兄李文熙（桐岡）之子。

士來訪……（此三字圖版不甚明）沙門勝臂記。」

又考大師之友蔡丙因（冠洛）先生，生前曾抄示一信，係尊翁致大師之親筆信（另紙抄奉），其中提到先生在杭之事，想先生必能憶之，拙著《弘一大師年譜》成於二十年前，殊多疏漏，自今視之，多不滿意。擬於暇時改寫一過，以求比較完善，故擬一訪先生，稍有請益，倘不嫌其冒昧，乞賜示尊居地址，並約定一時間（最好在星期日），自當一叩高齋，以聆請教也。肅此敬叩

近安

林子青　上

一九六四年三月十五日

致廣洽法師❶（一通）

廣洽法師我兄道鑒：

別後二十多年，天各一方，音問疏闊，繫念殊深。往年得曇昕弟信，謂星洲雪峰派下諸遠孫，喜捨淨財，欲重刊如幻禪師《瘦松集》，爾時隨喜讚歎，曾奉撰一序寄去，想早蒙印可。近日得南普陀覺星弟來信，知兄即將回國訪問故舊，並至靈岩山安葬逢老靈骨，至感慶幸。唯以前曾見南普陀後山逢老塔影，覺其地甚為莊嚴，何不就彼埋葬？因逢老為南普陀十方常住之始祖，義同開山，眾所公認，且會老之塔亦在寺境，諸老靈塔俱會一處，豈不美哉？此意僅供兄參考而已。

又聞覺星弟有陪來京觀光計畫，聞之殊為喜慰。弟早年夢想一無是處，來京在佛

❶ 廣洽法師（一九〇〇～一九九三）：俗姓黃，福建南安羅東鄉人，一九二一年禮當時南普陀寺監院瑞等上人為師，在普照寺落髮，法名照潤，字廣洽，屬漳州南山清泰寺的臨濟宗喝雲派。

協工作已近十年，猶幸以垂老之年，仍為祖國佛教服務，兄如飛錫來京，使弟得追陪話舊，何幸如之！鄉人劉綿松居士編纂《弘一大師全集》，積有年所，尚未能付印，不知兄何以助之？先此表示歡迎，餘俟面談。專此並候

旅安

弟 林子青 拜啟

一九六五年十月九日

致廣洽、廣餘法師（一通）

致廣洽、廣餘法師同鑒：

四月二十三日廣餘法師拍來傳真函，邀請參加演培和尚❶五月九日光明山普覺寺進山陞座典禮，不勝歡喜讚歎。越數日繼接廣洽法師寄來請柬，衰年事冗，未能及時參與勝會，至為抱憾。道遠無以致意，謹撰賀聯一副，藉申恭賀，敬乞代購現成聯對，請人代書懸於客堂，以表賀意。聯語如下：

❶ 演培和尚（一九一六～一九九六）：江蘇揚州人，童真入道。先後就讀於上海法藏寺、廈門閩南佛學院、重慶漢藏教理院等。一九五二年，曾主講於台灣佛教講習所，後主持善導寺及日月潭玄奘寺，最後定居新加坡。一九九一年，被推任為新加坡首剎光明山普覺寺住持。

演培大和尚進山陞座誌慶
南國多招提光明普覺名甲星洲喜見堂頭陞曲錄❷
靈山開講席乘願高僧學追龍樹應教帝釋揚伽藍
北京中國佛教協會 林子青 撰賀

肅此奉達，並候
道安
演培和尚請代致意。

林子青 和南
一九九一年五月九日

❷ 聯語中的「曲錄」，意為刻木屈曲貌，僧家所用的椅床多刻木為之，這裡指方丈之座。

致胡治鈞❶（一通）

治鈞先生：

八月二十四日惠書，早已讀悉。拙著《弘一大師年譜》，出版於三十年前，當時雖竭盡心力，剪裁去取，幸得保存若干史料，但仍不無遺漏之憾。辱承獎飾，深以為愧！《新文學史料》，去年曾購得數冊，讀過畢克官同志的〈憶子愷老師〉及子愷先生的〈回憶李叔同先生〉二文，深為歡悅。今年以瑣事繁忙，未購《新文學史料》，故未獲讀先生與豐氏弟妹合著之《豐子愷傳》。接來信見示後，急託人向書店搜尋，幸得該刊第二、三期兩冊。拜讀之後，覺敘事詳盡，細膩流暢，獲益不淺。

唯《史料》第二號二三二頁記述：「一九〇一年秋天，三十六歲的豐鐄再次赴

❶ 胡治鈞（一九二〇～）：浙江寧波人。上海電力局退休，豐子愷曾收他為徒，但生前並未教他畫畫，是他自己看著學的。

省城杭州參與大比。……中秋過後，快到發榜的時候，……兩個報事人來到染房店樓上用大紅紙寫報單：『捷報貴府老爺豐鐄高中庚子辛丑恩正並科第八十七名舉人』」年代似乎相差一年，那是一九〇二年（壬寅）的事。這庚子、辛丑的恩正並科考試是「補行」的，所以報單似乎應該還有「補行」二字。

我記得弘一大師（那時在南洋公學讀書，名李廣平）也曾赴浙省鄉試，那是一九〇二年的事，請查閱《弘一大師年譜》「光緒二十八年條」便知。說來也巧，子愷先生的父親豐鐄先生倒是和李廣平鄉試同年，不過一中、一不中而已。

我保存有一九〇二年李廣平一張鄉試考卷封面，內容如下：

第參場　　嘉興府平湖縣監生李廣平

嘉興府平湖縣監生李廣平應光緒二十八年補行庚子辛丑恩正並科浙江鄉試

今將本身年貌籍貫三代，逐一開列於後

今開

一本身年二十三歲，身中面白無鬚，平湖縣本城民籍。……。

所以，此「恩正並科」是在壬寅（一九〇二）年秋天補行的。此意請順告豐一吟女居士❷。

匆此，順頌

近安

林子青

一九八〇年九月六日

附奉滬版《弘一大師年譜》勘誤表一紙，以供改正參考。

又您寄來安裝公司信封，地址在康定路（我在滬時曾住康定路），而另寫延安中路，不知郵政編碼是同是異？便中順告。

❷豐一吟：豐子愷的女兒。（此信由其提供）

致蔡吉堂❶（二通）

（一）

吉堂老兄：

奉別忽又半月。弟於本月十七日回京，翌日即投入弘一大師書畫展覽會工作，至今未得閒暇。此次因商借大師書法遺物，得以回閩一行，與諸故友面敘，乃弟多年宿願。雖停留之日無多，未能從容細談，然已足慰四十年之渴想矣。承兄與黃、羅二兄

❶蔡吉堂（一九〇五～一九九六）：祖輩於清代移居台灣，光緒三十一年出生於台灣新竹，後隨父母到廈門定居。受其母影響，青少年時便篤信佛教，創設「廈門佛經流通處」，先後皈依印光、太虛兩位大師。改革開放後，閩南佛學院復辦，先後任閩院副院長、院長；八十四歲高齡時，赴新加坡講學，並促建閩院太虛圖書館。一九九六年四月十七日病逝，享年九十二歲。

設宴相待，實深銘感，臨行又勞遠送並餽珍品，益增汗顏。

弘一大師書法展覽會，因籌備工作不易，須推遲至本月底或下月初始能舉行。現陳海量居士在法源寺幫忙，管理展品，甚為得力，不易得也。

日本曹洞宗管長秦慧玉率領之代表團，訪問寧波天童寺者九十二人，中國佛協及浙省僧侶前往參加紀念法會者達百餘人，勝會空前，得未曾有。法會於十一月十七日在天童舉行，立有「道元禪師得法靈跡碑」，以為紀念。該代表團聞已於日前回至日本。四屆佛代會，因籌備工作關係，開會日期聞亦將推遲至十二月十五日（代表大約十二月十日報到云）始能舉行云。匆此奉聞，順候

近安

弟子青　上

一九八〇年十一月二十三日

黃秋聲、羅丹二兄便中先代問候並致謝。羅兄尊恙，不知已痊可否？甚念。

張人希先生晤時請先致謝！

（二）

吉堂老兄：

廈門別後，與趙樸老訪問漳州南山寺，寺前集會歡迎者多在家二眾，入寺後所見情景，有佛無僧，管理方面係由園林管理處負責，周圍有七、八個單位佔用，喧賓奪主，良可慨歎！

在漳曾訪問木棉庵、百花村及雲洞岩（有閩南碑林之稱），風景極美，而無僧居住。十八日至泉州，適逢燈節，開元寺至為熱鬧。二十一日，訪問南安小雪峰，適該寺成立修建委員會。黨政各級領導幹部俱至，聞所在公社大隊答應遷出所佔房屋及土地。小雪峰為近代閩南佛教復興發源地，繼往開來要有人，否則雖修整一新，亦徒添一旅遊之地耳。

弟與樸老於二十二日回至福州。二十三日乘班機回京，諸事順遂，堪以告慰。趙樸老定於二十四日自榕乘火車赴杭，然後順道至上海、蘇州、南京各地視察。大約三月上旬始能回京云。此次回廈，得與兄等話舊，至感快慰，便中乞代弟向諸舊友問候。匆匆未能一一，即候近安。

弟子青　上

一九八一年二月十六日

致趙樸初❶（六通）

（一）

樸老會長：

聞尊恙已稍痊，在靜養中，殊勝欣慰。

頃接四川成都本光（俗名楊乃光）來信，謂將東來朝禮普陀，並有終老天童之意。贊等認為此事似乎可以考慮。本光早年在寧波從根慧和尚出家，受戒天童，後至北京柏林佛學院從常惺法師問學。□□□□□□□。解放前在上海靜安寺教學一段情況，為公所知。解放後，彼在成都任教中學多年，在反右政治運動時，被錯劃為右

❶ 趙樸初（一九〇七～一九九九）：曾任中國佛教協會會長、中國全國政協副主席，是傑出的社會活動家、愛國宗教領袖、書法家、詩人。

派，現已改正，並享受中學教師退休待遇，晚年生活似可無慮。彼往年曾為《現代佛學》撰寫禪學文字多篇，亦可見其佛學水平。

寧波天童寺為禪宗著名道場，中外觀瞻所爭，倘能予以相當名義，使彼安居此間，似乎人地相宜。贊等與彼相識多年，故敢略為介紹。今彼年逾古稀，健康情況尚好，以孑然一身而無家室之累，似亦宜於禪寂生活。公素愛人材，如能與浙省有關方面聯繫，略進數言而致成全，想必水到渠成。特此奉讀。順頌

安樂

巨贊
林子青 同作禮❷

一九八一年四月一日

楊乃光通訊處：四川成都市外南漿洗街補家村二號

❷ 此信具名為「巨贊」和「林子青」二人，但由林子青執筆後發給趙樸老。

（二）

樸老會長：

去秋為泉州弘一法師紀念館赴閩一行，承公關照，諸多方便，吾深感謝。

近接新加坡龍山寺監院廣淨法師（廣洽法師師弟，與我亦有同門之誼）謂將於舊曆二、三月間回閩一行，看看彼等經手募化修建之雪峰寺、太虛塔、佛乘塔等情況，因彼對閩南佛教歷史不甚明瞭，囑我屆時回閩陪同一行，為期大約旬日。

閩南佛學院，以公大力倡導，近已正式恢復開學，苦少師資，南普陀以我為閩院出身，擬請我為開一短期講座。鄙意數十年來，對南北傳釋迦傳曾略事涉獵，願以垂老之年，為後輩略示講述，以結法緣。為此擬請假二月，俾便南行，尚希賜予批准為幸。

林子青 敬呈

一九八五年四月二日

樸老批示「同意」。盼早日歸來。

（三）

樸老慈鑒：

數月前圓拙副會長請您撰寫《弘一大師全集》序文，承批示「代擬一稿，不必太長。」遵囑已在泉擬就，掛號寄京交周祕書長轉呈左右，過目改正，不知已塵清鑒否？如大體可用，請賜改正寄還為幸。因《全集》第一卷須用此序也。

再者，我離京後於三月二十五日到泉州，現住開元寺，參與《全集》編輯工作，一切尚稱順利。在京時承新加坡晴暉法師之託，撰就〈重修惠安平山寺碑記〉數百字及一對聯，蒙允書寫，當時急於離京，而您又未暇執筆，故未攜閩。頃聞晴暉法師將於舊三月間回閩，舉行惠安平山寺落成典禮，極望尊書碑聯能及時刻成，以莊觀瞻。故懇撥冗揮毫寄泉，由我面交（福建泉州開元寺《弘一大師全集》編委會），不勝盼禱之至。

又臨行前承小宗❶同志奉示，錄記老舍夫人所見有關弘一法師資料，至為感謝。肅

❶ 小宗：時為趙樸老的祕書。

此順頌
安樂

林子青 和南
一九八八年四月六日

（四）

樸老慈鑒：

承囑改擬《鄞縣宗教誌》二句題詞，勉竭駑鈍，改為「闡述古賢芳範，留為後世楷模」。可用與否？仍請是正。四明原稱東南佛國，本可著意佛教，但《鄞縣宗教誌》似記述各種宗教，故不便強調佛教，而以「古賢芳範」概之，不知有當否？

此次赴閩，除為《弘一大師全集》略盡微力外，見聞頗多，公稍暇時，乞約一晤，以便面傾。

離閩之前，體泯（閩省佛協祕書長）與福清統戰、宗教部門同志到泉見訪，謂將修建福清黃檗山萬福寺，囑寫一修建緣起，擬請公為修建主任，以便號召。想已由閩

直接奉函矣。肅此敬請

道安

林子青　合十

一九八九年二月十六日

（五）

樸老慈鑒：

病後專蒙賜書慰問，彌感法愛之深。近日雖漸恢復健康，而腦力衰退，步行仍覺不穩，當遵囑念佛觀心以消障延年耳。慈有懇者，前年冬及去春，曾奉寫經及書冊兩件，乞公賜題之《妙法蓮華經觀世音菩薩普門品》（小楷）及《杭世駿梅花全韻詩書冊》封面上，迄未蒙書寫，想公多忙所致。前此物主屢來信催問，苦無以作答，頃者物主來函索還原件，為特再奉書陳請，公如無暇題寫，乞將原件賜還，俾原璧歸趙，不勝盼禱。專此奉讀，敬乞慈恕。

林子青　和南

一九九二年九月一日

（六）

樸老慈鑒：

前昨兩月，連奉兩函，為杭州張慕槎所藏《杭世駿梅花全韻詩書冊》，請賜題簽，因公無暇，乞將原物交還，迄未蒙賜復，至為懸念。

近日張君又託其友蔡文浩牧師（全國政協委員）出席全國政協常委會之便，來京面取。我愧無法交代，深感焦急。又福州陳老居士所寫〈普門品〉，請公書寫經題，兩年以來，已數次來函來人催問，如未題就，統希一併交陳文堯同志帶下，以了此公案為感。我因病後不良於行，未能走謁，特再奉函致意。專此順請近安。

林子青　和南

一九九二年十一月一日

附錄

趙樸初致林子青（四通）

（一）

子青居士：

頃奉大函，承關念，至感。北京地震後，中央及市、區均立即採取各種防備措施，唐山、天津等地，亦已派工作組前去，相信必能勝利地擔任抗震救災工作。令嬡❶情況，弟亦甚為馳念。目前電報不通，郵件亦恐不能及時到達，因可能疏散，一時不易尋得確實地址。尚望勿過於著急，善自保重。

❶ 令嬡：指作者的女兒林志明，當時在唐山煤炭科學研究院工作。一九七六年七月二十八日唐山發生大地震時，她與一子二女正在唐山。

弟及榮熙❷、秉之❸均全家暫遷至廣濟寺，因此間院子大，易於趨避。前院住附近居民七百餘戶，約二千餘人。目前防震工作緊張，其他工作相應暫緩。餘震未息，尚須保持警惕。

尊夫人❹經醫療後幾臻康復，甚可欣慰。根據目前身體情況及此間地震情況，自以暫住南方為好。

專覆　即頌　健康

趙樸初

一九七六年八月二日

（編註：原信未註日期，根據信封郵戳判定）

榮熙、秉之均囑筆致候。

❷ 榮熙：指李榮熙居士，是佛經及佛教方面的英語翻譯專家，時為中國佛協副會長之一，於一九九七年往生。

❸ 秉之：指陳秉之居士，趙樸初妻弟。

❹ 尊夫人：指作者前妻周梅生。

（二）

子青居士：

頃得手書，欣悉令嬡已有信報告平安，真可謂家書抵萬金也。一星期前聞友人云唐山煤研所除一人受傷外，餘均無恙，因未經證實，故未函告。今得此喜訊，尊夫人病體當更易康復，誠可慶賀。

此間防震工作仍在進行不懈。我與溫、廖、趙、張諸公及李、陳二家均住後院（舍利閣❶前）帳篷中，一切均好。大作五大長篇甚真切，已連同大函與李、陳二君閱，並已向王紹佑❷同志代為致意。諸君均囑筆致候。咸以令嬡一家平安為慰。匆復，並致著安。

趙樸初

一九七六年八月十三日

❶ 舍利閣：指北京廣濟寺（中國佛教協會辦公地）後院的舍利閣。

❷ 王紹佑：時任北京中國佛教協會辦公室主任。

（三）

子青居士：

示悉。「碧瑤勝地」及「菲華蕙芳蓮苑」均寫就送請轉交為荷。記憶中曾寫過，不知何能未寄到。浙江書法會，弟未能參加。馬先生❶紀念刊，當抽暇題詞，最近雖去醫院，亦甚不得暇耳。

敬頌

春祺

樸初　和南

二月五日

（編註：約在一九八五年前後）

❶ 馬先生：指馬一浮先生。

（四）

子青居士：

惠賜大著《弘一大師新譜》，尚未及拜讀全書，弟觀卷冊之厚，知較曩著資料增加不少。數十年蒐集之勤，編撰之力，顯彰先德，嘉惠後學，功德實非淺鮮，至堪欽佩。扉頁所題小字，恰比蠅頭，足見目力不讓中年，可欣可賀。弟近以腰痠痛，在醫院療治，下旬將往香港。專此敬頌

撰安

趙樸初

十二月十八日

（編註：約在一九九三年）

致照清法師❶（一通）

照清法師師兄慧鑒：

前後兩函及〈重建雪峰寺大雄寶殿碑記〉抄件，又僑匯二筆共八百元，均已收到，至為感謝。趙樸初老居士近陪日本佛教代表友好人士前往四川訪問，尚未回京，待彼回來以後，當將兄贈款面奉。但彼個人收受禮金，多移捐《法音》雜誌（中國佛協刊物），故弟之意，或待兄等到京時交奉亦可，以免重複送禮。

來信對我過於獎飾，愧不敢當，叨在師兄弟之間，不必如此客氣也。發揚古德之幽光，乃平生素志，亦份內之事。宋契嵩大師〈題遠公影堂壁〉云：「遠公事蹟，學者雖見而鮮能盡之。使世不昭昭見先賢之德，亦後學之過也。」〈雪峰三老會合記〉及南普陀二老塔銘，即本此意而撰，雖竭其駑鈍，而仍未能闡揚前賢高德於萬一，深

❶ 照清法師：係當時在新加坡與廣淨等法師同輩之師兄弟。

自愧恧。雪峰重修，得陳嘉庚先生幼女之施助，前年與趙樸老往訪雪峰時，已有所聞。囑撰重修碑記，表揚愛禮居士之功德，自當盡其綿力，以應尊望。餘容兄下月到京時面傾。匆復順祝

旅安

弟林子青　作禮

一九八三年五月三日

妙燈仁者請代致謝。

致王慰曾❶（二十九通）

（一）

慰曾同志：

您給趙樸老的信和《文史參考資料匯編》第六輯均已收到。樸老近因事忙，囑我閱讀並代道謝。匯編所載《李叔同年譜》及追憶片斷兩文，對佛協對日工作頗多參考之處，甚佩甚佩。唯《年譜》文中錯字頗多，且歷史事實亦有數處錯誤，謹以所知，略舉數處，以供參考。

1.李叔同「擬赴暹羅行腳，過廈門時，因故留在閩南」一事，不是一九二七年，而是一九二八年。

❶ 王慰曾（一九二五～）：天津市人。曾參加《李叔同——弘一法師》、《李叔同——弘一法師影誌》、《天津民盟四十年》、《津門憶舊》等書的編輯與撰稿工作。

2.在福州鼓山湧泉寺，發現古刻本《華嚴疏論纂要》，是一九二九年，非一九三〇年。

3.《年譜》漏了一九三九年自泉州入永春普濟寺著的，並非在泉州福林寺閉關時的作品。

又李端❷同志的「追憶」，尚有其父十八、九歲時以文童入天津縣學的事蹟，未曾憶及，可否再探查一下？茲奉寄《弘一大師展覽會簡介》一份，以供參考，請留紀念。《資料匯編》第六輯，請再惠贈數冊，誤字當代校正。專此奉復，順祝

編安

林子青　上

一九八三年七月三十日

❷ 李端：李叔同次子。

（二）

慰曾同志：

惠書及《文史》六輯六冊，均已收到，至為感謝。拙著《弘一大師年譜》出版近四十年，國內久已絕版；唯香港二十年前曾再版數次（增加若干圖片），近年台灣亦翻印一次，國外似較易得。此書雖竭力搜集資料，但匆促寫成，仍感多所未備。數十年來已續收到不少資料，今後稍暇，擬從事增訂，重新出版。日間甚忙，朱、李二君大作，尚未暇校讀，俟秋涼後再為改正一二奉寄。

李叔同展覽簡介，已遵囑分別寄李、朱兩先生各一冊。今再補贈先生一冊。此小冊為數年前展覽時而印，今已不易得，乞留作紀念。

《弘一法師紀念集》定今年十月出版（因印刷關係或稍遲些時），順以奉聞。率復順祝

撰安

林子青

一九八三年八月十八日

（三）

慰曾先生：

十一日惠書，讀悉，至為喜慰。

拙作《弘一大師年譜》，成於匆促之間，距今已四十年，國內絕版已久，先生幸能得之，請多指教。二十年來，香港、台灣曾翻印數次，故國外似不難得。惟書中尚有若干錯誤及疏漏之處。三十年來，我已又收集到不少資料，欲寫補增《年譜》，尚未得暇。承先生熱心多方探訪，見告諸事，皆極有價值。

關於李紹蓮，我於一九六四年訪李麟玉（聖章）先生時，承為告紹蓮名迺勳，其兄紹田名迺彝，係天津「大樹李」。與李文熙、李文濤為拜把至交，而不知李端幼時常隨其母俞氏到李家串親且多受其照顧也。

天津戲研室李穎同志，為搜集天津話劇史料，春間曾經友人介紹來訪。她見到的史料是一九五七年出版的《戲劇論叢》第三輯及一九五八年出版的《戲劇學習．春柳集上編》，這些是我告訴她的。《春柳》雜誌（一九一八～一九一九），我則向無所聞。得暇當往北京圖書館詢之。

李晉章居士書中之「徐居士」，似係當時天津刻經處之徐蔚如（文齋）居士（佛學造詣極深），與弘一法師時有通信。李家帳房先生徐耀庭，似係李耀庭之誤。二十年前我訪李麟玉先生（一九七五年逝世）時，他說耀庭之孫李廣中曾寄書籍至京，其包裝紙為上海《書畫公會報》（中有李叔同史料），因檢以贈我，故知其為姓李，不知有誤否？

耀庭先生之名，我於一九六四年春節到天津佛協訪問時，曾見一扇面，署款為「耀庭老叟長兄九人屬書，小弟李舒統書」，至為感謝。匆此奉復，順頌

著安

林子青

一九八三年九月十五日

附奉《弘一大師年譜》勘誤表（略）一紙，以供讀《年譜》之參考。

（四）

慰曾同志：

前得來信並另寄《天津日報》一份，均已收到。又承見告直卿先生家庭情況，至為感謝。李叔同（當時名李文濤）十九歲以前曾入天津縣學之事，弟處保存其課藝數卷（課卷一為「輔仁書院課藝」，蓋有「天津縣印附滿文」，一作「天津縣儒學印」，附滿文），足以為證。

天津佛協來信謂有一、二老居士尚知弘一法師早年情況，故我想於本月中旬抽暇赴津一行，屆時當趨訪聆教。趙樸老等政協委員一百多人昨日赴津參觀引灤入津水利工程，不知有緣一晤否？

拙著《弘一大師年譜》，出版已四十年，數十年來我又蒐集不少資料，擬於明年陸續撰寫「增補」部分，希望得到您的大力協助！率此順祝

撰安

林子青　上

一九八三年十月七日

（五）

慰曾先生文席：

津中話別，不覺多日。此次赴津，得先生東道，能夠訪問李叔同故居及其遺族，深感欣幸。先生熱情相待，當銘之肺腑。惜行色匆匆，數日即返，未能周諮博訪，以為恨耳。

李叔同譜兄袁希濂〈余與大師之關係〉一文略云：「辛亥年余就事天津，星期嘗得聚首，其家在某國租界，夏屋渠渠，門首有進士第匾額。」今糧店後街六十二號之李家故居，當時是否曾為「某國租界」，乞於便中賜教。是日訪問時，未及一至地藏庵前，又未暇至山西會館一看，深以為憾。

山西會館今日恐已成民居。李氏故居既在其南，諒相距不甚遠，不知先生曾到過山西會館否？又李端〈追憶〉一文，二十五頁說：「糧店後街六十二號，大門坐東朝西」，二十六頁又說：「當中還有一個小花園，大門朝東」，是日訪問時，彷彿覺得其方向是一致的。《法音》第五期，我已分別寄贈朱經會、徐廣中兩先生各一冊。相片如照得好，底片可寄京由我補印。匆此即頌

撰祺

林子青　上
一九八三年十月二十五日

（六）

慰曾先生：

二十六日奉上一信，想已收到。昨承寄贈《天津文史選輯》（第十七輯）及《天津日報》訪李叔同兒子報導，均已收到，至深感謝。龔作家❶、劉炎臣二先生所寫《李叔同——弘一大師的一生》，涉獵各有關李叔同文章寫成，介紹極為全面，具見作者研

❶ 龔作家（一九一四～二〇〇一）：天津市人，名望，原名望賓，字作家，一字迂公，號蘲盦；又號沙曲散人、無漏居士，齋室名曰「四寧草堂」。於經史、金石、訓詁、詩文、佛學、書法皆有很深的造詣，尤善以雞穎作隸書，自成一家。

究之功力，使我獲益不淺。

近日偶讀《學林漫錄》（五集）胡先驌（遺作）〈憶沈乙庵師〉一文，略云：「余九歲喪父，十一歲甲辰春服闋，先母命赴童子試觀場。時縣試已過，乃赴府試。時知南昌府事者為浙江嘉興沈乙庵師曾植，先祖門下士也，知余赴試喜甚，場場錄取，至於團覆❷，而見黜於試院。翌年乙巳（一九〇五）赴縣試未終場，赴府試，成文甚敏……。」

我收藏的李文濤課藝文卷，其中蓋有「天津府印」的二卷，蓋有「天津縣印」的數卷。「天津府印」的文卷上面，蓋有「初覆」、「二覆」字樣；「天津縣印」的文卷上

❷ 團覆：經王慰曾先生諮詢政協天津市委文史資料研究委員會，由楊大辛先生解答如下——「慰曾同志：來信所詢『團覆』一詞，係封建時代的縣試，是考取童生的。所謂『團』，即入選人的名單團團寫著，不分名次；所謂『覆』，即復試之意。經過『團覆』，即初選合格，再考，即排出入選之名次。《儒林外史》第十六回，敘述匡超人考取童生情節，即談到了『團覆』情況，可參閱。此覆，並祝愉快！　楊大辛　十一月八日」

面，蓋有「第肆團」（小字）、「二覆」、「第伍團」、「初覆」字樣。不知這些字眼，與所謂「團覆」有無關係？我們生在科舉時代之後，對這些殊不甚了了。不知天津老輩能知其詳否？先生交遊廣、識人多，願有以見教。匆此，順候

撰安

林子青

一九八三年十月三十日

（七）

慰曾同志：

來信讀悉。關於「團覆」一詞，承您多方請問，熱心答覆，已經明白，至為感謝。有暇當再借《儒林外史》一閱，以求更深理解。

又承探訪姚惜云先生，獲知李家一些人事關係情況，也是很難得的材料。承示李叔同與李石曾、姚彤誥在親朋中最為友好，此亦可信。拙著《弘一大師年譜》一九二七年條，有李石曾題弘一法師手書〈梵網經跋〉：「弘一法師，別來十餘年，

數訪於玉泉、招賢兩寺不遇，本月九日得弘傘法師陪往見於本來寺❶暢談。……」之語，可以互證。

姚惜云的父親姚彤誥（字招臣），則姚品侯（字似為召臣）大概即姚彤章吧。李叔同出家的寺廟，確為虎跑定慧寺而非淨慈寺，姚先生恐怕是傳聞錯了。津市藝術館所藏李叔同字畫書札等，如能照相或複製，請囑該館代辦一下，費用多少由我照寄，萬勿客氣。廣洽法師寄贈李直卿先生七十元，是亦「愛屋及烏」之意，已函直卿先生照收勿卻。率此奉復，順致敬禮！

林子青

一九八三年十一月十九日

❶ 本來寺：位杭州靈隱寺後。

（八）

慰曾同志：

惠寄在天津與李家合攝照片，大小四種，均已收到，至為感謝。照片清晰，可以久存，殊可喜也。在津時，曾於徐廣中居士處，得見李叔同早年有關資料數種，其中有載於《語美》的「天涯五友圖」照片，不知您曾看過否？

拙著《弘一大師年譜》，二十餘年前，香港普慧蓮社曾再版一次，插圖頗多，今聞已賣完。頃承友人再寄一種，聞係香港佛經流通處代銷者，照片較少，且無出版處，唯鉛字較大，頗便老人閱讀（似有一些錯字），譜後且附刊有〈永恆的追思〉幾篇文章，可見弘一法師寂後文化人對他的懷念。

茲寄奉一冊，您如有暇，請略披覽，閱後請轉贈李直卿先生，留作紀念。此書字大，印刷亦好，對於高年的李先生當較易閱讀。

率此，敬候

撰安

林子青　上

一九八三年十一月二十三日

（九）

慰曾同志：

上月底惠書及「天涯五友圖」，已收到多日，因本月四日參加中國佛協成立三十週年慶祝會議，晝夜開會（四日至十一日），甚為忙碌，致遲函復，至希諒之。

胡蘭畦大姊即尊函提到的《中國婦女》所介紹的胡委員，不錯。她早年留德，因思想進步，有反對法西斯言論，曾被希特勒拘捕。回國後著有《在德國女牢中》一書，備述遭遇。她在退休前是北京工業學院的總務副主任（？），李麟玉（晉章）是該院副院長。她的大婿也在該院任職，和胡同事多年，所以向他打聽李麟玉家的事，也許可得一個線索。據悉胡的通信處是：四川成都《成都晚報》會計室轉。

《徐悲鴻傳》沒有提到他畫弘一大師像及題記事，大概是忘記了。畫像和題記，見拙著港版大師《年譜》。《子愷漫畫及其師友墨鈔》，係非賣品。我處有一冊，您如想看，稍暇可奉借一閱，或您到京時惠臨舍下一觀如何？虎跑弘一法師紀念堂，如欲請樸老題字，可由該堂籌備處函請，我可從旁勸請。

匆此先復，順致

敬禮

林子青
一九八三年十二月八日

（十）

慰曾同志：

月初來信，早已收到。因忙於校對《弘一法師紀念集》文稿，事畢又患眼病多日，致遲奉復，深覺歉然！

來信知曾見到龔作家先生，在他那裡看到他收藏的弘老早年書贈趙元禮的一副對聯，深為喜慰。將來如有機會，請代拍一張照片備用，所費由我負擔，不知龔老能同意否？

廣洽法師已經高年（約八十五、六歲），比較懂得老年人的心境，歲時伏臘，能寄些錢給李端先生，這是很好的事，我最初介紹他們聯繫，也有這個意思。

承示《天津日報》劉書中同志想約我寫些有關弘老與天津關係的稿，固極願為，但目前實太忙，無暇及此，待稍暇時再試為之，請您和劉同志指教。

曲又新同志，不知近況何似？至為念念。晤時都代致候。率此順祝

撰安

林子青 上

一九八四年三月十六日

（十一）

慰曾同志：

久不通信，時在念中。頃得惠函並郵寄《天津日報》豐一吟所寫李叔同紀念室開幕記事，至為感謝。趙樸老近患感冒，在北京醫院療治中，待出院後，當遵囑將《天津日報》轉致。

我於九月二十四日赴閩，參加泉州弘一法師紀念館布置工作，其後在莆田廣化寺，即見您郵寄《天津日報》予圓拙法師，故有關虎跑李叔同紀念堂開幕情況，早已

知道。

我離閩後，在江浙漫遊，本月十八日始由上海乘機返京，歷時近二月，故各方來信均遲復，甚歉。李直卿先生上月來信，也以是遲復。

聞大悲院弘一法師紀念室準備恢復，甚為喜慰。匆此奉復，順祝

著安

林子青

一九八四年十一月二十二日

曲又新同志，晤時乞代致候。

（十二）

慰曾同志：

春節前後接一信，當時有小病，四肢無力，致未作復，甚為抱歉。頃又得三月

三十日信，知您在百忙中仍不忘弘一法師之事，甚為敬佩。承示今年天津政協將出一期文史資料專輯，以紀念弘一法師一〇五年誕辰。弟意「一〇五年」可以不提，否則紀念太頻繁了。日人紀念有名人物，多在其誕生百年，或百五十年（如去年紀念空海一一五〇週年，以五十年為一紀念期）。

最近又將南行，一切文字均未暇下筆。大悲院能開一弘一紀念堂，則深為贊成。天津佛協能指定一人如老曲同志負責籌備，則自易進行。

李端先生遷居事，彼曾有信來通知。弟已將《弘一法師紀念集》寄贈一冊。

弟以增補弘一《年譜》，尚難著手，擬先編輯《弘一法師書信》一書，不知天津方面能找到一些弘一法師的遺札否？請您便中留意為盼。

匆復順請

時安

林子青　上

一九八五年四月四日

（十三）

慰曾同志：

前承惠寄《天津日報》錢君匋先生一文，早已收到，因我於四杪以事赴閩，小住兩月，不久以前始經上海回京，致遲奉函致謝，深以為歉。

弟右眼白內障，已屆動手術時候，而左眼視力亦不甚好。前此戴六百度老花鏡，勉強可以看五號字報刊，最近已感困難，故擬待秋涼時即就醫治白內障，然垂老之人，能否重見光明，未敢必也。

先生近況何似，至以為念。秋間（舊八月）廣洽法師（今年已八十六歲）將回國參加緣緣堂落成典禮；如能來津探問直卿先生，弟或能陪同赴津一行，屆時當謀良晤。

匆復順頌

安樂

弟 林子青 上

一九八五年七月十七日

（十四）

慰曾同志：

奉別不覺數月，時以為念。弟自六月間侍洽老赴津，其後又在廈門相見。送別後，弟即取道上海回京。在閩時，曾至泉州晤陳珍珍居士，談《弘一大師全集》編輯出版之事。她因腰間患病（俗稱飛蛇），頗以為苦，尚無力進行。

承寄《天津日報》及《今晚報》三紙，已拜讀，甚佩您對弘一法師後人訪求之熱心。其長孫李曾慈，前據《中國新聞》記者李建成君介紹，謂現在平谷某處。今見報載其叔侄已晤面，喜可知也。

弟白內障動手術後，視力仍不甚佳，讀書寫字尚未能自由。匆此道謝，順祝

著安

弟 林子青

一九八六年九月三日

（十五）

慰曾先生：

四月六日惠函並複印曾孝谷資料，今日始得略讀。因弟與家人於四月七日回閩省親，漫遊廈、泉、莆、榕等地，至前日始回京。遲復歉甚。近日諸事甚忙，尊提各點，一時未能奉答。拙著《弘一大師年譜》民國元年條，南社雅集記事有曾孝穀參加，可知是年曾氏曾留滬上。又記得一九三六年夏間，弟在廈時，曾見弘一法師與曾氏通信，而曾氏與弘一法師之信（見《弘一法師》書中高文顯文中所引）似寫於是時。

上月李準之子李曾慈曾通一信，尚未晤見，不知石家莊有何後人？先生熱心訪求，至深感謝。匆此先復，餘俟稍暇奉陳。即訊

近安

林子青　上

一九八七年四月二十九日夜

三月底，天津電視台對外部王瑛（女）同志曾到佛協見訪，聞將與福建電視台合拍有

關李叔同電視劇。我略談大意，為介紹中國新聞社高瑜（女）同志詳談。因她曾有編寫李叔同電視劇計畫，不知結果如何，尚無所聞。

上月《人民日報》發表魯迅收藏弘一法師書法消息，係我介紹夏宗禹先生（《弘一法師遺墨》編者）向魯迅博物館覓得，該文乃該館人員所介紹。弘一法師所書「戒定慧」三字現已展出於該博物館。又及

（十六）

慰曾同志：

頃得手書，至為欣喜。前此得天津方面來信，知天津政協、宗教、佛協三部門，有《弘一法師——李叔同》之編輯，我極樂觀其成。

承示徵稿中發現李叔同早年書信十多封及印存等，不知該項書信在尊處否？二十多年前我到天津時，曾晤張伯麟醫師，他謂藏有弘一法師書信十餘封，不久伯麟先生下世，即無消息。

晉章先生輓弘一法師之輓聯，我從未看到。泉州出版之《弘一法師紀念特刊》，亦未見登載。

關於王氏夫人故世時間，未有明確記載。今既有弘一法師致王仁安先生的信提及此事，自可憑信。不知該信能抄示否？

我數月以來，因有赴日參加房山石經展出之任務，諸事甚為忙碌。今已確定於本月十九日與數同事前往日本京都等地訪問，不久即回國，順以奉聞。前承惠贈《語美》週刊之複印本十餘種，俱未記年月，有些印文亦不清楚。茲另錄一紙（見附錄），以供參考，如能見示所載月日，最好。匆復，順問近好。

林子青　上

一九八七年十月十三日

附錄

天津《語美》週刊有關李叔同刻印書聯

1. 李叔同先生治印「澆愁無術且攤書」（二印）。〈第八期，民國二十五年十月二十八日〉

2. 王雪民先生治印・李叔同先生治印。〈第十五期，民國二十五年十二月十六日〉

3. 意園藏印：「世堂經綸」？〈第六期，民國二十五年十月十四日〉

4. 叔同治印（二方），憶貞《介紹弘一法師》續「李叔同夫人像」。〈第十一期，民國二十五年十一月十八日〉

5. 《介紹弘一法師》續・李叔同先生治印「積債難清因買畫」。〈第十三期，民國二十五年十二月二日〉

6. 弘一法師返津講經（嚴曾符居士赴青島迎請）。

7. 李叔同先生治印「意園」（二印）。〈第十六期，民國二十五年十二月二十三日〉

8.藏齋存印：「元禮」、「幼梅八法」（為李叔同篆刻）。〈第二十期，民國二十六年一月二十日〉

9.叔同治印「吉利」、「日利千金」、「南無阿彌陀佛」。〈第九期，民國二十五年十一月四日〉

10.李叔同先生治印「山和」（二印）。〈第十七期，民國二十六年一月一日〉

11.李叔同先生治印「李氏家藏」（二印）。〈第十二期，民國二十五年十一月二十五日〉

12.隱樓印存：「李晉章治印」、「品侯日利」（二印）。

13.弘一法師書聯：金石大壽．歡樂康年（上款：際平先生正之，下款：丙辰李欣俶同）。〈第四期，民國二十五年九月三十日〉

以上十三條係由作者列出，〈〉括弧內是由王慰曾先生註解的，第六、十二條未註明期數及日期。

（十七）

慰曾先生：

承您在百忙中給我提供有關李叔同的許多資料，至為感謝。我因近日正忙於整理書籍，準備搬家，故未能詳復，請諒之。

李致王仁安明信片，述其母逝年月日，似無誤，一九〇五～一九一八，正為十三週年。至其逝世之年，以前似在其寫經等題記，亦曾看過。明信片原件，如能複製一張，則可知其發信地點及郵戳日期。

李叔同求出家時，於一九一八年春至虎跑皈依了悟上人，即取法名演音，號弘一，且常用之，至同年七月始出家。

友人夏宗禹（一名景凡），為豐子愷先生友生，近編《弘一大師遺墨》，時來徵求意見，書成囑我寫介紹文章，因寫〈喜讀弘一大師遺墨〉一文與之，發表於十二月十七日《人民日報》（略有壓縮）第八版；越日（十二月十八日）該報海外版第二版繼之發表同文，較為詳細。您如有便，可取而閱之。

劉雪陽前此來信，聞係提供材料於《中國書法》，與此書無關。魯迅收藏之「戒定慧」及音公書贈朱自清書幅（見《人民日報》），已製版刊入此書。

華夏出版社確為中國殘疾人福利基金會所辦，其地址為「北京東四五條內月牙胡同十號」。此書弟已先睹（現正趕裝訂），大約新年可在琉璃廠華夏出版社門市部及各書店發售云（精裝三十圓，平裝二十三圓）。

近與日本女作家吉田登志子女士通信，討論春柳社在日本的演出，承寄示《隨鷗集》（明治末年日本漢詩人之月刊），發現迄未發表之李叔同二詩。又某作家謂李叔同畢業東京美術學校為一九一一年（有畢業同學攝影為證），而非一九一〇年，是亦一有趣之事。匆匆奉復，順頌

年安

林子青

（編註：約一九八七年十二月所寫）

李家與鄰里糾紛事，承先生斡旋，甚感。又及

又，此信信紙第一頁上方有一行小字：《王仁安集》，弟初到京時，曾於北京圖書館見之。《弘一法師集紀念集》已有引用其詩文。

（十八）

慰曾同志：

前承惠寄有關童試鄉試資料小冊，已收到。頃又得前後惠函，夾寄《天津書訊》及李瞿政、王仁安明信片複印件，至為感謝。

去年承研究「春柳社」女作家吉田登志子先生寄贈濱一衛先生所撰《春柳社の黑奴籲天錄について》，其中曾引與李岸東京美校油畫科同學的級長山口亮一氏的話。他說：「《年譜》雖有一九一〇年卒業歸國之說，但實際是一九一一年卒業。因為美校是五年制，而且還有這一年的卒業紀念寫真（照相）。」

近日搬家甚忙，尚未與吉田先生通信。今後稍暇，擬函詢能否代為複印「卒業紀念寫真」。

匆復，順祝

年禧

林子青

一九八八年二月三日

附奉《人民日報》所載拙作〈喜讀弘一大師遺墨〉複印件，請留念。

（十九）

慰曾同志：

不通音問，忽又多時。弟因泉州《弘一大師全集》編委會之邀，於三月十八日離京，經上海、廈門，於二十五日到達泉州，現居開元寺，沈繼生先生招待甚為周到，殊感安適。前承見告，李嬰與王仁安明信片（一九一八年），雖極簡略，而有參考價值。「門人戚予製印呈清賞」一面，似為明信片之反面，未審然否？

讀您給沈先生信，知道津中近日發現一九〇五年李叔同護棺回津時，《大公報》曾有五篇報導，至為驚喜。此記事於重訂《年譜》，為極重要材料，弟亦急欲一讀。此間對弟南來，期望極大，但恐難以勝任耳。帶來有關材料，已交編委會複印，將來可收入《全集》。

此間春雨連綿，日夕甚寒。弟雖閩人，已離鄉久，亦苦難適應。預計在泉約有月餘勾留，如有賜教，請寄《全集》編委會。客中草之，順頌時祺。

弟 林子青
一九八八年四月二日

（二十）

慰曾先生：

在泉得復信，得知李叔同喪母後，護柩回津，《大公報》有幾則記事，至為歡喜。弟至泉不到一月，因接小女電，謂室人患「類天疱瘡」，送入中日友好醫院治療，催我速歸。遂於四月二十四日自廈門乘機回京。現住新居塔院小區晴冬園三號樓八〇一室，離佛協稍遠。室人之病，經中日友好醫院細心醫治，注射激素，病情已得到控制，堪以告慰，唯痊癒出院恐尚需時日耳。

《大公報》有關李叔同早年紀事，有便乞賜寄，以廣見聞。

茲由郵奉贈《弘一大師遺墨》一冊，即希檢收示復為感。專此順祝

安樂

林子青
一九八八年五月十二日

賜教乞寄「北京西四阜內大街二十五號　徐明同志轉林子青收」（徐君同居一樓，每日上班，弟無事已不至佛協。）

（二十一）

慰曾先生：

承寄《今晚報・翰墨苑》，得讀〈李叔同青年時代書藝探求〉及訪問龔望先生紀事，至為感謝。惜鉛字太小，難以細看了。「吳禾彝銘」四字，二十餘年前我到大悲院時，曾於紀念室看過，當時似寫於一扇面上。（扇面另一面為吳昌碩山水畫，題為「夏日煙雨」，亦贈稱耀庭□□）據我的舊筆記載，其題記之末，還有「耀庭老叟長兄大人屬書」十個字，然後署名「小弟李舒統書」。

「叔同篆隸」一章，亦曾見於李叔同寫贈「警惠仁兄」的集團石鼓文的小聯「中道而立・好古以書」上，時李叔同為十七歲。惜我看到的寶物已不存在了。專此道謝，順候

夏安

天津出版之《李叔同紀念集》，不知已出版否？

林子青　上

一九八八年七月六日

（二十二）

慰曾先生：

不通信，忽又多時。近來天氣酷熱，不知興居如何，至以為念。弟上月曾至天津社科院參觀「台社科書展」，因天熱當日即返，故未能奉訪，深覺歉然。

關於李叔同生母逝世日期，近查舊筆記，又得一記載，即《前塵影事》題句（《金剛經》偈），有如下題記：「己卯（一九三九）二月五日．亡母謝世三十四週年．敬書回向菩提．沙門一音．時年六十歲。」

又李叔同東京美術學校畢業回國之年，據近年日本學者研究，為一九一一年，而非一九一〇年，且有畢業攝影可證。

弟擬重訂《年譜》。前在津時聞先生云：李筱樓逝世出喪之日，有「文官點主，武將把門」之威儀。文官為李鴻章，不知武官為誰？出喪情況，不知能據傳聞略示一二否？如有報紙報導更好。

查一八八四年四月，李鴻章在天津與法國議和，八月拜大學士。是月初五，李筱樓病故，故可能為他點主。聞二李係同年舉人中試。

李直卿先生久不通信，不知精神尚健旺否？晤時希代致候。專此順問

夏安

林子青

一九八八年八月四日

（二十三）

慰曾先生：

八、九兩日來信，均讀悉。

李鴻章與李筱樓同年，我早已懷疑。二十餘年前見李聖章先生時，他說二李係學人同年，但係傳說，而李筱樓與吳汝綸進士同年則極肯定，謂係同治四年同榜進士。最近看到：大師早年與高勝進居士信中，明確提到其父與吳汝綸同年，中進士時其父已五十出頭，而吳汝綸則只二十餘歲。考兩人生年恰合，李筱樓絕不能受教於吳。

二李同出瑞安孫渠曰（是否名紹甫？）門下，係據舊說，也不知有何根據？我今老矣，詳細考證，已無精力。

一九二五年，李廣平扶母柩返津，改革喪禮，《大公報》連日報導，極有意義。我的增補《年譜》已利用此寶貴資料。

台灣書刊說李於光緒三十二年曾由日回國，在津小住。我在《舊譜》是年已提到。他是年返津，填「喝火令」，記「今（丙午）年在津門作，李息」。

李於光緒二十七年自滬返津，我到一九六四年見李聖章先生時才知道。這年他為探視其兄返津未遇，小住半月仍回滬，著有《辛丑北征淚墨》小冊紀行。

參加南社雅集，我在《舊譜》提到兩次，一為一九一二年，一為一九一五年。台灣書刊報導，大概是根據我寫的舊年譜的。

天津出版的《李叔同——弘一法師》，轉載我的作品，我很高興。我不要稿酬，只要寄幾冊送我好了，請轉告有關方面。急盼一讀，以充實《年譜》內容。

徐星平同志前幾年見過幾次。他說的兄弟倆在「意園」同下圍棋的照片，泉州紀念館有的，我已看過，但不知是在意園。近日撰寫《年譜》甚忙，恕不多及。匆復順候

近安

林子青

一九八八年八月十三日

（二十四）

慰曾先生：

久不通信，時在念中。我於三月間來閩參加《弘一大師全集》工作。小住一月，忽

接家人來電，謂老伴患病，促速回京。不得已於四月間回京，一住即半年。後因泉州函電相催，又於十月間到泉，今又將二月矣。記得七月間，曾通一信，想早收到。

最近我與沈繼生先生同赴漳州，與劉少偉交涉劉綿松生前收集的弘一法師資料（內有書信二百餘通）之轉讓問題。花了一些代價，幸全部將它買下。近正抄寫整理，《全集》得此，比較充實，先生聞云當必甚歡喜。

天津出版《李叔同──弘一法師》一書，早已拜讀，內容甚佳，但仍有不少錯字。如三十七頁之「誅宴坐」，改為「坐宴」即錯（作者語，亦有未妥），「宴坐水月道場」為佛家慣用語。

頃讀先生二月間致沈繼生先生信，提到四十年代《學術界》刊物第一卷第一至四期連刊有李芳遠輯的《弘一大師書信》，其中多數已經發表。但尊函提到，第一期有致某居士……。第二期有致李芳遠（十九通）與馬一浮書……等。不知某居士為誰？而〈致馬一浮書〉則甚重要。請先生有暇將此書抄出見寄，至為感謝。

台灣陳慧劍所編書中，有大師致李聖章書信十幾封，過去未見大陸書刊介紹。據陳氏附註說，「係由菲律賓傳貫法師提供」。原來這些信是我收藏的，一九六五年廣洽法師到京，我抄了一份給他，後來不知如何傳到菲律賓傳貫法師手裡？

關於弘一法師的原籍問題，一般認為是浙江平湖，但也有說是山西的。李聖章先生生前曾對我說過，我問他是山西何處？他也說不出來。我疑心是他天津老家在山西館前，致有此誤。有人認為他為一九〇二年（二十三歲）參加浙江鄉試，才改為平湖籍的。但在此之前五、六年，他已署名「當湖李成蹊」了。當湖即平湖古名。所以我持此說。

徐恭時先生論證的文章，不知已在天津發表否？如已發表，請複印一份送我為盼。

我想在明年元月中旬回京，順以奉聞。率此順頌

安樂

林子青　上

一九八八年十一月二十八日

（二十五）

慰曾先生：您好！

久不通信，時以為念。近□尊候勝常為頌。

弟近數年來，為編輯《弘一大師全集》，屢往來於京閩之間，每年均滯留數月。去年又往嶺南朝禮佛教名山古剎，歷遊潮州、汕頭、廣州、韶關等處，得償多年宿願。

去年為弘一法師誕生一一〇週年，弟曾撰一文，題為〈以出世精神做入世事業〉，發表於《人民日報》海外版（一九九〇年十月三十日），不知尊處訂有此報否？恐先生或未寓目，茲特奉寄複印一份，以為紀念，並請賜教。

又拙編《弘一法師書信》一書，去年已由三聯書店出版，不知先生曾看到否？此書初版印數無多，各地新書一到，即被讀者搶購一空，不知天津新華書店曾配達否？

弟所著《弘一大師新譜》一書，業已脫稿，一俟補寫一序及再校讀一遍，即可付印；但國內出書甚慢，且讀者可能不多，而台灣讀者甚盼此書能在台灣出版（四十年前弟之初版《年譜》曾由台灣翻印），故將來或交台灣付印也。匆此奉聞，順候

春安

林子青 上

一九九一年二月二十二日

（二十六）

慰曾先生：

二月二十六日來信，一日收到。李端先生於二月九日病故，李家已有訃告寄來，惜因時間關係，未及臨場致悼為憾。承寄高成兀同志所撰〈李叔同革新喪禮的事蹟〉一文，自當留作參考。

我寫的《弘一大師新譜》，已初步完成，由小女膽寫，業已抄就，一俟得暇稍加校讀，並撰一序後，即可考慮出版（台灣已有人來信接洽）。

我去冬為《全集》事，曾再度赴閩，其間並到廣東一些名山巨剎巡禮，至臘月始回京。

《弘一法師書信》於一九八六年交三聯書店，至去年十月始出版，內容及版式均合理想。據我閩粵之行所知，銷路似當不惡，新書一到，迅被搶購一空。茲郵寄《弘一法師書信》一冊，以奉尊覽，請留紀念。書中有一些錯字，請注意改正。（我有勘誤表一紙，忘置於何處，以後尋到，當以奉呈。）

匆此奉復，順候

春安

登載李叔同改革喪禮之《大公報》原件，如能找到，請代複印見寄，複印費由我承擔，望勿客氣。又及

林子青 上

一九九一年三月二日夜燈下

（二十七）

慰曾先生：

三月十七日來信及《大公報》複印件三紙，均已收到，至為感謝。《書信》出版後，尚受讀者歡迎，不勝欣慰。承過獎，殊覺慚愧。版式雖佳，惜仍有若干錯字。此書於一九八六年交三聯書店付印，歷時四年，始見出版。一九八八年我赴福建時，又得大師遺札二百餘通，已編入「書信卷」，共計約有一千通左右，將來《全集》出版時，當

較三聯版稍有增加，是亦意料所不及也。

《大公報》縮印件，其中有「第一千一百號」一行小字，頗為可喜。我記得六十年前從北京南下時為一九三一年五月十日，在車上買了一份《大公報》，正為「一萬號」，至今猶能記憶。影縮版小字，我戴一千度老花鏡再加放大鏡，勉強可以看清，現在不用借閱原報了。

關於故李端夫人杜氏的生活補助費，先生為大力爭取，不勝欽佩。廣洽法師處，我當寫信聯繫，請有所幫助。匆復順祝

春安

林子青

一九九一年三月二十三日

（二十八）

慰曾先生文席：

不通音問，忽又多時。近因《弘一大師全集》出版社要求大師親友之已故者，概註

明其生卒年份，故特奉函請教。乞將以下數人之生卒年份代為填入為感。

1.王仁安（～），名守恂，天津人，一九一八年前後曾任杭州道尹，有《王仁安文集》。津人當有識之者。

2.周嘯麟（～），民國初年，曾任天津高等工業學堂校長，與李叔同似為譜兄弟。

3.李紹蓮（～），名迺勳，天津大樹李家，為李叔同青年時代譜兄弟。曾服務天津銀行界。

以上三人之生卒年份，不知能煩一查詢否？屢費清神，至為感謝。匆此奉達，順叩

近安

林子青　上

一九九一年五月七日

回示請仍寄晴冬園三號樓八〇一室。

（二十九）

慰曾先生文席：

曩讀尊函，承見告曾見四十年代由中國聯合出版公司印行的一種《學術界》刊物，在第一卷一～四期，連刊有李芳遠輯的《弘一大師書牘》，內中書多封。……二期有致李芳遠（十九通）、〈致馬一浮書〉等。爾時弟居上海，在報攤上雖曾瞥見該刊，而未留意。近年因輯音公《書信》而苦於不見音公〈致馬一浮書〉（以他們二人之交情，通信如能保留，當在數十封以上），甚為遺憾。故弟於三聯書店出版的《弘一法師書信》，錄馬一浮致法師信四通作為「附錄」，以見二人之交情。《學術界》為一九四九年以前期刊，不知天津圖書館或其他單位藏有是書否？您如能找到該刊，只要複印第一卷第二期〈致馬一浮書〉一通，或手抄亦可。屢次麻煩您，深感不安，唯有衷心感謝而已。

近接廈門友人來信，謂新加坡廣洽法師忽患半身不遂之病，弟已去函詢問，尚未得復。最近又得間接信息，謂洽老「病重」（洽老今年已九十二歲），不知天津李家有無得其消息？匆此奉達，順頌

夏安

附奉《弘一大師書信》勘誤表（略），以供隨時校正。

林子青 上

一九九一年六月二十日

致李直卿❶（八通）

（一）

直卿先生尊鑒：

近讀天津民盟出版《文史匯編》，先生所寫的〈追憶先父李叔同事蹟片斷〉，知道尊府大家庭早年情況，並悉先生雖已高年而仍健在，深為喜慰。弟四十年前，曾竭其綿力，寫成《弘一大師年譜》一書，頗蒙國內外推許（今國內久已絕版，香港、台灣已翻印數次）。然當時急於寫作，對於令尊早年家庭情況，諸多缺略。

當時曾與李穡先生通信多年，惜彼不久即下世，從此線索遂斷。其後因工作關係，自滬調京，至今亦近三十年矣。一九六四年曾至天津大悲院佛教協會調查，未

❶ 李直卿（一九〇四～一九九一）：名李端，字正夫，號直卿，自號嘯同。李叔同次子，早年任職於天津南開大學圖書館，一九四九年後在天津化工站工作，直至一九七〇年退休。與夫人杜鴻俊（已故）育有三女，依次為李文娟、李莉娟和李淑娟。

聞先生動靜。是年獲識令三哥麟玉先生，始稍聞若干事蹟，惜其後亦未多來往，而麟玉先生已於一九七五年歸道山，更無由請教。尊作追憶文中，尚有令尊（當時名李文濤）十八、九歲（赴滬以前）時入天津縣學之事，未見提及，不知先生親友中尚有人能知此事否？

一九八〇年為令尊誕生一百週年，中國佛協曾在京舉行展覽紀念，後又編輯一紀念集，以時間拖延已久，書名稱為《弘一法師紀念集》（預定大概今年十月可以出版，因印刷關係或稍遲數月亦未可知）。

先生近來生活情況，不知尚順遂否？尊體尚健康否？俱在念中。如先生方便，弟擬待氣候稍涼時，赴津奉訪一談，藉以請益。因王慰曾先生函告，得悉前址，故先此函候，便中希惠賜數行為恐。率此順候

秋安

弟林子青　上

一九八三年八月十六日

惠教寄「北京西四阜內大街二十五號」可也。

另郵奉「弘一大師（李叔同）書畫金石音樂展」簡介一份，即希留作紀念。

（二）

直卿先生道席：

二十八日復書，誦悉。先生高年，猶神明不衰，至為喜慰。耳聾眼花，為老人一般現象；弟今年亦七十四矣，雖頑軀尚在，而視力甚差。因寫作任務未能結束，故尚未退休。

四十年前與令哥麟璽（當時名李矯，號雄河，似服務於天津農業銀行），通信時，弟在蘇州，其後遷居上海。一九六四年春節赴津，係到大悲院佛教協會，訪查該會之「弘一法師紀念室」文物（該室文物雖為數不多，但有幾件卻是尊翁童年書法，甚可寶貴，惜文革中聞已悉數被焚）。令三哥麟玉先生，係在北京認識，彼時他住地安門火神廟七號，曾來往數次。曾承介紹其一子（似名李衛，在中學任教），一孫（似名李渭，正在中學讀書），今忽忽二十年矣。當時聞令兄李準先生因多病，業已謝世，未聞其子之事。今讀尊作追憶事蹟，乃知有祖慈（尊翁文孫）其人，想今年亦五十許矣。當時令四姊李謙（一作叔謙，似尚健在）亦在北京，未獲見面。

又據尊作提到尊翁自日本回國時曾攜一日姬同歸，不知其姓名如何？各方皆不知其詳。弟在滬時本有機會打聽其姓名，惜當時未注意及之。先生如有所聞而尚能記憶者，請以見告，不勝盼切。又令七哥晉章先生與弟通信時，曾謂尊翁遺物照片甚多，不知尚有保存一二否？晉章先生逝世後，聞其夫人即至北京依聖章先生過活，不知今尚健在否？先生如能與北京地安門火神廟七號李宅聯繫，當得知其情況也。

尊翁赴滬前，曾入天津縣學事，弟曾見其當時所作製藝文卷數件，當時署文為「文童李文濤」，想津中老人或能憶之。

三十年前曾從友人處，獲得令二伯李桐岡先生致尊翁家書一通抄本，茲特複寫一份奉寄以留紀念。一九二七年八月，尊翁本擬返津一行，至滬時因發生戰事，遂未果行。

來月如得稍暇，弟擬赴津探望親友，並前趨尊府拜訪，藉聆雅教，屆時當再函致意。肅此順頌

闔家清安

林子青　上

一九八三年八月三十一日

又令嬡三人芳名，便中請順見告。

（三）

直卿先生惠鑒：

前得手書，曾復一函，想已達覽。其後得王慰曾先生來信，藉知尊夫人及令嫒等姓氏，並先生早年時訪李紹蓮居士情況，至為喜慰。弟已將先生情況大略奉告新加坡廣洽法師（今年八十四歲），彼在國內時為尊翁弘一法師上足弟子（先生或已知其名），現住持星洲（即新加坡）龍山寺，頗有道行（一九四九年後曾數次回國訪問）。與故徐悲鴻、豐子愷及現在京之葉聖陶❶先生均為至友，彼謂今後願與先生通信結緣，因特先函奉告，俾有思想準備，不致唐突也。弟為瞭解尊翁事蹟，本月中旬將赴天津一行，屆時當訪尊處一瞬。匆此奉聞，順頌

---

❶葉聖陶（一八九四～一九八八）：原名紹鈞，字秉臣，後改字聖陶，別署郢生，江蘇蘇州人。中學畢業後，即從事教育工作與文學創作，為「文學研究會」發起人之一，提倡「如人生」的文學觀，著有《倪煥之》、《稻草人》、《葉聖陶文集》、《未厭居印存》等。

康勝

弟 林子青 敬上
一九八三年十月七日

尊翁十九歲以前入天津縣學之事，弟處保存有其「課藝」數卷，學名為李文濤。

（四）

直卿先生：

不通音問，忽忽多時，近維道體康泰，貴府闔家平安為頌。青因諸事紛繁，未能再赴天津問候起居，但此心固無時不相念也。前得王慰曾先生手書，知廣洽法師曾匯款供養，並寄書籍數冊，至為欣慰。洽師今年八十有五，但身體尚健，前見尊府全家與弟合影，深為歡喜。聞洽師今年秋冬之間，有再回祖國之意，如彼到京，弟擬陪他到津相訪，以便晤談。天氣甚熱，不知尊況如何？有暇希惠（賜）數行為慰。專此順候

貴府闔家平安

弟
林子青 上
一九八四年七月二十三日

（五）

直卿先生道鑒：

惠函已到半月，弟因上月赴廈門轉泉州開元寺，參加弘一法師紀念館布置工作，近始經杭州、上海回京，瑣事如麻，致遲奉復，希諒之。本年中秋節，杭州虎跑寺李叔同紀念室開幕典禮，弟讀《天津日報》記事，已知令嬡文娟、莉娟姊妹二人，同往參加，聞之至為喜慰。弟上月到西湖時，亦曾前往虎跑李叔同紀念室巡禮。茲將前日《光明日報》記者所寫訪問記，剪報（複印）奉寄，以為紀念。南通狼山法乳堂，當地畫家范曾所作令尊畫像，此間《法音》雜誌早有報導，使名山與高僧相得益彰，實末世之勝緣。

龔作家先生發起於天津大悲院，恢復紀念室，弟極樂觀其成。憶二十年前曾為搜集大師資料，前往天津一行，於大悲院得見若干紀念遺物，「文革」以後聞悉遭焚毀，至為可惜。今幸政治清明、地方人士熱心，假以時日，當不難重集也。廣洽法師不知近仍時通信否？時屆嚴寒，諸希以時珍攝為幸。匆復順頌

冬安

林子青　上

一九八四年十二月四日

闔府諸人順代問候。

（六）

直卿先生道席：

日前接手書，知尊府得化工站照顧，將於春節前後，遷入河西區文明里新居，至

以為喜。《弘一法師紀念集》已於去冬出版，紙張印刷，皆頗精美，見者皆有好評。先生如已遷入新居，請即賜示，以便將《紀念集》一冊寄贈。

弟去秋曾赴閩一行，歸途到杭州，亦曾前往虎跑李叔同紀念室參觀，惜寺中情況大變，已無僧人居住為可惜耳。匆此順請

闔府新春安吉

弟林子青　上

一九八五年二月二十一日

（七）

直卿先生：

前後兩函惠寄《天津日報》記事及彩色照片七張，均已收到，至為感謝。此次奉陪廣洽法師朝禮五台山，歸途得與先生會晤於津沽，可謂一大殊勝之因緣。弟等於十月六日離京，先後訪問南昌廬山、福州、廈門等地；十月二十日到達上海，二十四日送

廣洽法師回新加坡，陪同任務告一段落，弟亦於十月三十日回至北京。因近兩月旅途勞頓，不無疲倦之感。弟因白內障尚未醫治，寫信甚感不便，諸希恕之。順頌
起居安樂

弟林子青 作禮
一九八五年十一月四日

請代問候龔先生並致謝意。

（八）

直卿先生左右：

去年十月天津話別，不覺忽已經年。弟陪廣洽法師回京後，即乘車前往江西南昌訪問東林寺。其後由南昌前往福州，取道廈門，小住十餘日。十月下旬由廈到滬。十月二十四日送洽老回新加坡後，弟不久亦返京。因患白內障多年，迄未暇動手術，閱

讀書寫俱成困難，乃於一月初旬入中醫研究院治白內障，住院一月，經院長施行手術（針撥套除法），經過幸尚順利。春節前業已平安出院。

手術以後，雖獲重見光明，但仍未恢復視力，故先生來信及賀年片均未能□答，殊為抱歉，幸頑軀尚健，堪以告慰。先生獻歲以來，尊體不知健康否？尊府情況如何？俱甚念念，希以時善自保重。新加坡廣洽法師處不知曾來信否？彼近亦甚忙碌，恐未能多通信。專此奉復　順祝

闔第新春安樂

弟林子青　上

丙寅（一九八六年）舊正月初八日

附錄

李直卿致林子青（一通）

子青先生大鑒：

前接華函，並收到先父書畫展簡介一份，衷心感謝。先生之大名，在僕心中多年，奈無緣相見，徒喚奈何。今先生以貴函相賜，實為佛門中之善緣耳，使僕於暮年得知先君之往事。今僕年近八十，耳聾眼花，四肢痲木，不能執筆已三年矣，今捧華函，精神為之一振。執筆書此短箋，以報知遇之情，實因手足痲木，不能得心應手，故其中魚魯之誤在所難免，望先生看詞思意可也。

先生來函中有李矯之名，初不知為何人？回憶多時，是否是僕七哥麟璽？因過去在家庭中受先父之指教者，僅七哥一人耳。麟璽七哥亦好佛，並能刻圖章，書字近魏碑。先生與僕七哥通信時，是否在上海時期？至於先生在一九六四年來天津時，認識僕之三哥麟玉，不知在何處？實因弟兄自分居後，久未通信，僕雖久居津門，亦因經常遷移住址，故失去聯繫。至於二兄亡故之事，亦未有所聞。再者僕之親兄李準，長僕四歲，不知尚在世否（居住在北京後門一帶）？因有姪李祖慈（此名乃先父在出家後所賜），至今已有三十餘年未有見面矣。老年思親人，其痛苦可知。信中所提先父入縣學之事，在家中亦未聽有人提起。

謝謝先生對僕的問候，請先生在公餘之暇，多賜教益，實僕之願也。順請大安，

並祝

闔府均安

僕李直卿 上

一九八三年八月二十八日

【李筱樓族譜】

李筱樓（世珍）
- 文錦（早故）　李□□（亦早故）
- 文熙（桐岡）
  - 李麟玉（聖章）——李衞——李滑（□）
  - 李麟璽（晉章），又名矯，號雄河，無子
- 文濤（叔同）
  - 李準——李祖慈
  - 李端（號正夫），又名直卿，無子，有三女

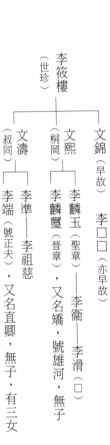

致妙燈法師❶（三通）

（一）

妙燈法師道席：

十月十三日來信已收到多日。你提到南山小學的事，我已有點茫然了。時間過得真快，不覺已經五十多年。我記得一九二九年間，在南山小學當四年級級任，現在生存的學生，只知道一個傳允在南山寺，一個月西在寧波（任佛協會長）；那時曾否在六年級代課，已經忘了。你還記得曾聽我講過一課，也算是結過一次緣了。承你

❶ 妙燈法師（一九一六～）：俗姓張，福建莆田人。十歲於莆田西來寺出家，二十歲於泉州承天寺受具足戒。一九五八年應廣洽法師之邀，赴任新加坡龍山寺監院。南渡星洲四十餘載以來，與宏船、常凱二老共創佛教施診所，遍施義診。長老嚴以律己，誠厚待人，精研弘一、太虛、印順各導師之佛學思想，解行並重。

屢次推獎，我很慚愧，也很感謝。從前弘一法師到了晚年，有「一事無成人漸老」之歎，我今亦復如是。幾年前看到《會泉法師生西二十週年紀念集》，讀到你寫的紀念文章，提到那時曾在南山小學讀書，覺得很有文采，想不到南山小學還能出這樣的人才；但一時想不起來，今讀來信，始覺恍然。

《南洋佛教》曾零星看過幾期。你希望我能寫些文稿，我也很願意；但目前實在太忙，等稍暇時，再看因緣吧。關於〈重修雪峰碑記〉，你提的意見很對，一切都可照改，不必顧慮。最近我偶翻閱四十年前的《佛教公論》，其中有雪峰重修大殿消息，當時住持是瑞進，所以我想在「法孫轉逢轉解」之下，再加「曾孫瑞進」四字，以示不忘前人功德，請再斟酌。承惠寄人民幣百元，謹領謝之。

四十年前我寫的《弘一大師年譜》，國內久已絕版，而港台則翻印數次，許多錯字未及改正，以訛傳訛，我覺得很對不起讀者。我久有增補之意，拙師亦屢來信勸請，我正收集整理資料，希望在有生之年，能完成這個宿願。三十年來，我除為過去的《現代佛學》月刊，寫過一些有關房山石經等雜文外，主要精力為《佛教百科全書》撰稿。現在出版的《中國佛教》第一、二輯，有我寫的許多文字，如有興趣，可以向淨師借去看看。

《弘一法師紀念集》，本預定十月可以出版，現因出版社專任編輯出差多時，恐要耽擱若干時日，知關順以奉聞。專復並候

近安

林子青　啟

一九八三年九月二十六日

（二）

妙燈法師仁者：

九月十六日復廣淨師與仁者之函，想尚未到。關於〈佛化老人傳〉資料，除《密契真言》外，雪峰傳哲師亦寄來數種有關材料，皆甚重要。此外，關於化祖出家前隱居之地，我又寫信與漳州南山寺妙應師及同安梵天寺厚學師。龍海縣角美龍池岩一居士詢問，均得回答，甚為喜慰。彼等聞我欲寫佛化老人傳，皆歡喜讚歎，樂為查訪，殊可感也。

《密契真源》因屬偈語形式，為字數所限，寺岩具體名稱，往往從略。故如同安之雪山、梅山，漳州之天湖、寶樹，角美之龍池等，皆略寺或岩、庵各一字，以致概念模糊，不知是地名抑寺名。

妙應師來信，謂查《漳浦縣誌》，有「天湖庵」一條，云：「在大帽山頂，山谷深邃，與人世隔絕。」天湖，當即天湖庵之略稱。

厚學師昨來信，復稱如下。

雪山岩，在同安城東十餘里處，明溪大隊環山之中。梅山寺，在同安城東三里外之梅山上，寺旁有朱子祠，去年已全部重修。梅山，當即梅山寺之略稱。據云雪山岩與梅山寺，皆風景幽美，香火甚盛。

林加瑞居士來信，謂龍池岩風景甚佳，現日光岩善揚師主持。岩前隔澗，有華圃書院，為往時士子讀書之處，故龍池岩稱「華圃龍池」。

又同安城南之存真堂為有名榮堂，距今只百餘年，或尚有知其名者。昇虛居士（俗稱他為雪成叔，不知何姓，擬再問之）既精通禪法與易理，似為當時一通儒，不知《同安縣誌》有其傳否？

佛化老人，於光緒十六年入主雪峰，則前拙撰〈重修雪峰碑記〉之「光緒間」，應明確為「光緒十六年」，請代改之。

我定於本月二十四日，乘機飛廈轉泉，參加開元弘一法師紀念館之籌備工作（紀念館定舊九月初四日開幕）。事畢，如有勝緣，擬歷訪各有關佛化老人舊居，以示景仰，並資印證。自去冬以來，圓拙法師要以紀念館籌備工作見託，奈因瑣事如麻，遲至今日始赴其約。又機票難買，故到泉時恐只能恭逢其盛矣。

承惠施茶儀百元，已收到，深感厚意，順此道謝。□倚□匆匆，即頌

安樂

林子青 謹復

一九八四年九月二十日

又化老傳：「俗姓林，名甫」（名「甫」係據雪峰某僧傳聞）。按僧傳循例，只寫俗姓，而不書名。增「名甫」二字，擬刪去。

（三）

妙燈法師法鑒：

十一月二十日惠函並《南洋佛教》雜誌社稿費單據一紙，已經收到。二十三日曾復一書，日內想可到達。〈佛化老人傳〉知已發表於《南洋佛教》十月號，甚為喜慰。此間《法音》編輯部，舊曾見《南洋佛教》多冊，今聞已久未見寄至，不知何故？乞將化老傳文部分剪下，隨函寄我，以便校讀。

關於化老生平事蹟，我所知而能言者，大概盡於此傳；唯傳中所記年月，或有未盡準確，待雪峰修誌時，再為改正，此亦後人追記前賢之事所未能免也。

我閱會泉法師的《密契真源》跋文，有「七九宏壽戒．八十圓寂」之語，而未記年月。根據《南普陀寺誌》所載轉逢、轉塵二老呈文（思明縣公署通告引用）所稱「至民國二年，佛化和尚，亦已物故」之語，推定化老寂於民國二年，即一九一三年。今觀雪峰戒牒所載，傳戒之年為辛亥年（冬期），則若以此年為「七九」之壽，則寂年八十，當為民國元年，故有一年之差。此固無關緊要，唯考證者不能不審慎耳。

《南洋佛教》稿費已收到，茲將簽收單據隨函奉上，即希轉交該社會計部為感。《南洋佛教》如收到，當即函告。匆此奉復，即頌

法安

林子青　合十

一九八四年十一月三十日

廣淨法師希代致意。

致廣淨法師❶（三通）

（一）

廣淨法師師兄法席：

七月二十日信及惠施二百元，已收到多日，至深感謝。既由龍山常住下賜，並應感謝龍山常住。因欲待〈佛化老人傳〉寫成，一併奉寄。故稍遲復，甚為抱歉。《密契真源》一書，弟已得一本，尊寄之書，日內當可到達。

化祖老人事蹟，傳哲師曾來信要我寫作，聞妙燈法師亦有此意，故義不容辭。近盡十餘日之力，思索及史料考證推算，頗費時間。弟據《密契真源》本文偈語及〈會泉法師跋文〉、《會泉法師紀念刊》、《性願法師年譜》、《定賢法師（了智大師）

❶廣淨法師：一九八四年後曾任新加坡龍山寺住持多年；一九九七年（或一九九八年）病故，係閩人，後赴星洲弘法多年。

傳》、《南普陀寺誌》等，斟酌推算，總算大致無差。只有兩小疑問，即化祖老人圓寂之月日（不知雪峰寺每年化祖忌辰，有上供否？）及其塔所在，是否為會泉？（我早年筆記似為慧泉）

茲寄上〈佛化老人傳〉初稿一篇，請託人抄寫若干份，分送諸師審閱（妙燈法師曾住雪峰多年，可請他多看，多提意見；廣餘弟亦可寄一篇），然後作為定稿。或可送一份交《南洋佛教》發表。宏船法師朝山團一行已到京，由妙湛法師陪來。今日船師略感不適，未見其面，順以奉聞。

〈佛化老人傳〉收到後，請回信告知。專此順祝

六時吉祥

弟
林子青　合十
一九八四年八月三十一日

順請文顯居士賜教。

（二）

廣淨法師師兄道席：

日前寄上一信並〈佛化老人傳〉初稿，想尚未寄到。信發後隔日，即接小雪峰傳哲師寄來幾張雪峰零星材料，甚為可貴。其中最重要者，為明確佛化老人應請住雪峰之年月，是光緒十六年（一八九〇）。因此我的〈佛化老人傳〉初稿，必須重寫。因為我的初稿，是依性常法師的〈定賢老和尚傳〉年月而寫的。該傳說：「定賢和尚於光緒四年（一八七八）與佛化等十七人，隱居海澄之龍池岩。」「光緒八年（一八八二），南安蘇氏檀越，迎佛化和尚主持雪峰。」但雪峰保護碑（光緒三十一年立，時化祖尚健在）記，則說「庚寅（即光緒十六年，一八九〇）應請主持雪峰」。此為第一手材料，故應照改。

我花了幾天時間，翻閱二十餘年前我寫的史料筆記，及《密契真源》的偈語及印月（會泉）法師所寫跋文的年月，細細推考算定，果然不錯。因此前寄之稿，請勿算數，留作紀念可也。

試將《密契真源》之斷句摘錄如下：「幸遇佛門年二十四」（在漳浦）、「一句彌陀念四年」、「自思年將近三十」、「尋個天湖境極幽，於此靜修十一秋」、「遊到一岩名寶樹……自思於此五六年」、「遊到華圃棲賢樓（即龍池岩），漸隱不覺今九秋」，又示寂法語有「八十年紀高，起念為兒曹」。

這樣看來，化祖二十四歲發心學佛，在同安本地念佛四年，在漳州天湖十一年，在山城寶樹岩六年，在海澄龍池岩九年，合計三十年。出家後至圓寂計二十六年，連在家二十四年，共計正好八十年。

會泉法師（自稱法孫）民國五年的跋文，記化祖事蹟，大意說：「二十四歲，皈依本邑城南存真堂，翛然物外三十年（指在家修行）。」計「漳州天湖壹拾壹，山城寶樹陸、華圃龍池九，始遇能輝道者」、「至七九宏壽戒」、「八十圓寂」。大體與《密契真源》所說一致。

昨天接南山寺妙應師來信（我去信問他天湖在漳州何處？），據說他查閱各縣縣誌，在《漳浦縣誌》卷二〈廟宇．庵〉中，有如下記載：「天湖庵，在大帽山頂，（明）成化十年，僧澄心建。山谷深邃，與人世隔絕。」我得到這個材料，非常高興。因為我是漳人，竟不知天湖在何處？可謂寡聞。我寫信給妙應，提到是否為漳浦之海月岩？他果然在《漳浦縣誌》上找到，可謂巧遇。這樣，天湖的地點問題就解決了。《密契真源》原偈說：「與師相辭下漳州，尋個天湖境（景）極幽。高峰聳拔如仙苑，於此靜隱十一秋。」此偈與《漳浦縣誌》所記，大致相同。

又關於化祖圓寂月日（忌辰），我二十餘年前聽廣心法師來京時說，是舊曆十月初八日。這樣，圓寂月日問題也解決了。墓塔建於慧泉（我未曾到），傳哲師來信也說是如此。

根據以上材料，大致已經無誤。我有時間當再補寫一傳，以代替初稿。年月仔細考定，務期成為定稿。

至於《密契真源》一書，是化祖在家時之作，許多（不少錯字）說法，似非佛教真正知見。但他出家後的說法，可惜未見記錄。想來是大有轉變的。

還有一事，就是化祖宏傳壽戒一事，也有說是「宣統三年冬」的（傳哲師來信說，《同戒錄》已遺失，似作為七十壽戒），但據《會泉法師紀念刊》及《密契真源》跋文是「民國元年」七十九歲之事。會泉法師是當時的開堂（大師父），當不致誤。匆匆奉上，順祝

道安

林子青　合十

一九八四年九月四日

請與妙燈法師一閱，並請提供意見。

（三）

廣淨法師師兄法鑒：

數日前奉上一信，說明〈佛化老人傳〉中，有一年月誤記，請勿使用。因接雪峰傳哲師及南山寺妙應師寄來若干史料，可以糾正。

最主要者，為佛化老人住持雪峰寺之年，前傳作為光緒八年，故傳中敘述有誤。今據碑刻，知為庚寅，南安鄉紳至漳郡南山寺請佛化老人住持雪峰寺。此庚寅即光緒十六年（一八九〇），大約即化祖出家、受戒後之數年，可以置信。

又關於化祖住漳之天湖，我初不知天湖在何處，妙應師為我查《漳浦縣誌》（漳州舊治，本在漳浦，唐貞元開始移建今日之地），知為天湖庵無誤。化祖圓寂之月日，我查舊筆記，為舊十月初八日（係前廣心法師所說，似不致有誤）。

因此，我用兩、三天時間，重寫重抄，請兄與妙燈法師等，再斟酌一下，如無意見，似可作完稿。至於文字方面，因我急於求成，或有不盡妥善之處，請兄等修改，以求美滿。

宏船法師在京小病數日，已恢復健康，並於五日飛往太原朝禮五台山矣。順以奉聞。

〈佛化老人傳〉再改稿，附上，即希督收。順頌法安。

弟林子青 合十

一九八四年九月八日

致廣淨、妙燈法師（二通）

（一）

廣淨、妙燈法師同鑒：

九月八日回信，今日收到。

妙燈法師對我的文章，過於誇獎，實在慚愧。上月底寄上〈佛化老人傳〉（初稿）後，即接雪峰傳哲師來信，並寄來一批資料，內有光緒三十一年（一九〇五）十月，雪峰常住立的〈示禁碑〉，同年梅月（四月）「住山佛化」自立的〈雪峰寺重興碑〉、《雪峰同戒錄》（哲師謂《同戒錄》已失傳，故其中「宣統三年、辛亥冬、化公七十壽，宏傳三壇戒法」幾句，恐係數十年後追憶傳聞之誤。有〈□□□□〉……及《會泉法師紀念刊》可證）

〈示禁碑〉及〈雪峰寺重興碑〉最重要的記載是：「光緒元年，寺宇傾塌，庚寅（即光緒十六年、一八九〇）秋，鄉紳耆老議請漳郡南山寺僧佛化為住持。」〈雪峰寺重興碑〉謂：「至庚寅，得佛化率徒喜敏同為住持，又是本寺大幸。」（此為自述語，決無有誤。）二者所記一致，即佛化老人入主雪峰為光緒十六年庚寅。因此，我在初稿作「光緒八年」實誤。此係根據性常法師所撰〈定賢和尚傳略〉（了智大師）致誤。但〈傳略〉謂「光緒四年」奴在龍池岩，無誤。因據《密契真源》說：「施捨寶樹（岩名，在山城，今南靖所在）□別尋，……遊到華圃棲賢樓，山水增秀甚雅致，漸隱不覺今九秋。」據此算來，自光緒四年至光緒十二年，正好頭尾「九秋」。自光緒十二年至十六年數年間，為化老剃染、受具之年。的確月日，不可考矣，文獻不足故也。

關於「華圃龍池岩」問題，從今日看來，作海澄原也沒有大錯。最近角美石厝大隊醫療站有一信佛居士，讀了我的文章，知我是閩人，和我通信。我請問他，他曾數上該龍池岩詳細調查答覆，謂龍池岩舊屬同安，稱文圃禪林（因文圃山得名），解放後劃歸龍海（一九五七年與龍溪、海澄合併，稱龍海），其他□澗舊有「華圃書院」，為士子讀書之所。故「華圃棲賢樓」，或指此處。至於「海澄大岩」，聞在廈門南太武山云。

化老初到漳州天湖的問題，我係道地漳人，未聞有天湖之名。我寫信請問漳州南山寺妙應師，建議請他問一下漳浦海月寺是否有天湖，他回信也說，他本不知天湖之名，後查《漳浦縣誌》卷二〈廟宇．庵〉條下有：「天湖庵，在大帽山頂，山谷深邃，與人世隔絕。」後從《密契真源》所記「尋個天湖境極幽，高峰聳拔如仙苑，於此潛隱十一秋」之詞看來，天湖即天湖庵無疑。因此我匆忙趕寫修改稿，再寄淨師（發表時，當以修改稿為準），想日內當可收到。記得清末著名詩人樊樊山有詩云：「一字不安眾所議」，何況年月相差數年？孟子云：「學問之道無他，求其放心而已。」今化祖入住雪峰，為光緒十六年，可謂「放心」矣。

至於「萬株歸一本」，為「萬殊歸一本」之誤，可見妙燈師讀書之細心。此「株」一字，不知是原書《一吼堂詩集》之誤，抑我舊筆記誤抄。今天我再看《密契真源．指明一本萬殊偈十五首》，果然如此，應當照改。〈佛化老人傳〉修改稿，我已寫信通知傳哲師。

最近，泉州開元寺弘一法師紀念館將於舊九月初四日（陽曆九月二十八日）開幕，拙師等要我前往參加布置，下星期（四？尚未買到機票）我將飛廈轉泉，屆時當將「修改稿」面交哲師。如有時間，並想再到雪峰祖庭看看。

燈師贈我百元茶禮，日內當可收到，先此預謝，實不敢當。今年三、四月間，我費兩月之力，將唐代日本弘法大師空海所撰〈惠果和尚碑〉譯註，發表於本年八月《法音》第四號，星洲如有此刊，可借一閱。匆此，順頌

法安

回信只寫「中國北京西四中國佛教協會」即可。

林子青 合十
一九八四年九月十五日

（二）

廣淨、妙燈法師同鑒：

九月二十五日復信，早已到達。我因赴閩及江浙巡禮，歷時二月，十一月十八日始回北京，故來信遲復，深以為歉。

我此次回閩，係事先應圓拙法師之約，到泉州開元寺協助弘一法師紀念館布置工作，其後又至廈門參加萬石岩修建落成典禮，飽覽故鄉風物，大異曩昔。到處有欣欣向榮之態，殊以為喜。關於佛化老人忌辰，我在開元時，曾於廣徹師房問過傳為師（他曾住雪峰多年），他脫口說出「十月初六日」，故知前說無誤。六月初六日，係南普陀喜參和尚忌辰。

我此次到開元，除九月初四日與諸上善人（四眾男女約百餘人）同往清源山（高文顯居士是日亦趕到）頂禮晚晴塔外，翌日又隨新加坡朝山團諸居士同往小雪峰（公社搶修道路，已能直達山門前，距山門只數百步）。殿堂修建頗為莊嚴，山後轉逢和尚塔及太虛洞亦已完成，唯晚晴亭石料已送到，尚未動工。我前後五十幾年間，到過雪峰數次，以這次所見寺院景觀最美，但恨時間匆促，未及一往慧泉頂禮化公塔墓耳。

傳哲師是日在寺接待甚忙，僅寒暄數語，其後在泉，彼又為宏船法師父母超薦法事辛苦多日，故亦無緣詳談。但彼時有信來（聞係蔣文澤居士代書），頗為殷勤，雪峰可謂得人。我離泉時，已將〈佛化老人傳〉（修改稿）交廣徹師轉交哲師。

關於化公入寂年歲，亦有一小問題。據《密契真源》「佛化老人示寂法語」：「八十年紀高，起念為兒曹」及虎溪法孫印月（即會泉）跋語：「至七九宏壽戒」、「八拾圓寂」之說，則化老世壽八十，似無疑問。但二者皆未明記年月，而《南普陀寺誌》之思明縣署通告說：「住持僧轉逢、監院轉塵呈稱：『……至宣統三年，請小雪峰佛化和尚為住持，交替之後，喜陞和尚圓寂（青案：據四十年前塵老答我問：參公對內自稱喜參，對官廳則稱喜陞，此事今已少人知道，故並記之）。至民國二年（一九一三），佛化和尚，亦已物故。……』」

今據雪峰傳哲師來信並錄一戒牒抄本，謂「雪峰傳戒在宣統三年辛亥夏曆十一月十三日，至十八日圓滿，恰在新舊曆交互之間」云。如此似應將民元傳戒之說，改為宣統三年；若然，則「七九」弘戒，「八拾」圓寂之年，應在民國元年。如是與《南普陀寺誌》「至民國二年，佛化和尚亦已物故」之說，又相差一年。但「亦已物故」，也可能作「民元」解。哲師來信又云：「雪峰有一殘餘之白布對聯，係當年輓化公者，惜僅存六字『出世二十五載』，但不知從何年算起。」此事大抵指化老出家至圓寂之年，即自光緒十二、三年至民國一、二年，約二十五年。但「出世」本義非「出家」，一般係指衲僧最初擔任叢林住持，謂之「出世」，屢見禪宗語錄，即《瘦松集》亦有此語。

為探尋化公遺蹟，我此次閩行，曾至同安、龍海等地。到過化老所稱之梅山岩（有菜姑數人居住），雪山岩聞亦修整一新，香火頗盛，以路遠山高，惜未前往。最後到龍池岩（昔為同安，今屬龍海），現為善揚師住持，新建一樓，頗壯觀瞻。

以上拉雜寫來，不覺覶縷❶。化老傳如在《南洋佛教》發表，請寄數冊，寄佛協國際部給我。匆復，順候

六時吉祥

林子青　作禮

一九八四年十一月二十三日

❶ 覶縷：覶，音ㄌㄨㄛˊ。覶縷，意即「委曲陳述」也。

致傳揚法師❶（一通）

傳揚仁者慧覽：

今秋泉廈數日相聚，甚以為樂。在上海玉佛寺時，遇一青年僧自廣州六榕寺來，據云名道力，師名傳揚，乃知係仁者剃度高足。

今夏陪同廣淨法師至南山寺，接待者一為宗教科科長翁亞森（？），一為統戰部長某某（忘其姓名），請來信見告，我因贈彼《弘一法師紀念集》各一冊，以為聯繫。同時欲盡最後努力，請彼等利用官方信用，請故劉綿松❷之姪劉少偉將劉綿松生前

❶ 傳揚法師（一九二八～一九九九）：福建南安人，自幼出家，十三歲剃度，一直住漳州南山寺，並學習中醫。一九四九年後，著僧裝入漳州人民醫院行醫，直至退休。

❷ 劉綿松：生卒年代不詳，約於二十世紀初葉出生，近八十歲時去世。福建漳州人，終生學佛，未婚。弘一法師居漳期間，與其過從甚密。

抄存之弘一法師致廣義（亦名曇昕）法師、胡宅梵、尤墨君、孫選青等幾人之信抄寄給我（紙張及抄寫費用，完全由我負擔，不論多少，請你再試探一下）。我白內障尚待動手術，字寫得潦草，請原諒，專此問好。

林子青　合十

一九八五年十二月八日

我要編《弘一法師書信》，已得七百多封。廣義法師前此來信，謂一部分弘一法師書信原稿，全被綿松取去。

致普光法師❶（一通）

普光法師學弟：

頃承惠寄同遊黃檗山及廣化寺所攝諸照片，均已收到，至為歡喜。此次因參加祝賀明暘法師❷在西禪寺陞座因緣，得與仁者晤面，深慰闊別四十年之念。老朽離莆回泉已近半月，仍從事增補《弘一大師年譜》之寫作，擬於來月赴廈小住，然後回京。客中草草，未盡一一，匆此道謝。並問

法安

❶ 普光法師：為當時駐錫莆田廣化寺的一位法師，其他不詳。

❷ 明暘法師（一九一六～二〇〇二）：俗名陳心濤，福州人。一九二六年依圓瑛法師披剃出家，法名日新，號明暘。一九三〇年，在寧波天童寺受具足戒。曾任中國佛教協會副會長、上海市佛教協會會長、寧波天童寺方丈等職。

廣明法師處代致意；惠贈傳芬照片均已收到，她囑代致謝，順此奉聞。

林子青 合十

（編註：約在一九八五～一九八六年間）

致妙蓮、向觀法師

妙蓮、向觀法師同鑒：

復函誦悉。知轉道和尚舍利塔記，長短略可伸縮，自當遵命撰寫。寫就以後，經一再刪改，約得四百餘字。有關道老生平事蹟，大致已無遺漏。為通俗起見，年代均用公元。原文另紙錄奉，請善書者書寫刻石可也。如有未妥之處，請仁等斟酌去取，務求如法為幸。專此奉復，順頌

法安！

林子青　和南

一九八六年五月十七日

致彭長青❶（四十通）

（一）

長青同志：

惠書讀悉。知君為李芳遠❷先生之友、遜之❸先生之族孫，與我皆甚有緣。承錄示

❶ 彭長青（一九四〇～）：又名長卿，江蘇溧陽人。中學教師。編有《名家書簡百通》、《薛福成書札》，著作散見文史類報刊。

❷ 李芳遠（一九二四～一九八一）：號空照，別署晴翠山民、離離齋主，福建永春人。少年時即追隨弘一大師學詩習藝，工書畫，善詩文，亦懂醫。著有《空照庵詩草》、《弘一大師年譜原稿》、《弘一大師文抄》等。

❸ 遜之（一八七六～一九四六）：即彭俞，號無心居士，又稱竹泉生，別署守愚氏、亞東破佛，江蘇溧陽人。一九一八年出家，法名常仁，字安忍，號安仁大士，十年後還俗。壯歲治易，著《周易明義》四卷及〈序要〉、〈外傳〉八篇，計十餘萬言。

音公致朱酥典❹居士一札，不知抄自墨跡否？《晚晴山房書簡》第一輯，載有音公與朱酥典手札四通，此札即在其內。

四十多年前（一九四四），上海《覺有情》雜誌，載有馬一浮與令族祖一書，彼時彭老為音公道侶，聞其後以差別因緣，未竟其志，其略歷能見示否？又我近擬編《弘一法師書信》，已得七百餘通（《晚晴書簡》僅三七三通），不知當時音公曾與令族祖通信今尚存否？如有是項函札，乞以錄示，不勝盼切。匆復順祝

教安

林子青

一九八六年八月二十九日

我患白內障，動手術後，視力不佳，潦草恕之。

❹ 朱酥典：名寶銑，以字行，浙江杭縣人。民初畢業於浙江兩級師範圖畫手工專科，弘一法師弟子。擅長工藝美術、西洋畫，曾任上海美專教授。

又我編有《弘一法師》一書（一九八四年出版，上海靜安寺、玉佛寺似有代售），不知君曾寓目否？今年《讀書》雜誌七月號一一九頁，有此書之書評，請購一冊讀之。（谷林：品書錄，題為〈覺有情〉）

（二）

長青先生慧覽：

損書奉悉。音公、彭先生❶、馬湛翁❷諸札早已收到，遲復歉甚。鄭逸老❸錄寄音

❶ 指彭長青之叔彭曉明先生。

❷ 馬湛翁（一八八三～一九六七）：即馬一浮，原名福田，字耕餘，後名浮，號湛翁，別署蠲叟、蠲戲老人；浙江會稽人。學貫中西，精研佛學、理學、儒學，早年治禪宗及陸、王之學，晚主程、朱之學。居杭時，與蘇曼殊、李叔同友善。工書畫、篆刻，善詩文，有《馬一浮集》。

❸ 鄭逸老：即鄭逸梅。

公一札，亦已致函申謝。拙編《弘一法師書信》，已有書店願意出版，故比來校註特別忙碌，又因眼力未能久視，頗以為苦。承垂念至感。

《弘一法師在惠安》不知何人所作，尚未獲披覽。前承函告馬敘倫❹所著《石屋餘瀋》，有〈彭李出家因緣〉之文，尚未獲見。該書係掌故筆記性質，想不甚長。不知能錄出惠寄否？匆此奉復，未能委宣。

弟林子青 上

一九八六年十月十六日❺

---

❹ 馬敘倫：曾任教於杭州，與李叔同同事於浙江省立第一師範學校，著有《石屋餘瀋》、《石屋續瀋》、《說文解字六書疏證》等。

❺ 此信原件由彭長青之叔彭曉明先生收藏並提供。

（三）

長青先生文席：

十九日惠書奉悉。承抄錄馬敘倫〈彭李出家因緣〉及惠贈馬湛翁照片，至為感謝。又承告有《弘一法師在惠安》一書，深為歡喜。明年六月為湛翁逝世二十週年紀念，屆時杭州各有關團體將舉行馬老學術書法展覽，並出特刊，不知君有所聞否？

湛翁致遜之（安忍師）先生書，曩年我在滬時，曾於夏丏尊❶先生處親見，並為抄錄（一字不遺）發表於《覺有情》雜誌。今聞在葉聖陶先生處，想係夏公捐館後，此札為其女夏滿子所得。滿子于歸葉老哲嗣，故該札遂歸於葉家歟？

❶ 夏丏尊（一八八六～一九四六）：名鑄，字勉旃，號悶庵、無悶，別署夏蓋山民，浙江上虞人，南社社員。一九〇五年留日，一九〇七年輟學回國，任教浙江兩級師範、湖南第一師範等校，並創辦《中學生》、《少年》和《月報》雜誌。編譯有《愛的教育》、《近代日本小說集》、《芥川龍之介集》等。

拙編《弘一法師書信》，次第頗難安排。頃在從事註釋人名、地名及佛教專門術語，故頗覺忙碌。匆匆奉復，順候

教安

林子青　上

一九八六年十月二十九日

（四）

長青先生：

十月三十一日惠書，承抄示湛翁致彭老哲嗣之函及〈擬告別諸友〉詩等，均已拜讀。告別詩中之「垂化」應為「乘化」，此詩十餘年前已讀過。

拙撰音公年表及傳文，將彭李二公出家之年提前一年，承指教甚感。李公出家之年為一九一八年，未錯；唯彭公卻提前一年。此事二十年前因讀有關材料，已覺到有誤，而五、六年前撰年表時，因諸事忙碌，編稿太多，急就成篇，故未改正。後當遵

教改之。

曩讀天津王守恂《王仁安集》有二條材料，足證彭遜之居士出家於一九一八年。

1.《王仁安集．文稿二》（戊午年作）

〈惜才〉：「余友李叔同，習靜定慧寺。約往談，赴之。座上客四人，皆倜儻不羈，相與談論，皆聰明俊偉士也。……一為彭君，在十日內即剃度。……一為馬君，矢為佛弟子，斷絕肉食。是四君者，志相同，道相合。……」

2.《王仁安集．仁安詩稿》卷十七（戊午年作）

「虎跑寺赴李叔同約，往返得詩二首」（詩略）。「遊南山得詩三首」，其第三首云：「二次來尋虎跑泉，前遊記得雪餘天。彭君今日衣冠換，願結他生再見緣。」（自註：前識彭君，今在寺剃度。）

按：王守恂，字仁安，時為會稽道尹，家住杭州，故所記自甚可靠。今年《書法研究》第一期〈現代早期篆刻團體樂石社〉一文，未曾寓目。文中有關音公事蹟，如蒙錄示，至為感謝。

弟近從事《弘一法師書信》之整理及次第安排，頗費心力。因書信長短多達七百餘通，而弟目力不佳，且衰老日甚，故時恐有誤也。又前令人複寫，亦多錯漏重複，增加困難不少。匆復，不宣。

林子青　上
一九八六年十一月八日

（五）

長青先生：

惠書讀悉多日，諸事忙碌，遲復歉甚。頃檢出《覺有情》舊雜誌，幸馬一浮先生〈致安忍法師書〉一文尚在，因為複寫一份奉呈左右，以供參考。《覺有情》雜誌，今日已不易見，即上海玉佛寺圖書室及北京佛協，亦只存散本若干而已。致忍師書係我曩年親自抄錄，且為之發表於《覺有情》，故尚能記憶。

關於〈樂石社記〉及〈樂石社社友小傳〉，均未之見。尊函所云樂石社資料，如蒙抄示或將發表之雜誌郵借（抄後掛號奉還），不勝盼望。

又弘一法師所撰〈朽道人傳〉（名畫家陳師曾衡恪❶之別號），知有其文，迄未得見。逸梅先生見多識廣，不知曾寓目否？便中乞一詢之，並代問候。《弘一法師書信》已初步編就，不久或可交出版社審閱出版。明年六月為馬一浮先生逝世二十週年紀念，杭州擬出特刊（廣洽法師曾施萬元），我擬撰〈馬一浮先生與弘一法師的法緣〉一文紀念，尚未暇著筆。草草奉復，不宣。

林子青　上

一九八六年十二月十三日

❶ 陳衡恪（一八七六～一九二三），乳名師曾，號槐堂，朽道人，江西義寧人。祖寶箴，父三立，寅恪兄。工書畫、篆刻，善詩文。曾與魯迅共事教育部，有《陳師曾先生詩文集》、《中國繪畫史》行世。

附錄

馬一浮〈致安忍法師書〉[1]

仁者仗佛力冥加，發心猛利。欲遂掩室專修觀行，非宿植深因何以及此！詳諸經觀法，開立多途。行者就其根性樂欲，任擇一門如實而修，滿足方便，皆能取證。但從初發心所宜先辨者，即不可以生滅心為本修因是也。因地不真，果招紆曲。前與仁者往復料揀，實遵諸佛誠言。今善舊見蠲除，自云已悟人空，而猶病瞋習難斷，乃有誓求速證，另外絕輕毀、內斷餘瞋之言。竊恐此語，正是生滅根本。

菩薩修一切觀行，皆以菩提心為本因，不求世間恭敬。伏斷煩惱，全在自心，不依緣境，妄心若歇，豈復更有敬慢諸境？須知諸境界相，全由自心妄現，計我我所，

❶ 安忍法師：即彭遜之。

執取而有，當體本空。真如性中，本無人我等法，亦無凡聖之相。孰能為智愚，孰能施敬慢耶？取境即是取心，除心不待取境。妄心頓歇，真性自顯，如是觀行，決定相應。若帶惑而修，恐招魔業，切更審諦，不可放過。從上古德修習觀行者，莫不先資於教，深明義相，嚴淨毗尼，勤行懺悔。凡此皆以助發觀行，令速得相應。

竊願仁者於茲數事，勿生高下想。掩室習觀之時，兼而行之，必得速證。（譬如仁者向時治易，觀象玩詞，決不偏廢。今欲習觀，加持密咒而廢教典可乎？夫教觀一也。蕅益云：觀非教不正，教非觀不傳。有教無觀則罔，有觀無教則殆。經咒亦一也，經是顯說之咒，咒是密印之經。擬之於易，咒是卦爻，觀則彖象文言也。）

李居士見示蕅益《占察經義疏》，上卷明占察法，下卷明習觀法。浮以仁者夙好占筮，可試準此法行之。如苦疏文繁重，但閱經文，一粥飯時可畢矣。又蕅益《法海觀瀾》二冊，纂錄精要，亦甚簡易易覽，幸乞一經目。又託李居士奉去天親菩薩《發菩提心論》一冊、《刪定止觀》一冊、《教觀綱宗》一冊、《楞嚴懺法》、《大悲心咒行法》各一冊，亦俱乞瀏覽。其中《發菩提心論》一種，最宜詳味。依此起修，乃為正修。行法諸懺法，則可擇而行之。本欲與李居士同詣，適以人事不果，塵中真無自由。今諸所欲言，李居士能道之。草此代面，不復一一。俟寺中水陸事畢，再當相候耳。

安忍師座下

浮 和南

四月十五日

此札係一九四四年從夏丏尊先生處所藏舊札中抄出，曾發表於一九四四年三月上海《覺有情》第五卷第十三、十四號。該刊編者按：「書中所云李居士，即弘一大師也。此書民國七年作，大師即於是年七月出家。」

林子青 附記

一九八六年十二月十日

（六）

長青先生：

上週奉寄馬湛翁〈致安忍法師書〉，想達尊覽。承惠寄《書法研究》（一九八六年第一期），亦已收到，至為感謝。

林麥先生之〈現代早期篆刻團體樂石社〉一文，徵引詳情，堪稱勞作。對我今後增補《弘一大師年譜》極為有益。姚鵷雛之〈樂石社記〉，我編《弘一法師紀念集》時已經轉載，而未見〈樂石社社友小傳〉。今讀此文，足以彌此缺憾矣。

〈樂石社社友小傳．柳亞子❶〉：「四年夏泛舟西泠，遇故李息霜方創樂石社。……」這時他和李息霜等南社友人同遊孤山，題〈明女士廣陵馮小青墓〉及同遊

❶ 柳亞子（一八八七～一九五八）：原名慰高、禪兒，字安如；更名人權，字亞盧，後又名棄疾，江蘇吳江人。早年參加同盟會、南社，曾任孫中山祕書，主筆《天鐸報》、《民聲報》、《太平洋報》。工詩詞、古文，有《磨劍室詩詞集．文集》、《柳亞子詩詞選》行世。

諸子題名。題記分書二碑（息霜所書），我於《弘一大師年譜》民國四年條曾全錄之。今孤山舊蹟全廢，而碑亦無存矣。姚石子❷（即姚光）後來皈信佛法，弘一法師有給他的信，我已收入《書信》中，順以奉聞。專此申謝，順頌

教安

林子青　上

一九八六年十二月二十日

（七）

長青先生：

上午寫的一封信，正要發出，接到您十八日晨的信，所以再補復如下。

❷ 姚石子（一八九一～一九四五）：名姚光，字石子，號鳳石、復廬，江蘇金山人。南社社員、藏書家，著有《浮梅草》、《荒江樵唱》、《復廬文稿》、《金山藝文誌》等。

《書法研究》已收到，前箋已提及。

《朵雲》載〈陳師曾年表〉，亦有參考價值。

陳師曾與李叔同友誼頗深，時有畫贈李叔同。李出家前以油畫贈北平美專時，陳師曾正任該校中畫主任（時徐悲鴻❶任西洋畫主任）。故徐悲鴻為弘一法師畫像題記云：「早歲識陳君師曾，聞知今弘一大師為人，心竊慕之……。」

又拙作《弘一大師年譜》民國五年條（法師）〈題陳師曾畫荷花小幅〉云：「師曾畫荷花，昔藏余家。癸丑之秋，以貽聽泉先生同學。……丙辰寒露。」

〈樂石社記〉承抄示，甚感。匆匆順請

冬安

林子青　上

一九八六年十二月二十日夜

❶ 徐悲鴻（一八九五～一九五三）：原名壽康，別署黃扶，江蘇宜興人。一九一八年赴法，師從達仰，後入徐梁學院及巴黎國立美術學校。一九二七年回國，任中央大學藝術科教授；抗戰勝利後任北平藝專校長，一九四九年後任中央美術學院院長。擅長中西畫，尤工素描。

（八）

長青先生文席：

春節前惠書讀悉，因參加第五屆佛代會議，前後稍忙，致稽作復，甚歉。頃承惠寄音公資料數種，至為感謝。南社西泠雅集圖中之執扇（折扇）面向左者為李叔同無疑。柳亞子撰李息翁書之訪馮小青墓題記，拙著曾介紹之。記原有二碑，一為記事，一為題名（今已無存）。馮春航為清末民初之名戲劇家，雅集圖題為「馮春航小青墓題石」，似將春航與小青誤為一人。未審然否？又承惠贈〈李叔同和樂石社〉剪報、音公〈致質平、希一居士書〉複印件，希一不知為何許人。林葆宜亦不知為何人？此書字跡似為晚年所作，因未署時日，無從懸擬。《弘一法師書信》在三聯書店審閱中，但不知何時能出版耳？

匆此奉復，順問

近安

林子青　上

一九八七年三月五日

（九）

長青先生左右：

不通信忽經數月。青於四月初旬因事回閩探親訪友，於四月底始返首都，前奉大札，未暇奉復，至以為歉。

《弘一法師書信》自去冬交三聯書店後，該店責任編輯雖審閱一過，即可直接付排。然彼事忙，且時出外地講學，以致拖延時日。近得該店編輯來函，謂月底通覽後，即可交付設計云云，不知年底能出版否？

馬一浮居士逝世二十週年紀念，將於六月二日在杭舉行，並舉行書展半月。近有請柬寄至，青以事忙，未能躬往參加，為之悵然。

關於弘一法師資料，不知近日有何發現？甚望時賜教言。率復順請

教安

林子青　上

一九八七年五月二十七日

（十）

長青先生文席：

惠書及抄件，均已拜讀，所示各點，略復如下：

1. 彭遜之先生所撰《海潮音》有關晚晴記事，自是重要史料，足供今後撰寫有關文字參考。

2. 謝無量❶詩，頗涉艱深，難索解人。〈舍弟萬悲和尚旅仰光言歸未果次湛翁韻〉一詩，十年前曾於友人處見其親筆，詩題亦有數字出入。〈輓弘一法師〉詩中之「平時」與「全身」，係根據《覺有情》雜誌抄來。

❶ 謝無量（一八八四～一九六四）：名蒙、沉，字仲清，別署嗇庵，四川梓潼人，南社社員。精文學、佛學，工書法。著有《中國古文學史》、《中國婦女文學史》、《中國哲學史》、《佛學大綱》、《楚辭新論》、《詩經研究》等。

3.郁達夫❷贈詩中之末句：「兩事何周割未能」，《達夫詩詞集》作「兩道何周割未能」。「兩道」二字恐誤，「兩事」謂「周妻何肉」也，「兩道」則不通。

4.遜之先生懷才不遇，誠如尊言。觀所撰《海潮音》所記言行，於佛法似無甚勝緣，宜其言行與佛法頗相鑿枘也。匆復順頌

教安

林子青　上

一九八七年六月五日

---

❷郁達夫（一八九六～一九四五）：原名郁文、字達夫，浙江富陽人。文才出眾，詩文清麗。十八歲東渡日本求學，攻讀醫學和經濟，與郭沫若、成仿吾結為摯友，二十六歲回國後同創辦《創造季刊》，成為「五四」後期以留日學生為主體的文學社團「創造社」的骨幹。抗戰期間從事抗日文化活動而流亡至印尼蘇門答臘，化名趙廉，於一九四五年九月十七日被日本法西斯暗殺於印尼丹戎革岱。他創作了許多古典詩詞，留下了三百多萬字的小說、詩文，代表作有《沉淪》。

（十一）

長青先生：

久未通信，時以為念，青於十月十九日為參加中國房山石經拓片展率到日本，現住京都飯店，展後參觀名勝古蹟後，即行回國。

友人夏宗禹近編《弘一法師遺墨》，不久即將出版，內容印刷皆極精美。彼云繼之將編《馬一浮》，書名未定。愚意君收藏馬老資料甚為豐富，當可玉成此書也。匆此奉聞，待我回國，再與君聯繫。祝好

林子青

一九八七年十月二十二日於京都

（十二）

長青同志：

三日惠書讀悉。我剛從日本回來，瑣事至忙，所詢諸事，簡復如下：

1.《馬一浮紀念特刊》為非賣品，我亦只有一冊。如能得到，當奉贈一冊。

2.仁者近來得遊蘇浙各地名勝，甚為欣羡。海燈法師曾居洞庭西山之石公山十餘年，向所未聞。

3.馬老致張紫峰手札，我存有一照片。紫峰名慕槎，為我多年老友，諸暨人，善詩書，廣交遊，年已八二，晚年多病，現為浙江省政府參事。

4.李叔同原籍山西之說，我亦曾聞於其姪李聖章，但問其山西何地，卻未明確，我以李叔同十七歲時已在《唐靜嚴習寫真蹟》一書上，署名「當湖（即平湖古稱）李惜霜」一事否定之。

5.令堂高年棄養，仁者哀傷逾恆，自屬常情。願君從事著述以紀念之，是大孝也。

6.夏君所編《弘一法師遺墨》一書，最近即可出版。書為大型十開本，印刷精美，我已寫了〈喜讀弘一法師遺墨〉一文為之介紹，不久或可見諸報端。

7.太湖進士二趙❶手札，不知為親筆否？（如方便，請各複印一紙見示）容晤赴

❶ 二趙：為趙環慶、趙曾重。奉使琉球者為趙文楷（字介山），嘉慶六年狀元，沈復《浮生六記》中〈中山記歷〉所失部分，即記其事。

樸老時詢之。曩曾聞樸老云，其族祖趙某曾奉使琉球云。上月樸老曾回故鄉一行，與父老晤談云。

老拙此次訪日，除在京都佛教大學參加中國房山石經拓片展及學術講演外，其間曾由佛教大學東道，導遊京都知恩院（淨土宗總本山）、比叡山（天台宗總本山）、平等院、黃檗山萬福寺（明末隱元禪師開山）及奈良東大寺（其大殿為世界最古木造建築）、唐招提寺（唐鑑真和尚所創）等處，所見梵宇莊嚴，一塵不染，終年遊人不絕。日本交通便利，物資豐富，但物價奇昂耳。匆復順祝

著安

林子青　上

一九八七年十一月八日夜

（十三）

長青先生惠鑒：

前奉惠書，承寄太湖二趟手札，早已收到，因樸老事忙，尚未往謁，故未奉復。

今後稍暇，當趨訪一談，並致仁者求書之意，以此二趙手札作為交換，想必樂於揮毫也。近又承寄《鄭逸梅文稿》一書，至為感謝。觀其隨筆，雋永有味，高齡老輩，博識多聞，不易得也。

此次東遊，得訪京都、奈良諸古寺，其中以京都宇治黃檗山萬福寺印象最為深刻。此寺為我國清初隱元禪師所開創。隱元禪師為福建福清黃檗山萬福寺住持，日人稱此寺為「古黃檗」，日本之黃檗山為「新黃檗」，所以仍稱原名者，示不忘本也。該寺建築結構純係明代形式，到此有如入中國寺院之感。該寺近年建有「文華殿」一座，專門收藏明末清初吾國緇素之墨跡，除隱元及其法系之木庵、即非、高泉外，明末著名書家如董其昌、張瑞圖、文徵明、祝枝山、丁南羽❶等之書畫，亦多不勝舉。歷時二百餘年，均保存完好，與伽藍建築同被指定為「重要文化財」。匆匆奉聞，順祝

近安

林子青

一九八七年十一月二十五日

❶ 丁南羽（一五四七～一六二八）：即丁雲鵬，安徽休寧人，擅長白描人物、道釋神像。

（十四）

長青先生道席：

前後惠書及郵贈逸梅先生近作《清娛漫筆》與《清末民初文煙軼事》兩書（又高麗紙一紙），均已收到，至為感謝。鄭老高年碩學，勤於著書，裨益學林，實非淺尠。此種精神，值得後輩學習。弟於文史掌故，素所愛好，但自患白內障後，幾乎望書興嘆。自動手術後，雖勉強能閱讀寫作，然精力大不如前，以視鄭老之矍鑠，瞠乎後矣。

友人夏宗禹編《弘一大師遺墨》一書，頗費心力，弟亦竭力助之。〈喜讀弘一大師遺墨〉一文，發表於十二月十七日《人民日報》，越日（十八日）該報海外版亦刊載該文，且較詳實。君有興趣，可取閱之。近日準備搬家，諸事甚忙，率復順頌

教安

林子青　上

一九八七年十二月二十七日夜

鄭老晤時，乞代致謝，他日到滬，當一扣高齋請教也。

（十五）

長青先生教席：

十四日惠書，誦悉。承垂念至感。

初夏承寄《逸梅藏札》與《盍簪書屋詩》兩書，早已拜受，因循未報，失禮之至。半年以來，忙於增補《年譜》之寫作及其他應酬文字之撰寫，至為勞累，加以老耄之年，精力衰頹，雖思致書，力有未逮，深以為歉。

承惠寄剪報兩紙，錢君之文，適有滬友剪寄，深為喜慰。秦啟明所編之《書信》，去年即見宣傳，似無甚特長。書名僧俗兩名並舉，實不倫不類。讀汪仁齋君之文，知為汪夢松老人之孫。按《汪居士傳》云：「居士名峻坡，字澄衷，一字夢空，南皖歙縣鯨溪人。」夢松不知是否即夢空？《黃山日報》頗不易見，承惠寄至感。拙編《弘一法師書信》（七百多通），一九八六年即交三聯書店出版，近始見送來樣本。係一九九〇年六月初版，尚未全部裝訂云，發行後當以奉贈。音公致汪居士書，不論拍照或複印，費用多少請示知。前年在閩又從故劉綿松之姪得音公遺札長短約三百通（由編委會以代價一萬元購入），擬插入三聯版「書信」，編入《全集》。順以奉聞。不宣。

林子青　上
一九九〇年九月十八日

友人夏宗禹所編《馬一浮遺墨》，近期付印，年底或可出版，順以奉聞。又及

（十六）

長青先生左右：

六日惠書及佛號複印件，均已收到，深為感謝。我於十月下旬赴閩，在泉州約住一月。十一月下旬自泉入粵，先後遊汕頭、潮州、廣州等地，歷參名勝古剎，至為慶幸。本月六日離穗回京，始讀惠書，深為欣喜。

天津古籍出版社出版之《李叔同——弘一法師》一書，數年前早已入手，無勞惠贈，謹謝厚意。《弘一法師書信》，除三聯書店出版之七百餘通外，尚有二百餘通為

其後所發現，預定編入《全集》「書信卷」（包括三聯版「書信」約計千通）。

今年為音公誕辰一百一十週年紀念，我用朱光潛先生紀念他的「以出世精神做入世事業」的話為題，寫了一篇紀念文字（約三千多字），發表於《人民日報》海外版（一九九〇年十月三十日）第二版，仁者學校如有是報，請檢出一閱，並請指教。《弘一法師書信》，錯字頗多，茲奉上「勘誤表」（略）一紙，以供校正。率此奉復，順候

教安

林子青 上

一九九〇年十二月十四日於北京

《醒獅》雜誌，早年曾看到其第四期，創刊號未見。承見告，至感。

（十七）

長青先生文席：

惠書誦悉。承寄複印弘一法師致崇德法師一函，確係手跡無誤，惜未知崇德法師為何許人耳？據函中所提數事觀之，德師似欲親近音公研學戒律之大德。該函大概作於一九二四年二月，音公時在衢州，原函收藏者壽崇德先生不知藏有該函之信封否？如有信封，當可考見其發函及受函之地與郵戳日期，乞仁者通信時再詢問之，如何？該函自當抄寄泉州編委會編入「書信卷」。

近來福州人民出版社，要求註明「書信卷」中已故受信人之生卒年份，此事頗為困難，如崇福法師之簡史尚不明瞭，何由知其生卒年份？

拙編《弘一大師新譜》，已由小女謄正，約三、四十萬字，台灣方面允為出版。我近日正開始校正及撰寫一序文，但衰老之人，諸事遲緩耳。專此道謝，順頌

安樂

林子青　作禮

一九九一年四月二十七日

（十八）

長青先生：

六月九日奉上一信，想已達尊覽。

近日檢查友人舊信，有謂曾於四十年代（中國聯合出版公司印行）之《學術界》刊物上（此刊物我似曾瞥見），在第一卷一至四期，見連刊有李芳遠輯的《弘一大師書牘》，見其所提受信人書札，多為素所見者。唯其第二期中，有致李芳遠十九通，及〈致馬一浮書〉一項，心竊異之。此信我未曾過目，如果屬實，則可為《全集．書信卷》生色不少。我在編《弘一法師書信》時，深以未見音公致馬老一函為恨。故於「附錄」中揭載馬老致音公函札四通，以見二公之交情。

您博學多聞，交遊素廣，不知曾見此刊物否？便中如能一扣鄭逸老高齋，或能有所知也。率此奉達，順候

教安

林子青　白

一九九一年六月十四日

（十九）

長青先生文席：

七月十六日惠書，早已讀悉。關於《學術界》雜誌事，承多方詢問並示以商借地點，至為感謝。頃者天津友人已允代抄該誌所載音公遺札，但因學校放假，一時尚難辦到。

前承惠寄《黃山日報》剪報，內載汪仁齋所寫〈弘一法師的兩幀墨跡〉一文。其一為「南無阿彌陀佛」，題記云「歲次大辰正月」，最後是「晚晴勝髻」，汪先生說明云：「大辰是古代用歲星紀年的一種方式，大辰即甲子年（即民國十三年）。」我查閱《辭源》：「謂大辰即大火。」《辭源》此條的說明，我苦不懂。音公題記用「大辰」，紀年有幾處。其一即與其俗姪李聖章合影題云：「歲在大辰四月，仲兄子聖章居士來錢塘，同攝此影。沙門勝臂記。」這是一九二七年聖章居士訪音公於杭州，在西湖孤山所攝的。大辰當指丁卯，即一九二七年。

但拙撰《年譜》一九二八年條「書贈夏丏尊禪偈」，亦有「歲次大辰十月」之語，如大辰係卯年，當改系。因一九二八年與一九二七年，音公皆曾至滬也。

仁者對於「大辰」紀年如有所解，乞以見教，否則乞請教鄭逸老如何。匆此順祝

夏安

林子青　上
一九九一年七月二十四日

（二十）

長青先生：

七月二十八日來書並惠寄〈記李叔同（弘一法師）的一件墓誌〉，均已收到，至為感謝。此文數年前似曾於《浙江文史資料》看到。其墓誌圖版更小。

關於「大辰」即「大火」，我於三十年前已經懂得。惜舊筆記一時忘記置於何處。今找吳吉玉編（一九六四年出版的）《一二〇年陰陽曆對照表》一書，我於書面寫明參照「劉坦《中國古代之星歲紀年》（一九五七年科學出版社出版）」，畫了一圖，完全解決「大火」紀年的問題。另外我還知道有《三統曆星歲紀年》，十二星排列，似係自右而左。

今天我又找到一冊日文（能田忠亮博士著）的《東洋天文學史論叢》，論究極詳，書中也附有一圖，其中十二星歲的排列也是自右而左。茲據劉坦所畫之圖，略記如左，以供參考。

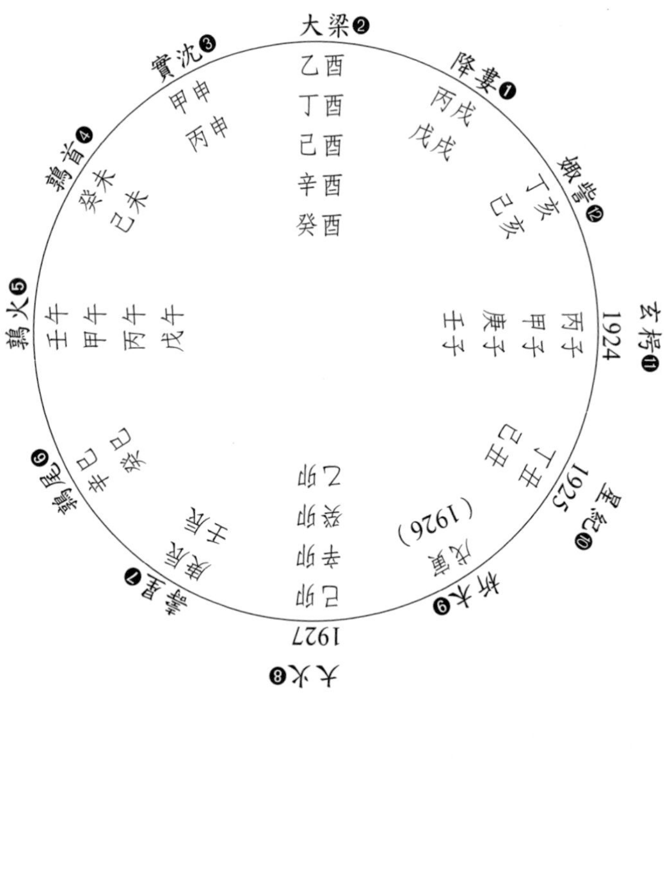

星紀：十二星歲之一，在十二支中為丑。
實沈在十二辰為申。
大辰即大火，為卯年。
如音公致汪居士明信片是民國十五年，即一九二六年，作甲子年解是錯的。

❶ 降婁：星次名，與奎婁二宿相當。奎宿十六星，婁宿三星，各為二十八宿之一。
❷ 大梁：星次名，與昂宿相當。
❸ 實沈：星次名，與參宿相當，參神也。
❹❺❻ 鶉首、鶉火、鶉尾：均為星次名。南方有井、鬼、柳、星、張、翼、軫七宿，稱朱鳥七宿。首位者稱鶉首，中部者（柳、星、張）稱鶉火，末位者稱鶉尾。
❼ 壽星：星次名，與角亢二宿相當。《史記．封禪書》「壽星祠」註「壽星蓋南極老人星也」。
❽ 大火：星次名，即心宿也。《詩經》「七月流火」，即指此星。心宿三星，為二十八宿之一。
❾ 析木：星次名，與箕斗二宿相當。箕宿四星、斗宿六星，各為二十八宿之一。
❿ 星紀：星次名，與斗宿及牽牛星相當。
⓫ 玄枵：枵者，空虛也。玄枵為十二星次（十二宮）之一，與虛宿相當。自婺女八度至危十五度，為玄枵。婺女：星名，又名須女，女宿四星在寶瓶座。
⓬ 娵訾：星次名，自尾十六度至奎四度，為娵訾。

《辭源》的解釋，對於紀年，不易懂，有了此圖，則音公題記，不難瞭解。匆復，

順問

夏安

子青

一九九一年八月四日

（二十一）

長青先生左右：

來信及柔石❶的佛學思想複印件，均已收到，至為感謝。仁者暑中漫遊浙東諸名勝，至為欣羨，惜余老矣，未能從者一遊耳。憶早年讀唐人尺牘有「自富陽至桐廬一百餘里，奇山異水，天下獨絕」之語，輒深神往。

近來足腫漸消，但仍須服藥。《弘一大師新譜》，在細校中，得暇擬撰一長序，說明搜集資料之經過，但老來健忘，已無少時精力為憾耳。承允贈姜丹書❷先生藝術佳

著，先此致謝。

匆匆奉復，未盡所懷。即訊

近祺

林子青　上

一九九一年十月十三日

❶ 柔石（一九〇一～一九三一）：原名趙平福，後易名平復，號九曲居士，浙江台州寧海人，一九二三年浙江省立第一師範畢業。識魯迅，編《語絲》，與魯迅合辦《朝花旬刊》，為當年「左聯」五烈士之一。著有《柔石選集．小說選》，其中篇小說《二月》曾改編為電影劇本《早春二月》。

❷ 姜丹書（一八八五～一九六二）：字敬廬，號赤石道人，別署金瀨子，江蘇溧陽人。南京兩江優級師範學校畢業。書畫師承李瑞清、蕭厔泉，擅長寫意山水，尤長於紅柿、紅葉，與弘一大師在杭州浙江省立第一師範學校同事七年，交至相得。

（二十二）

長青先生文席：

十一月二十六日惠書，誦悉。承抄寄曹瑾先生所撰〈弘一上人與夢松老人〉一文及遜之長老在虎跑攝影❶，甚為稀有，當設法刊入增訂《年譜》。攝影後題「趙景深贈」，不知趙先生從何得此？又攝影主人自題「丙寅孟夏安仁自題拈花攝影」，安仁與安忍同音，想係並用之名。數十年前我於夏丏尊先生處發現馬一浮與安忍書一通，曾為發表於《覺有情》雜誌。

〈汪居士傳〉與〈補遺〉曾發表於周瘦鵑所編《半月》雜誌，我未曾見；但其原稿係我所保存，曾製版刊於一九八〇年音公百歲紀念集《弘一法師》（道林紙精印三百多頁）。不知高齋藏有是書否？如未收藏，當奉寄一冊以為紀念。

秦啟明編《音公書信集》，曾見報導（聞收五百通），惜尚未見。此君曾撰〈李

❶ 遜之長老虎跑寺照片，曾被趙景深先生借去翻印。

叔同：由名士而藝術而高僧〉一文，同時發表於去年《南洋佛教》及《廣東佛教》，連載數期，一稿兩投，未免求名太急。而《南洋佛教》所登之稿，其副標題為「紀念弘一大師一一〇誕生週年紀念」，文字重複，似亦少見。又該文始終（包括出家後）未提弘一法師之名，亦令人不解。拉雜奉復，順候

教安

林子青　上

一九九一年十二月二日

遜之先生之生卒年月，仁者如知，乞以見示。又及

（二十三）

長青先生教席：

承寄秦啟明所註《李叔同書信集》，早已收到，年老健忘，竟未答謝，諸希諒之。

此書錯字極多，可謂「不勝枚舉」。試看該書一五一頁下三行云：「茲擬做大流水本一件」，不知何解？該註不註，令讀者莫名其妙。「本」字為「囊」之誤，拙編《書信》四三四頁有註，請參看。該書關於「妙蓮」之校註，已見一五一頁，而一五八頁又重出，似無必要。又該書關於弘一法師，其出家後仍稱之為「李叔同」，亦令人費解。

《馬一浮遺墨》清樣已印出，前數日夏宗禹先生已送來給我看過。其中《書簡》，有馬老致遜之先生手跡數通，想係您所提供。

秦註《書信集》本擬奉還，因尚須參考，故暫留下。茲郵寄十元，上海書店如有是書，請即購之，否則，請以是款郵寄陝西人民出版社（西安北大街一三一號）購之，費神至感。匆此順祝

春節安康

林子青

一九九二年一月十四日

該書八十五頁最下一行「別元如報」係「別元可報」之誤。

（二十四）

長青先生：

承惠贈《姜丹書藝術教育雜著》，已收到，欣喜之至，感謝無量。余素喜讀雜文，此書包羅萬象，尤愜余懷。其中有余尚未瞭解，而因此書得印證者，殊以為喜。但亦有一二記事少有錯誤須訂正者。

一、音公一九二七年致浙江省當局書中之「舊師子民、舊友子淵❶、夷初❷、少卿等」，前三人之名早已知悉，唯少卿之名則尚未知。今閱此書（二二四頁三行及十二行）知少卿即朱兆萃，且知彼係留學「東高師」者，甚為喜慰。

---

❶子淵（一八七七～一九三八）：即經亨頤，號石禪，晚號頤淵，浙江上虞人，教育家、書畫篆刻家。

❷夷初（一八八四～一九七〇）：即馬敘倫，號石翁，晚號石屋老人，浙江餘杭人。古文字學家、教育家。

曩讀朱劍芒所撰〈弘一大師文鈔序〉，有「民二十五，余於白下❸經子淵先生寓廬晤朱兆萃。朱與師為至交，故家蓄師書綦富」等語，知兆萃即少卿之名，但苦無資料足以證明，故拙撰《年譜》向未提及。前數年在閩，見音公在溫州致孫選青書中，有「前日少卿見訪」之語，當係朱兆萃無疑。朱兆萃有《教育心理學》著作多種在滬出版。彼為「東高師」出身，故一九二七年北伐時任浙省教育廳長，始能勝任。

又，姜老所撰《弘一大師傳》末段（十四）云：「諸申甫為余言：一九四九年春，弘師之私淑弟子寬願和尚捧大師骨灰，由閩專送至杭」云云。寬願乃音公名義上剃徒（曾侍師於杭州本乘寺），非私淑弟子。我曾見過並有他與音公合影。音公寂後骨灰，非寬願「由閩專送至杭」（寬願未嘗至閩）。自閩送骨灰至滬者係華僑劉勝覺居士；自滬送至杭者，為劉質平、劉勝覺和我三人。當時到杭，骨灰暫供於招賢寺，有合影照片（合影者：有弘傘、巨贊、樂觀、吳夢非、書歸❹、潘錫久、李季谷及劉

❸ 白下：地名，東晉咸和三年，陶侃討蘇峻，築白石壘，後因以為城。故城在今南京市北。唐武德九年，更金陵為白下，移治白下故城。故今亦稱南京為白下。

❹ 書歸：人名，「書」姓者多為滿族。

質平、劉勝覺、林子青等），今尚存於泉州開元寺弘一法師紀念館，時為一九四八年冬。一九五三年春，寬願尚住虎跑寺，塔成後他才移居靈隱，今已作古。又音公靈隱受戒時當「戒元」（俗稱「沙彌頭」），亦非事實。

拉雜書此，以謝贈書之厚意云爾。匆此順候

教安

林子青　上

一九九二年三月四日

（二十五）

長青先生：您好！

您給林老居士的兩封信都已收到。

林老因患多發性腦梗塞住北醫三院治療，病情已好轉，但可能還要在醫院住一個時期。

他說您給他寄的《話雨樓詩稿》複印件已收到，非常感謝。此祝

安康

林子青 囑書
鄭麗都 代筆
一九九二年四月二十三日

（二十六）

長青先生左右：

數月不通音問，至以為念。弟於四月間，不幸患「多發性腦梗塞」，由左耳帶狀疱疹引發，右腦殊覺痛苦。幸及時入院（北醫三院）治療，腦痛旋即停止。計四月二十日入院，五月二十九日出院，前後四十日。出院後精神委頓，飲食無味，思索書寫盡廢，左身有癱瘓現象，今隔日仍赴醫院乞中醫針灸治療，幸勉強能步行。因恐先生懸念，略奉數行致意。草草不具。順祝

安樂

弟 林子青 啟
一九九二年六月二十日

（二十七）

長青先生道席：

六月十六日惠書，承殷勤存問，並見贈尊照及天麻杜仲丸藥方，至為感謝。老朽出院以來，已經一月，健康日有起色，經中醫針灸，屋內經行，已不感困難，堪以告慰。唯腦力大不如前，後此恐難從事文字寫作耳。

承抄示音公致豐子愷❶書札二通，至感。第二通明信片，開頭二句：「書悉。自慚

❶ 豐子愷（一八九八～一九七五）：名仁，字子愷，浙江崇德石門灣人。浙江兩級師範畢業，從李叔同習圖畫、音樂、日文。遊學日本歸來後，曾在師專及中學任教。著有《子愷漫畫》、《護生畫集》、《緣緣堂隨筆》、《豐子愷畫集》、《豐子愷文集》等，譯有《石川啄木小說集》、《源氏物語》等。

涼德」，涼非淺字。「涼德」乃音公書札常用之詞也。

古人書札，上款多書於札後，音公好古，亦常效之。拙編《書信》為置於札前，乃從俗耳。

曩年遊福州鼓山，曾攝一影於蔡襄（狀元）書刻之「忘歸石」畔，茲郵奉以為紀念。

最近我於一九八六年第四期《中國書法》圖版十三頁中發現音公致夏丏尊一書，亦為《書信》所未收。

草草不具。

林子青

一九九二年七月二日

（二十八）

長青居士文席：

久不通信，時在念中。拙著《弘一大師新譜》，今夏已由台北東大圖書公司出版，印刷裝幀尚佳，玆掛號奉寄一冊以贈，即希教正。東坡詩云：「嗟余老矣百事廢，卻尋舊學心茫然。問龍乞水歸洗眼，欲讀細字銷殘年！」弟近心情約略近之。尊況如何，幸賜數行，以慰渴念。

匆此順候

近安

弟 林子青 上

一九九三年十二月三日

（二十九）

長青居士：

久不通訊，時以為念。頃承惠贈《名家書簡百通》，至為感謝。初閱一過，知蒐集之勤，甚為欽佩。唯少數書札製版略欠清晰（如三〇二頁〈白蕉致葉恭綽〉函等），以為憾耳。書中有呂世宜❶致周凱一札，呂世宜為廈門人，善隸書，今廈門南普陀保存其摩崖石刻，至為精美。弟近頑軀尚安，唯足力沉重，不能遠行耳。下月菲律賓友人❷九十壽辰，弟或將前往致賀，作短期旅遊也。逸梅先生逝世以後，不知上海報刊有發表其遺事否？匆此道謝，順頌

教安

弟 林子青 上

一九九四年十月二日

❶ 呂世宜（一七八四～一八五九）：字可合，其先祖金門西村人，故號西村，又號不翁，福建同安人。道光三年舉人。性好古，通許氏說文及金石之學，尤工篆隸。曾遊台灣，主板橋林氏，台人奉為宗師。著有《愛吾廬文集》三卷、《筆記》二卷、《呂西村類稿》十四卷。

❷ 菲律賓友人：係指菲律賓信願寺住持兼任新加坡光明山普覺寺住持的瑞今長老。長老一九〇五年出生，十二歲剃度出家，十七歲受具足戒。一九二五年至廈門南普陀寺剛創辦的閩南佛學院，與當時法名「慧雲」的作者同被編入專修科就讀。一九三六年，又與廣洽、慧雲二法師創辦《佛教公論》雜誌，與作者從同學到同事，過從甚密，相處甚篤。

（三十）

長青先生道席：

惠贈《名家書簡百通》與《藝海一勺》及簡報二份，早已收到，至為謝謝！弟因忙於辦理赴菲手續，未及時函謝，殊以為歉。《書簡》多近代名家精品，至為欣喜。其中呂世宜致周凱書，尤感親切，蓋世宜號西村，精隸書，乃道光間廈門名士，其隸書足與汀州伊秉綬媲美也。

弟本月底將赴菲一行，祝友人壽，不久即回。謹以奉聞。率此順候

教安

弟林子青 上
一九九四年十月二十四日

（三十一）

長青先生左右：

前後惠書，均奉悉。承惠贈複印《靈山正弘集》所載音公終年所書持松（密林）

法師之靈山八景詩墨寶，至為感謝。又聞亦寄一份與夏宗老，惜他已不及見矣。夏老數月前得病，曾住院檢查，後病況嚴重，曾往秦皇島求治於氣功。昨得其夫人電告，他於五月三日赴秦皇島，後發現為癌症，已於五月二十二日逝世云。良友云亡，痛惜何如？率此奉復，未能盡意。順候

近安

林子青　白

一九九五年六月一日

《靈山正弘集》為五十年前汕頭蓮舟法師所編。弟藏有一冊，今已散失。

(三十二)

長青先生講席：

惠書及有關弘一法師竹硯剪報，讀悉，深感厚意。弟於去年八月間赴台，參加

「弘一大師遺墨真跡文物展」，勾留十餘日，頗開眼界。十月間又赴福建參加弘一大師研討會，遍遊閩南各地，來回約月餘。古人云：「湖海扁舟須及健」，弟已衰年，步履龍鍾，臨水登山，已興趣不高。陸游詩云：「溪山勝處身難到，風月佳時事不休」，古今詩人情懷，大抵如斯。

爾來雖亦時常瀏覽書報，但視力不佳，記憶力衰退，時閱時忘，已不能致力學問矣。草草奉復，略表謝意而已。臘尾年頭，不知曾外出旅遊否？率此順問

起居安隱

林子青　疏

一九九六年二月二十八日

（三十三）

長青居士文室：

久不得手書，至深懷念。頃得本月二十六日惠書並賜寄弘一法師致胡宅梵居士等

手書十四通複印件，感謝無盡。十數年前，上海友人某君曾至紹興，承告曾見「致胡宅梵居士」手書數十通，時宅梵居士已歸道山，由其子（亦已退休）保存云。弟爾時未暇聯繫，致失良機。今觀惠寄複本，足補多年繫念之憾。

去年宗教文化出版社出版之《弘一法師年譜》，係據台灣東大出版公司版本再印，內容無異。東大版本印刷雖較精美，但定價每冊約合人民幣一四〇元，北京《年譜》僅十五元耳。「致胡宅梵居士」手書複印件，錯字頗多，想係排印時之誤，得暇當校正以奉。

弟衰老日甚，視力衰退，聽覺尤感不便，構思遲鈍，故各方師友皆少通問。草草奉復，順頌

著安

弟林子青　手上

一九九六年十一月三十日

（三十四）

長青先生：

首先向您補賀新年。

尊函及附寄剪報〈春柳社始末記〉等有關史料，均已收到，至為感謝。一九九四年，日本友人吉田登志子（女作家）曾撰〈談春柳社公演的茶花女〉（李毅譯），載於文化藝術出版社出版的《中國話劇研究》第五期。關於茶花女演出日期，考證頗為詳細，亦一有心人也。

頃見舊刊物介紹，著名梵語學家鋼和泰（白俄男爵）曾著有〈釋迦牟尼之年代〉，尹贊勳譯，刊於《哲學》雜誌第一卷，大概只出一期，時間為抗戰前數年。不知上海大圖書館藏有《哲學》雜誌否？兄寒假中如得暇，乞代詢之，如訪得此文，能代複印一份尤善（印費多少，當奉上，勿客氣）。

草草奉復，費神之處，感謝無盡。匆此順頌

年安

弟林子青　上

北京除夕小雪，至今殘雪未消，天氣頗寒。

一九九七年一月二日北京

（三十五）

長青先生文席：

惠書已收到多日，承寄〈弘一的最後時刻〉及〈大師遺墨的散佚〉剪報，均已讀悉，至深感謝。關於登載鋼和泰〈釋迦牟尼之年代〉的《哲學》雜誌，尚非急需，隨緣覓之可也。

頃見《人民日報》海外版（一九九七年一月二十三日）載：〈上海圖書館報刊珍藏錄〉一文介紹，如有時間前往一詢，或能找到。

近承友人見告：科學出版社出版《蘇俄中國學》一書，亦有關於「鋼和泰」資料介紹，然弟已入耄年，亦無力前往尋找。但最近購得一九九五年《燕京學報》新第

一號，亦有關於鋼和泰任該報編委記事，至此可以告一段落。北京自元旦及四日小雪外，其餘均少雨，此乃北方氣象特徵。匆復順祝

年禧

林子青　上

一九九七年一月三十一日夜

（三十六）

長青先生文席：

二月一日寄上一信，奉告〈上海圖書館報刊珍藏錄〉可以訪得〈釋迦牟尼之年代〉（《哲學》雜誌第一期）及〈佛說觀音菩薩梵讚〉（《燕京學報》第十七期），頃承此間友人已將上述二文找到，並將複印各一份寄我。故弟奉託之事，無勞遵趾矣。

北京自元旦後曾下二場小雪，其後即連續晴朗，毫無雨意。率此，順候

春節安好

（三十七）

長青居士文席：

久不通信，至以為念。

我們一家三人❶，應友人❷之邀，於六月中旬旅遊新加坡，勾留四十一日，於七月下旬回京，諸事順遂，堪以告慰。歸來連接數函，承惠寄複印件多種，計〈李叔同

林子青 合十

一九九七年二月八日

❶ 一家三人：指作者、夫人鄭麗都及女兒林志明。

❷ 友人：指新加坡毗盧寺住持慧雄法師。法師祖籍福建莆田，十二歲在印尼棉蘭先達出家，禮優曇長老為師，創建雅加達大叢山西禪寺。曾任世界僧伽會副祕書長等職。

「斷食日誌」重現人間〉、〈夏丏尊與白馬湖〉、〈弘一手書文博〉、〈鄭逸梅的紙帳銅瓶室〉等，至為感謝。惜報刊字小，頗不易讀耳。

比來久旱無雨、天氣炎熱，衰年處此，頗為難耐。加以近年眼花耳聾，遇事遲緩，致友朋處，皆少通信，叨在知交，想能諒也。匆復，順頌

著安

林子青　白

一九九七年八月二十五日夜

（三十八）

長青先生：

前上一信，想已收到。

弟應邀參加靜安寺建寺一七五〇週年（十月二十三日）紀念活動，於昨日自京來滬，甚望與仁者一晤。仁者如於十月二十三日上午九時能抽空至靜安寺一行，當能晤見。如有阻礙，可見德悟法師❶或李中流居士，當可引見。是日並請隨喜便飯。匆此順

訊

秋安

弟 林子青 上

一九九七年十月二十一日夜九時

或先打電話至靜安寺和我聯繫。

(三十九)

長青居士：

上月得快晤，至為喜慰。當日所攝照片尚清晰，茲奉寄二幀，以為紀念。弟不

❶ 德悟法師：時任上海靜安寺都監。

日擬離滬赴常州，在小女處小住數日，然後返京。旅中匆匆，不及告別，順此奉聞，不一。

林子青
一九九七年十一月二十日

（四十）

長青居士：您好！

衰年病懶，各方音問疏絕，然未嘗不思念也。承寄《弘一法師書法全集》一冊，早已收到。我於日前掛號奉寄《馬一浮遺墨》一書，想可到達。是書搜羅材料豐富，可供參考，惜編者夏老宗禹先生已作古人，令人不勝悲慟。

承寄劉曉路先生所作〈李叔同在東京美術學校〉一文及李氏自畫像，至為感謝。杭州師範學校成立「弘一法師、豐子愷先生研究中心」一事，在《人民日報》海外版已經知悉。承見告，至感。草草奉復，順頌

文安

嫂夫人及令郎順此奉候。

林子青 作禮

一九九八年三月六日夜

致李莉娟❶（五通）

（一）

莉娟居士：

來信並彩色照片二張，已收到，至為感謝。津沽話別，不覺數月，府中諸人，想都安好，時以為念。

我的視力，戴遠視鏡尚能勉強對付，至於近視鏡，尚未配好，故看書寫字，尚感困難。

我近正編《弘一法師書信》，《年譜》修訂亦在陸續進行。

目前王慰曾先生寄我《天津日報》報紙，其中有令尊與李曾慈叔侄合影，知近已

❶ 李莉娟（一九五七～）：生於天津，李叔同嫡孫女，李端次女。曾任天津市佛教協會副祕書長，兼任天津佛教居士林副林長、總幹事，「天津李叔同——弘一大師研究會」副會長等職。

到津相訪，甚為喜慰。專此道謝，順祝

闔府平安

林子青

一九八六年九月六日

（二）

莉娟居士慧鑒：

九日來信已收到，知道天津方面認為令祖李叔同先生幼年照片，對天津特別有意義，茲隨函掛號奉寄，請查收。該照片已褪色，如翻拍不清楚，是否可以請人依樣畫一張？

我近日即將赴日本訪問，參加房山石經拓片展出工作，事忙未能詳復。順問

貴府闔家平安

林子青

一九八七年十月十三日

（三）

汶娟、莉娟、淑娟居士同鑒：

昨接訃告，驚悉尊翁李端先生於本月九日在津病故，深為痛悼。尊翁火化之日，來不及前來告別，深為抱歉。回憶七、八年前到津，與尊翁晤面，並與尊府合影情景，彷彿猶在目前。

尊翁得享大年，可謂歿無遺憾。去年為令祖弘一大師誕生一百一十週年紀念，我曾撰一文，題為〈以出世精神做入世事業〉，發表於《人民日報》海外版（一九九〇年十月三十日），茲奉寄複印一份，以為紀念。

專此奉唁，並希節哀。順問

闔府春安

林子青　啟

一九九一年二月二十二日

以後通信請寄：「北京海淀區塔院小區晴冬園三號樓八〇一室。郵編：一〇〇〇八三」

（四）

莉娟居士：

一日來信，已收到。承詢之事，謹以所知，奉達如下：

陳慧劍先生近年曾和我通過幾次信，但還沒有見過面。他原來在一中學教書，大概已經退休。由於對令祖弘一法師非常尊敬，曾寫過《弘一大師傳》（小說體裁），已經再版許多版，博得了好評。近年並在台灣發起組織「弘一大師永久紀念會」。

前年開始，他和台灣一些知名居士，創辦了一個《龍樹》月刊（每月出版一張），在海內外有一定影響。他是《龍樹》月刊的主編，今年五月聽說要來參加西安法門寺一個什麼國際性佛教學術會議。大概五月間也將來北京看我。

匆復，順問近安

林子青

一九九二年四月四日夜

順問令堂及諸姊妹好。

（五）

莉娟居士：您好！

林子青居士因患多發性腦梗塞，於四月二十日住院治療，現病況已好轉，但可能還要在醫院住一個時期。

陳慧劍先生不知會來北京否？平時家中白天沒有人，每天早七時前、晚八時半後才有人在家。

醫院是在北醫三院二病區十一樓八室二十四床，就在塔院小區對面，離家很近。

請將此情況轉告陳先生為盼。

《弘一法師新譜》已基本寫完。

家裡電話是（〇一〇）二〇一〇三一一。此祝

安康

鄭麗都❶

一九九二年四月二十二日

❶ 此信遵作者之囑，由其夫人鄭麗都執筆。

致鄭逸梅❶（一通）

逸梅先生文席：

惠書誦悉。承錄示晚晴老人圓晉居士一函，使《弘一法師書信》又多增一札，至為感謝。

晚晴老人手札，四十年前夏丏尊先生所輯《晚晴山房書簡》第一輯，僅收錄三百餘封；今弟所蒐集者已達七百餘封，目前正從事校註，出版後當奉贈一冊，以酬盛意並請指正也。肅復，順候

著安

❶ 鄭逸梅（一八九五～一九九二）：本姓鞠，後從外祖姓，乳名寶生，字際雲，自稱鄭文遇公，人稱補白大王，江蘇吳縣人。南社社員，擅長寫文史掌故，筆耕八十年，著作逾千萬言，主要著作有《南社叢談》、《藝林散葉》、《影壇舊聞》、《人物和集藏》、《鄭逸梅選集》等。

去年曾得星洲廣洽上人寄來晚晴老人致李圓淨與豐子愷書札十數通。

弟
林子青　上
一九八六年九月十六日

致吉田登志子❶（二通）

（一）

吉田登志子先生：

八月十四日惠書，已經拜讀。知先生為日本演劇協會會員，多年致力於日中戲劇交流史之研究，目前又從事春柳社在日本演出之調查研究，不勝敬佩。並悉先生於一九八五年十月來訪北京時，曾由我會趙樸初先生奉贈《弘一法師紀念集》一書，因而得知弘一法師即創立春柳社之李叔同先生。

承詢李叔同所作有關〈茶花女〉之詩，謹以所知而能解者，依先生所問，逐條奉

❶吉田登志子：日本女作家。曾提供作者關於春柳久保湘南等組織的「隨鷗吟社」機關刊物、《春柳社逸史稿》、《清國人的學生劇》等，這些文章對弘一大師在日本留學時代的演劇活動，都是非常重要的資料。

復如次：

一、〈茶花女遺事演後感賦〉二首，大概寫（重錄）於一九〇七年，當時發表於何處，已不清楚。《弘一法師紀念集》第四十一頁所載，係轉載一九四六年出版之《弘一法師文抄．詩詞》第八頁，其手跡似見於一九二七年上海出版的《小說世界》十五卷《李叔同未出家時所寫詩詞手卷》圖版。

二、「茶花女……」的第一首，第四十一頁「有女」為「有兒」之誤（印刷錯誤）。

三、「茶花女……」二首詩，意義甚為晦澀，難索解人。且《文野婚姻戲冊》劇本未見，內容不知其詳，大概是諷刺舊式（野蠻）婚姻及其他社會病態的。依我個人的理解：

第一首的大意是：東鄰有個男兒是個難看的駝背，卻配個尚在含羞（妙齡）的西家女郎。第四句「金蓮鞋子玉搔頭」，是倒裝句，應作第三句解釋，即描寫西鄰女子裹小腳的形態（舊俗形容美女有「三寸金蓮」之語），玉搔頭即玉簪，是女子的一種首飾。意思是說，這西鄰的妙齡女郎頭上插著美麗的玉搔頭，她的腳是三寸金蓮的美人。但嫁著這樣駝背的人，其歡樂是短暫的，有如蟪蛄（蟬屬），只鳴叫於夏日，而不知有春秋（《莊子．逍遙遊》有「蟪蛄不知春秋」之語）。

第二首的大意是：為了移風易俗（「滬學會」的宗旨是移風易俗），淨化社會，有如佛度一切眾生，成就佛果，所以就在舞台上「現身說法」，企圖以此感化世人。但是，優孟、優旃兩個古代演員已經不能再見，我的志願也就無法實現了。「現在中原遍地都是胡塵」，指當時滿清的統治勢力。

優孟、優旃為古代名優之名，優為職業，即戲劇演員（役者），孟、旃為人名。優孟因春秋楚之賢相孫叔敖之薦，仕於楚莊王而諷諫之。孫叔敖卒，其子貧困負薪。優孟乃假為孫叔敖，著其衣冠，作歌以感莊王，叔敖子遂得封。後世稱假裝為「優孟衣冠」，本此。（見《史記．滑稽傳》）優旃，秦時名優，善為笑言，然合於大道。秦始皇欲擴大苑囿，二世欲漆城，皆因優旃之諷而止。

以上供您參考。不當之處，仍請教正。又先生研究「春柳社在日本演出」，尚有二書可以參考：1.一九五七年《戲劇論叢》第三輯；2.一九五八年二月《戲劇學習》第三冊《春柳集》上編。以上二書，不知先生曾寓目否？如尚未見，請向北京戲劇學院聯繫。如不能買到，亦可請代為複印。匆此，順祝

著安

（二）

吉田登志子先生執下：

九月十四日華翰及《隨鷗集》複印本多編，均已收到，至為感謝。先生為研究春柳社在日本之演出，博覽群書，至堪敬佩。

承示一九五七年《戲劇論叢》已經寓目，一九五八年《戲劇學習》尚未獲見，稍緩時日，或可覓得。《北新》雜誌我亦迄未看到，愧無已奉告。《戲劇論叢》與《戲劇學習》二書，二十餘年前曾從友人借閱，略記大要，旋即歸還。《戲劇學習》第三冊，幸略記其「引用書目」，茲複印奉寄，以供參考。該誌所載〈開丁未演藝大會之趣意〉及上海《光明》（半月刊）所載〈中國劇運先驅者懷舊座談會〉，幸略存記錄，並複印以供尊覽。

中國佛教協會　林子青

一九八七年八月二十五日

《隨鷗集》向所未見，承複印惠賜，至以為喜。往年得讀一九〇六年《國民新聞‧清國人至於洋畫》記事，得知李叔同先生留日時，曾與貴國漢詩界名流槐南、石埭、鳴鶴、種竹諸公交遊唱和，可見當時中日兩國漢詩界之深厚友誼。

《隨鷗集》中所見濟濟多士，每有「聯句」之雅集，清國留學生僅見李哀（息霜）一人參與其間，其多數詩篇，且得編者湘南先生之好評，此自八十年後之今日觀之，令人感慨無量。集中數詩，如〈春風〉、〈昨夜〉、〈前塵〉、〈風兮〉四首，已見《弘一法師紀念集》及拙著《弘一大師年譜》，而《隨鷗集》二十二編所載二絕句及二十七編〈朝遊不忍池〉一律，則為迄今尚未發現之作，洵歡喜無量。

近頃北京正是「已涼天氣未寒時」季節，不知東京復何似也？拉雜奉復，順問

著安

林子青　敬上

一九八七年九月二十日

附錄一

《戲劇學習》第三冊《春柳集》上編

（沙新編，一九五八年二月）

引用資料：

・黎澍《辛亥革命前後的中國政治》　人民出版社　一九五四年六月
・宋癡萍《陸鏡若傳》　鞠部叢刊《伶工小傳》三十八頁
・洪深《新文學大系戲劇集異言》　上海圖書公司　一九三五年
・徐半梅《話劇創始期回憶錄》　中國戲劇出版社　一九五七年七月
・濱一衛《春柳社的黑奴籲天錄》（日文）　明治四十年（一九〇七）六月二日《都新聞》
・歐陽予倩《自我演戲以來》　上海神州國光社　一九三三年

・春柳舊主（李濤痕）《春柳社之過去譚》　天津《春柳》雜誌第二期
・徐慕雲《中國戲劇史》　上海世界書局　一九三八年初版
・春柳社〈開丁未演藝大會之趣意〉《黑奴籲天錄》之戲報（六月初一初二日公演）
・歐陽予倩《回憶春柳》
・伊原青青園《清國人之學生劇》　中村忠行《中國新劇史料》　明治四十年七月《早稻田文學》七月號
・朱雙雲《新劇史》（春秋篇）　一九一四年出版
・中村忠行《春柳社逸史稿》
・土肥春曙《清國人之學生劇》（《早稻田文學》七月號）
・《日本新聞・不問語》欄，〈評黑奴籲天錄〉　明治四十年六月五日
・《順天時報》記者〈記春柳社李哀與曾孝谷〉　明治四十年六月十三日
・《東京夢》（阿英著《小說閒談》　上海良友圖書公司出版）

總評見《戲劇學習》第三冊，二〇八頁。

一九八七年九月二十日　林子青抄並記

附錄二

上海《光明》半月刊〈戲劇專號〉

（第二卷第十二號，一九三七年五月出版）

〈中國劇運先驅者懷舊座談會〉　四月二十七日在上海中國飯店

尤競、趙慧深　筆記

主　席：沈起予

出席者：歐陽予倩、唐槐秋、應雲衛、羅鳴鳳、馬彥祥、鄭伯奇、碧泉、袁牧之、王瑩

列席者：許幸之、白楊、章泯等十餘人

附圖二幀：一、春柳社《茶花女》

二、春柳社《黑奴籲天錄》舞台面

附錄三

春柳社開丁未演藝大會之趣意

黑奴籲天錄

腳本著作　主任　存吳
布景意匠　主任　息霜

演藝之事，關係於文明至巨，故本社創辦伊始，特設專部，研究新舊戲曲，冀為吾國藝界改良之先導。春間，曾於青年會扮演助善，頗辱同人喝采；嗣復承海內外士夫交相贊助。本社值此事機，不敢放棄。茲定於六月初一初二日，借本鄉座舉行丁未演藝大會，準於每日午後一時開演《黑奴籲天錄》五幕，所有內容之概論及各幕扮裝人名，特列右方。大雅君子，幸垂教焉！

致歐國藩❶（二通）

（一）

國藩居士道席：

去年明暘法師在京廣濟寺陞座之際，匆匆奉晤，未暇深談，轉瞬又春節矣。近維尊體安康，諸事吉祥為頌。

去年夏秋之間，承派錢玉秋居士來京相助，整理房山石經拓片有關資料，使赴日展出及學術講演，得以順利進行，深為感謝。

泉州道俗於前年發起編印《弘一大師全集》，成立《全集》編委會，出版費用已得海外緇素資助，大體可無問題。唯編輯頗費時日，且工作繁瑣，不能不推一人總其成。中國佛協會副會長圓拙法師，以我曾從事弘一法師生平事蹟之研究，謬蒙推為

❶ 歐國藩：時任上海市佛教協會祕書長。

主編，固辭不獲，唯有竭其綿力以助成之。但老年視力衰退，行動不便，尤以抄寫工作，更需有人協助。為此節前曾請佛教文化研究所奉函貴會，請予大力支持，仍派錢玉秋居士來京協助，暫以半年為期，倘蒙貴會予以玉成，請錢居士於三月間來京，以便工作，種種費神之處，感謝無盡。順祝

春禧

林子青　合十

一九八八年二月二十三日

附奉〈喜讀《弘一大師遺墨》〉一文，請留作紀念。

（二）

國藩居士道席：

接四月五日惠書，知陳光華居士與黃先生曾到滬訪問，洽談《中國梵樂》與《弘

一法師》電視連續劇之製作問題，至深隨喜，極樂觀其成。此次過滬匆匆，未及傾談，至以為悵。我去年蒙泉州開元寺《弘一大師全集》編委會謬推為主編，因泉州道侶盼我入閩視事，感其誠意，不懼殘年，乃於三月底來到泉州開元寺，一路承貴會小錢照顧，幸皆順利，堪以告慰。

承示陳光華居士惠施五百美元，現存尊處，至為妥善，五月間我將取道上海回京，屆時當面領並謝盛意。遵囑已致函香港陳光華居士，表示感謝。

聞上海佛協真禪法師及居士等九人於十三日，已啟程赴新加坡進行友好訪問，歡喜無量，此行為增進中、新兩國友誼關係重大，必能獲得圓滿之成果也。率此奉復，餘容下月到滬面傾，未盡一一。即頌

道安

林子青　和南

一九八八年四月十七日夜

我本擬下月此間編輯工作告一段落後即取道上海回京，現因接小女自京來電，謂內人因病住院，盼速歸，故擬日內自廈或榕乘機速返北京。待老伴病情稍好時，再至上海聆教。

致沈繼生❶（五通）

（一）

繼生先生文席：

上月底接來電，承詢南行之期，因瑣事相牽，未能即定，曾復一函，想已達覽。頃已託佛協代購至廈機票，據云初步定為三月十八日，俟拿到機票後，當以電聞。《弘一大師遺墨》二冊，不知已收到否？

弟近遷居海淀區，離西四稍遠，隔數日始赴佛協一次，取信件及報刊。最近郵局辦理快遞郵件，不知如何快法？姑試奉遞一函，以觀其效。一俟機票入手，當再電聞，

❶ 沈繼生（一九二三～二〇〇三）：福建泉州人，筆名沈默然、沈綠秋，福建省藝術研究所編審，泉州「弘一大師研究會」副會長，《弘一大師全集》常務副主編。

晤面非遙，餘容面傾。珍珍❷居士，乞代奉告。草此，順頌
春禧

林子青　上
一九八八年三月十四日

（二）

繼生先生：

七月二十五日奉上一函，計已達覽。

關於上海博物館所藏弘一法師書札，頃已得分曉。上月小錢託友人查詢，輾轉又託陳從周教授打聽（陳即弘一法師紀念館前，撰「弘一有靈應識我……」聯語之

❷ 珍珍：即陳珍珍，泉州人，《弘一大師全集》出版的發起人之一，曾任泉州佛學院院長。

人）。茲收陳教授原函錄奉一覽：「美緹（緹音題，上海崑劇院女老師）同志：辦件事真不容易，方行（上海文管會負責主管上海博物館者）至於今日才見到。我文管會去了三次，第三次見到了。他說：上海文管會所藏弘一法師函，皆已印過（排印本）。你們如要印，如果以原件套版精印，因函件有用色彩筆的，可以借出，否則不同意。請研究！天熱諸望珍攝。　陳從周　一九八八年七月十五日」

另據上海博物館一職員給小錢的信說：「貴友來跑過多次。現方行給予答覆云：如果要出的話，必出套色精印的文獻本專輯，且云此九十七函，以前都已出版過（但又不肯拿出來），因此告知如上。請你與林老先生商議決定。聽說你們八月底來滬，到時再面談罷！祝好。　沈亞洲（七・二十五）」

從以上兩信看來，弘一法師之函，既都已印刷過，我大概都曾過目，只是方行先生「賣關子」而已！小錢建議我下月到上海時，請方行、陳從周諸先生在靜安寺吃頓素齋，當面解決（瞭解內容）。如果是「排印本」，那也不是什麼新鮮的事。

我近日開始著手改寫《弘一大師新譜》，年老眼花，恐怕不能寫好。同時材料又零碎，要全部納入增補本是不易的。天熱，請多保重。

此信請給珍珍居士與拙老一閱。又及

林子青
一九八八年八月一日

（三）

繼生先生：

十七日惠書，奉悉。

弘一法師的書信，所署月日多數用陰曆，用新曆者極少，此為其特色之一。故據陳慧劍考證經驗，似無必要。

致劉質平信第六十一封一九三二年新曆十一月二十二日，寧波；與第六十二封一九三二年十月二十五日，廈門，這兩個日子是同一天，此或偶爾寫錯。尊意擬將第六十二封發信時間改為「一九三二年舊十月二十五日」，原無不可；但據法師所述《南閩十年之夢影》，有「於轉年（即民國二十一年）十月，我才又到廈門來」。又是年「舊十一月十日」法師在致其俗侄李晉章書中也說「到廈門已旬日（在十一月二十五日之前）」，「……以後惠書寄廈門妙釋寺為宜。舊十一月十日演音疏」。（見拙著初版《年譜》一九三二年條）

上海書畫社印行的書札手跡，我一時找不到，恐怕沒有帶京。致胡宅梵信是「一九三一年十月十六日發自奉化」，我當時也感到驚異，恐怕是短期滯留或臨時過境的罷。如有必要，「年表」可補入一條。

您發信查訪，又查到靜權、清智、馬冬涵、施慈航四人的生卒年份。清智，我已託傳芬去問過，結果和您所得相同。同時又查得善契法師（清智之徒），生卒年份為一九〇二～一九七四，福建南安人。此外，發信上海友人代查，查得：蘇慧純（一九〇三～一九七九），福建泉州晉江人。陳海量（一九一〇～一九八三），浙江天台人。

此外，我又發信到江蘇泰州市去查問：韓亮侯、譚祖雲、何敬庵等人的生卒年份，尚未得回音。

〈馬一浮居士與弘一法師的法緣〉登載於《南洋佛教》，大概被人借去，我回家後，複印奉上。

弘一法師致崇德法師信，我又獲得兩封，總共有四封，大概都是一九三二年前後寫的，可謂近來一大收穫。信稿容抄上。上海友人見告，另有致汪居士明信片，尚未寄來。

北京天氣已甚熱。匆匆奉復，順問

近安

林子青　上

一九九一年五月二十二日

三聯書店責任編輯有一聲明：「二〇八頁第二十四函與第九函重複，應刪。責任編輯失職，謹此致歉。」（按：第二十四函，非我原有，係編者鄭□□所藏手札，好意將它加入的。未加注意，致有重複，可見編書之難）

（四）

繼生先生：

昨日抄寄音公致崇德法師兩信，連前共四通。如是「書信卷」又可增加四通了。

為了找尋舊稿，找到了音公〈地藏菩薩九華聖蹟圖讚詞〉一篇，我記得《全集》似未收入，請檢查一下，如未收入，可將此文補入「雜著卷」。

《南洋佛教》雜誌被人借去，一時找不到〈馬一浮居士與弘一法師的法緣〉，幸在雜稿中找到原稿，茲以奉寄。原稿多簡化字，請抄時改正繁體字。

又一九三〇年音公所撰〈蔣妙修優婆夷往生傳〉如未收入，可另抄補入「傳記卷」如何？

我在八年前《南洋日報》上看到音公為高勝進所撰《金石真蹟集》題詞手跡圖版，文字不長，特抄出奉寄，請補入〈題跋卷〉。

關於書信的已故受信人的生卒年份，所費時間太大，我的增訂《年譜》尚未著手校讀。年老神衰，勉力支持而已。

目前《全集》已排印的情況如何，便中請略示知。

高文顯居士逝後，不知尚有一些未發表的材料否？匆匆順訊

近安

林子青 上

一九九一年五月二十四日晨六時

（五）

繼生先生：

五月十七日與六月一日前後兩信，附音公致毛慈根書及〈弘一厚愛毛善力〉複印件，均已收到，至為感謝。弟自去冬赴菲回來，健康情況一直不好，諸事懶為。耄耋之年，乃自然規律。台灣之行，華夏文化促進會雖仍在準備，但仍未最後決定。

承詢夏宗禹先生病狀，弟亦已數月不見。上月底忽接夏夫人電話，驚悉夏老不幸於五月二十二日因癌症病故，不禁令人黯然神傷。據云夏老患病住院已經多時，經醫生檢查，斷為難治之症。遵醫之囑，於五月三日赴秦皇島，經氣功治療，醫治無效，

於二十二日逝於秦皇島云。良友云往，曷勝悲悼！率復順祝

近安

林子青

一九九五年六月七日

關於夏老病逝訃音，如與陳珍珍居士通信，便中請代轉告。又及

致夏宗禹❶（三通）

（一）

宗禹仁兄清鑒：

京中話別，弟於三月十八日到滬，二十日參加一友人追悼會，二十二日即與小錢自滬飛廈，小住數日，於二十五日到達泉州。現居開元寺，一切頗為安適。尊編《豐子愷遺作》不知已就緒否？數十年前，漳州劉綿松曾從事《弘一大師全集》之編輯，以機緣未至，難於出版。其後劉氏下世，稿件由其侄保管，以奇貨可居，不肯交出。故弟日內或往漳州一行也。

❶ 夏宗禹（一九二一～一九九五）：原名永昌，又名景凡，河南禹縣（今河南禹州市）人。長期致力於新聞出版事業，曾先後任職於《新觀察》雜誌、《人民日報》、《新疆日報》、《新疆畫報》等。編著有《弘一法師遺墨》、《豐子愷遺作》、《馬一浮遺墨》、《葉聖陶遺墨》等。

尊編《弘一大師遺墨》，弟曾代購二冊寄此，五冊寄莆田，讀者皆極喜悅。新加坡廣洽法師來信，謂華夏出版社贈彼之《遺墨》三冊，亦已收到，囑代致謝。《太平洋報》報頭及《音樂愛好者》所載之張靜蓀文字，如已複印，乞各贈寄一份為感。此間春時多陰雨，日夕寒凝，甚於北京。

弟在此初步預定五一前後赴滬，住數日即返京。客中草草，順頌

時安

弟林子青 上

一九八八年四月二日

（二）

夏老文席：

十一月十四日惠函併洽老❶、豐子愷風格及剪報，均已讀悉。京中話別不覺兩月，知曾見訪寒舍，至為感謝。我離京後，在上海勾留兩旬；十月初至廈轉來泉州，不覺

六月餘矣。邇來瑣事蝟集，故不克奉函致意，諸希諒之。

拙作〈尊師重道的豐子愷先生〉一文，承介紹發表於《人民日報》，我在此間已經看到，承惠稿費寄佛協，當能轉到，至為感謝。

來信見告《豐子愷遺作》出版情況，喜慰無量。這一套書，樸老稱之為《君子書》，可謂名實相符，行見洛陽紙貴，可預卜也。

《弘一大師全集》，今已決定由福建出版，華夏出版社厚意，甚為感謝，便中乞代致意。因在京出版，兩地相去遙遠，人力物力有所不逮也。「書法卷」承允借「遺墨」底片，深以為感。

廣洽法師此次赴京轉西安扶風法門寺，參加佛指舍利寶塔落成法會，並未來閩，想近日已回星洲矣。明年再來時，如有勝緣，一定介紹相見。尊意海外版畫刊，擬發表洽老獻詞，他必極為歡喜。經歷簡介上甚合適，但最後一句「現任新加坡佛教總會主席」，「現任」二字應改為「曾任」較妥，因現任主席為常凱法師也。

❶ 洽老：即廣洽法師。

《全集》各冊，大體已編就。前一部分《南山大三部》弘一大師施予《句讀校注》之版本（份量頗多）現正進行複印，以便製版。明春或可出版第一冊，但紙價日漲以為慮了。

「書信卷」原有七百餘通。近與漳州劉少偉洽談，將其叔劉綿松（曾企圖出版《全集》）生前所集弘一大師同友人通信二百餘通及一些有關資料，悉數轉讓。劉君商人以為奇貨可居，索價一漲再漲，最後忍痛以一萬元代價將它購下。其中有不少遺札資料，對我重訂《年譜》極有參考價值。現正抄錄整理，分類編入《全集》。

我打算在元旦以後回京，在家撰寫填定《年譜》。明年是否再來，且看因緣。相見為期不遠，一切容面談。率復，順祝

編安

林子青

一九八八年十一月二十三日

小錢在此擔任《全集》的複印工作，她生活很愉快，囑代向您老問好。

〈豐子愷風格〉一文，我在手寫稿和複印稿上，大略改了幾個錯字，因忙未暇斟酌，請參考改正。還是依手寫稿吧。又及

（三）

宗禹先生大席：

十月二十六日及三十日航函，已先後收到。紀念弘一法師文章剪報亦已拜讀，至為感謝。由於您的關照，此文得以在海外版發表，必能引起海內外佛教徒與非佛教徒之重視。台灣方面報刊，想必能轉載。初未料能全文照登也。

我細讀之後，只發現三個誤排之字。一為第三欄「律學各家」，應為「律學名家」，二為第四欄（第二行）之「土根利智」，應為「上根利智」。三為同欄之「再有奉違者」，應為「再有奉達者」。但此三誤字，一般讀者當能辨識，無有妨礙。

泉州只有《晚報》，恐未能轉載，佛教界能否出專刊，尚未決定，如出當能轉載。

我於十月二十日到廈門，二十二日到泉州，二十三日（舊曆九月初六日）趕上承天寺的落成開光典禮，諸事極為忙碌，幸頑軀尚健，堪以告慰了。

承天寺為泉州三大叢林（大寺院）之一，文革期間為工廠等佔用，改建車間宿舍，僧侶盡散。一九八三年原承天監院（俗稱當家）宏船法師時任新加坡佛教總會主席（會長）回國觀光，發願重修。其弟子信徒施資五百萬元（合計千萬元以上），委託老市長王今生負責監修，歷時五載，終告完成，實極輪之美。今年舊曆九月初六日舉行落成典禮，宏船特親自回國主持，趙樸老亦於是日到場剪綵。海外新加坡、菲律賓、台灣等地亦均組團來賀。是日泉州萬人空巷，盛況可謂空前。閩省有關單位領導，亦均參加。

廣洽老法師，以九十一歲高齡，亦特地回國參與盛會，因為彼此都忙，僅敘談片刻，他聽說您編馬老《遺墨》，甚為歡喜，只說有寄出五百元尚無回信等。我答應回京後再問清楚，洽老已於上月二十六日離閩赴港回新矣。

最近，泉州佛教界本有兩大活動，一為承天寺開光，一為弘一法師誕生一百一十週年紀念。因承天寺開光在先，弘公紀念活動被沖淡了。負責籌辦紀念活動的人，又為《全集》出版的事，往來福州與泉州之間，辦事頗為遲緩。

我在此正搞一些《全集》收尾工作，住承天寺尚安適，大概本月下旬赴廈，小住數日，如無其他事情，即回北京。匆復，順祝

編安

林子青

一九九〇年十一月五日泉州承天寺

關於《君子書》四人的英譯，我請康寧找他老師試譯，同時我又找我們佛協英文專家譯出，兩方參照由康寧給您回信，大概沒有問題。

致陳光華（一通）

光華居士：

頃接上海佛協祕書長歐國藩居士來信，知仁者與黃居士近至上海訪問，洽談錄製《中國梵樂》及拍攝《弘一法師》電視連續劇諸事，歡喜無量。且悉仁者佛學修養甚深，並深敬弘一法師為人，彼此所志相同，深以為幸。青侍弘一法師日淺，其間雖曾聞其謦欬，讀其著作，而少聞其說法。

弘公寂後，乃於一九四三年編撰《弘一大師年譜》一書，想仁者或已寓目，此書國內久已絕版，幸港台曾經重印流通，受讀者推愛，至深感激。弘公入寂，至今已四十五年，其聲名與日俱增。頃者泉州道俗圓拙法師及陳珍珍居士等發起出版《弘一大師全集》，得海外緇素之贊助，已集鉅資作為刊行費用，唯收集及編輯工作頗費時日，青被謬推為《全集》主編，綆短汲深，時虞殞越。

又《年譜》已問世四十餘年，爾來蒐集新資料不少，亦擬重新編訂，以公諸世。承歐居士函告，知仁者惠施五百美元，殊不敢當，卻之不恭，唯有拜領，留待後謝，道遠無以致意，深以為愧。青約於五月中旬經滬回京，在滬約有半月勾留，聞仁者五、六月間亦將再度訪滬，屆時或有見面機會也。北京通信處為「北京西四阜內大街二十五號」，今後如有惠教，請寄此處可也。匆此奉達順頌

安樂

林子青　和南

一九八八年四月十七日

致陳珍珍❶（四通）

（一）

珍珍居士道席：

開元匆匆話別，仁者即往大慈林籌辦性老百年誕生法事，青本擬屆時趨前頂禮，以報法恩。奈因翌日即接小女北京來電，謂母病住中日友好醫院，盼速歸。不得已即作歸計，幸得王老市長熱心相助，電廈機場經理調撥機票兩張，並派車於二十三日送至廈門南普陀。故於二十四日與小錢同機回京，一路平安，堪以告慰。

老伴所患係「類天疱瘡」，青在京時已發病，初意稍事醫治，即可痊癒；不料離

❶ 陳珍珍（一九二〇～）：福建泉州人，虔誠的佛教徒，終身未嫁，年輕時曾多次聆聽弘一大師講經說法。曾任福建省佛教協會副會長、泉州佛學院院長，現任中國佛教協會諮議委員會委員，並任泉州弘一大師學術研究會會長。

京半月，忽告嚴重。小女請假自常州到京照料，幸及時送入中日友好醫院。經多日注射激素，業已漸趨穩定，且無新疱發生，但出院恐尚需時日耳。

《弘一法師全集》編輯工作，事在必行，甚望仁者稍分精神，隨時督促，冀易成就。青待老伴出院，生活稍能自理，仍與小錢同來泉州，盡其綿力。

關於《全集》分類，青意除各類外，其餘雜文，可另立「雜著」一類（《王荊公全集》就有此類），如第二部類三十二《慈說》，第五部類十一～十三《周尺考記》等，皆可編入此「雜著」一類。但如〈丁鴻圖慶福戒香記〉等非大師所作者，似可編入「附錄」。又〈雲洞鶴鳴祠記〉（其第五部類．題記），原為「佛號題記」，非〈鶴鳴祠記〉，應予更正。

沈繼生先生上月底聞將赴榕開會，想早回泉，漳州劉少偉處，不知已去信聯繫否？在漳劉家時，曾於所藏雜書中見到《白陽》一書（浙江一師學生會刊物），全部係弘一法師手書。其中〈近世歐洲文學之概觀〉，夾有蝌形文字，甚為優美，可以攝影製版，與〈莎士比亞墓誌〉並列；又〈西洋樂器種類概說〉附有樂器插圖及演奏姿勢，如能製版插入《全集》，當能增加讀者興趣。

復次，大師手書《四分律比丘戒相表記》，文雖簡明而義甚深奧，且比丘之具足戒所謂「五篇七聚」，多梵文音譯，讀者不易明瞭，似宜略加解釋，方有效果（解釋應附其後），如波羅夷、僧伽婆尸沙、波逸提、偷蘭遮、突如羅等戒律術語，若不解釋，讀者決難明瞭。不知仁者於意云何？

匆此奉聞，順頌

安樂

林子青　合十

一九八八年五月十五日

（二）

珍珍居士文席：

三月五日奉上一書，想已收到。十二日《人民日報》海外版發表江澤民總書記與台灣「統聯」訪問團名作家陳映真（祖籍安溪）〈共話祖國統一〉（對話）。其中有這樣對話：

江澤民：陳先生講得很好，我贊成你的意見。陳先生祖籍是哪裡？
陳映真：我是福建泉州安溪縣人，在台灣我是第八代。
江澤民：泉州你去過嗎？那裡太漂亮了。
陳映真：這是我第一次回大陸，我是準備回祖地看看的。
江澤民：泉州的開元寺曾有一個有名的和尚，他的詩詞作得很好。

開元寺「有名的和尚」，當然是指弘一法師。這句話說得太突然了，可見法師在國家領導人的思想上是有印象的。

（編註：未落款，約在一九八八年四、五月間）

（三）

珍珍居士道席：

奉別不覺三月，未審獻歲道體安康否，深以為念。進接傳芬來信，謂舊正月初三日曾赴泉至尊府拜年，本擬將其□所領一千元作為旅費□奉還。據云：仁者謂□□改作《全集》編輯費奉付。傳芬回廈以後，承由郵匯來千元，殊感慚愧。敬受之餘，至為感謝。春來略有小病，致增補《年譜》之寫作，未免稍遲了。又抄寫工作，因傳芬未能北來，老軀自抄，亦頗費時間。（將來謄正，擬在京雇人為之）但願有生之年，及見《全集》之付梓也！

近接沈繼生先生來信，謂自葉青昭居士長子處，發現大師遺札數通及〈瑞竹岩記〉一首，頗為欣喜。〈岩記〉若干誤字（抄寫之誤？），已為改正。其中末段有「夙緣有在，蓋非偶然」二句，謂下有「從略」二字，擬加刪去，如此則又意未全。按大師〈重興草庵記〉有此二句，其下二句為「乃為述記，垂示來焉」。疑大師恐文字雷同故暫缺之也。

匆此奉達。祇問

春安

林子青 合十

一九九〇年三月四日

（四）

珍珍居士：

久不通信，時切馳思，未審邇來道體安隱否？佛學院校舍問題聞已解決，遷至朵蓮寺，稍加修葺實為理想勝地。前月得沈先生書謂泉州將於九月為弘一法師百十週年誕辰舉行紀念活動，未審籌備情況如何，至為念。

青增補大師《年譜》幸已脫稿，序言尚未下筆，正請人抄寫三聯書店出版之《弘一法師書信》，已送來樣本，尚未裝訂完畢。尚有未刊的三百篇遺札，正加註釋編襄。衰老日甚，進度殊重乎。承天寺舊九月初九舉行落成開光典禮，聞海外諸大德屆時將聯袂蒞臨參與盛會，實至喜之事。

夏秋之間閩南暴雨成災，不知有關諸蘭若曾受災損失否？至為懸念。又上月聞菲律賓地震，碧瑤受災頗重。不知普陀寺及華岩寺等曾受影響否？因罕通信，無由獲悉，便中乞順告一二。據沈先生來信謂某次開會時，泉市統戰部指示，謂泉州佛學院既有海外法師支持，應繼續辦理，此一增上緣也。

弘一法師誕辰百十週年紀念，聞省方頗為重視。將有多人到泉參加，聽之不勝欣

喜，不知沈先生近日在泉否？鄙意應出大師誕辰紀念特刊，沈先生謂泉州尚有此意，殊為欣喜。順頌

林子青

一九九〇年九月十日

附錄

陳珍珍致林子青（一通）

尊敬的林老師慈座：

久未奉函敬候起居，至深抱歉。學生因事務至為繁忙，日無暇晷，且年邁體弱，不勝其勞，時感精力體力都難於支持，以致連給弟妹諸侄的家書都無法書寫，遲遲未給老師奉函請安，原因即此。好幾次向海外董事會及市宗教局提出辭退佛學院職務，到大慈林去山居靜修，無奈迄今無人接任，如今學生體重僅剩三十五公斤，是空前未有的瘦弱。佛教太缺人才，不勝令人苦惱。學生之苦衷，老師定能理解，諸希見諒為幸。

值此歲序更新之際，遙頌新年吉祥，福體安康，法緣殊勝，福壽無量。

沈繼生先生已將弘公信札原件送來泉州交佛協吳松柏居士轉交紀念館。據云紀念館要整理，現暫寄存在李宗仁淨士處，究竟多少封，沒有和他清點，他云信件密封，直接交松柏轉交宗仁，學生未見過，未諗老師是否知道究竟有多少封？

據云，老師此次曾赴菲律賓參加瑞今長老九秩嵩壽慶典，未諗確否？若然，目前健康情況必大有好轉。也望能再度來泉與親朋故舊暢敘闊情。

師母邇來諒亦健康勝常，希代為致意，並賀年禧。

佛學院照舊維持，只是生源大部分為外省籍。閩南出家「菜姑」都想住小廟，較自由，不重視學文化研究佛學，只想做佛事賺錢，亦一大隱憂！

此間想成立「弘一大師研究會」，已得市委宣傳部批准，將請老師為顧問，現尚未正式成立。關於大師《全集》編委會六年來收支情況，已請市宗教局會計前來整理帳務，因原出納了證師已返浙江，會計陳維博先生病故，我們不管帳務的不知收支情況，只好將四本帳簿和全部單據由佛協副祕書長吳松柏暫時保管。學生提出要請政府部門的會計來整理較為妥當。現已理清並製收支報告影印數份，寄給海外出資助印者，留一份給市佛協存檔，以徵誠信，並備查核。順此奉慰。耑此敬請淨安，並頌

新禧

學生　陳珍珍　頂禮

元月二十日

（編註：約為一九九五年）

再啟者：

有關赴台灣參加弘公遺墨真跡巡展一事，北京夏宗禹先生曾來泉兩次，並寄表格供我填寫，邀學生參加此舉。因學生早在四十年代即珍藏數幅大師墨寶真跡，一部分是解放初向廈門許宣平居士買的，不料「文革」中寄一農民代收藏，竟被她無知一夜之間付炬十二幅，現僅存九幅。

據夏先生云老師亦要同赴台灣，未諗確否？若然，則可隨侍座前一段時間。又及

另者：

有關編委會帳務，係請市宗教局會計師前來整理，幸去年底了證師應圓拙老法師之請再來承天寺住一段時間，他和瑞尚師曾任過出納、會計，故收支報表仍由他倆覆核蓋章。

致戴文葆❶（一通）

文葆先生：

前後兩函，均已讀悉。

您如此細心審閱，提出這樣寶貴意見，實令人感激！前函似已奉陳，我近日即將赴滬轉閩，處理《弘一大師全集》未了工作。今行期已定，將於後日南行，對於您的枉駕，目前恐未緣迎接，一聆教益，徒以為恨耳。

我之搜集弘一法師書信，確費一番苦心。知我者其唯戴公乎？承您過於讚許，實在慚愧。

倚裝無暇，謹就尊示數點，略復如下：

❶ 戴文葆：時任北京三聯書店編輯，負責作者所編《弘一法師書信》的編審工作。

1. 寫贈俗侄李聖章的〈晚晴勝語〉，係見《弘一法師》圖版第十九。
2. 致劉質平信中之「不害鼠命」，後作（加圈）似無誤。因法師以「害鼠命」為不人道，故云「不害鼠命」，怕人誤會也。不知於意云何？
3. 致堵申甫函中之「焚化」，我檢複寫稿，似無誤。如有「梵化」字樣，當為「焚化」之訛。「青年佛教」，應為「青年佛徒」，無疑。
4. 致李圓淨第一函註，我未留底（複印稿第二〇九頁十二行），已記不得。明末蕅益大師頗信《占察經》，「護摩」為梵語，即「火祭」之義（即焚火投物於中而祈願之意）。密宗普通之修法。
5. 「濫膺恭敬供養」，「濫膺」即「濫受」也。
6. 「遺囑，劉質平居士披閱」，為信件原文。見《弘一法師》圖版第六十一。此為早年所書，與臨終給夏丏尊的「遺囑」不同。

書信原稿是請人複寫的，他趕任務，錯字一定不少。您審稿經驗豐富，希酌為去取為感。我十月間在泉州，將來初校時，仍可校正也。

敝寓為「三號樓八〇一室」，冬間回京，當約晤談。不宣。

《法音》九月號日內將出版，拙作〈懷常惺法師〉一文，請指教。

林子青 上

一九八八年九月十五日

致聖嚴法師（三通）

（一）

聖嚴法師學弟：

別四十年未通音問，時深馳想。去夏仁者回國至京，承見訪於佛協，適我以事留滯南閩，未獲相見，至為悵惘。承淨慧法師轉來惠贈東方錶一塊，深感念舊之情，迄未修函致謝，至以為歉。

三月間，小女江濤（原名林志明）因公赴美開會（她任英文翻譯，在靜安寺時她只十餘歲，諸同學約集之遊，想倘能憶之）。會後我曾囑其順道至紐約訪問仁者，惜仁者回台，未獲晤見，頗以為憾。幸承高足果元法師殷勤接待，至為欣慰，臨別又承元師惠贈尊著多冊，其中數冊我在泉州已略披覽，具是仁者善說法源，筆力雄健，□□讚歎。（編註：後有若干短句，由於原稿字跡潦草，無法辨認）

我今年已八旬，垂垂老矣，不知後此尚有因緣與仁者晤面話舊否耶？

尊著《歸程》等，如尚有存書，希惠寄數冊結緣，以廣見聞。專此順祝

道安

林子青　合十
一九八九年四月二十六日

（二）

聖嚴法師學弟法鑒：

不通音問，忽又多時，屢讀惠贈農禪寺出版《人生》雜誌月刊，藉知仁者近年勤於著書，弘揚禪學，往來台美，為法辛勞，不勝讚歎。又知往來歐美兩洲，行蹤之廣，殆無倫比。（拙著《佛教文史叢編》，因有預定數篇尚未完成，致延擱多時，故尚未整理就緒，殊以為憾。又因年老體弱，視力不佳，亦難迅速完成。頃因同學菲律賓信願寺住持瑞今老法師九十壽辰，須赴菲一行參加慶祝，待返國後始能下筆。）

前得台北陳慧劍居士來信，聞曾代贈拙著《弘一大師新譜》一冊，未知曾承過目否？（此書係小女志明代為謄正，一九九二年在我病中，適陳慧劍居士來京，由家人面交，承彼介紹，由台北東大出版公司付印，越年出版，較之大陸迅速多矣。）

明年為弘一大師誕生百十五週年紀念，台北中華藝文活動推進協會（其負責人趙俊邁、黃靜等聞皆為仁者皈仁弟子，前月來京見訪，彌感親切。）發起在台舉辦弘一大師書法珍品巡迴展出，邀請此間華夏文化促進會合作，徵求展品。該會以我與大師法緣頗深，求我協助，義難辭卻，既隨喜同行，舊地重遊，且得與仁等聚首，固所願也。倘得仁者登高一呼，使展出呈現盛況，不特有助弘揚佛法，於海峽兩岸文化之交流亦具有重大意義也。年老視力衰退，草草奉聞，言豈未能盡意，率此順頌候

法安

林子青　手書

一九九四年十月二十日

（三）

聖嚴法師學弟法席：

此次赴台，參加弘一大師書法展覽，得與仁者共同剪綵，實為難遇勝緣，深覺

榮幸。設齋招待我於農禪寺並惠施優渥，感謝無盡。老朽已於八月二十日離台，經香港、深圳，於二十二日安返北京。一路得華夏文化促進會諸人照料，甚為安適，堪以告慰。

行見仁者開闢法鼓山，設立中華佛學研究所，規模宏大，廣羅碩學，深佩魄力之雄，他年人材濟濟，傳播大法，為佛增光可預卜也。匆此奉函，順頌

道安

林子青　手啟

一九九五年八月二十七日

奉贈《法音》二冊，其中方立天教授所寫〈寶島台灣歸來話佛教〉，對近年台灣佛教已作全面介紹，如能轉載於《人生》，讓台灣緇素一讀，亦可為兩岸佛教文化交流留一文獻。（《法音》一九九四年第五期，除方立天話寶島佛教的文字外，有我寫的〈緬懷廣洽老法師〉一文；《法音》一九九四年第十期，除方立天文字外，二十七頁有涼月寫的〈訪五台山尼眾律院〉一文，也可一讀。）

一九九五年八月三十一日

附錄

聖嚴法師致林子青（一通）

林公子青長者道席：

一九八九年四月二十六日賜示拜悉，四十年未通音問，然亦時在念中，並於《南洋佛教》月刊偶爾讀到尊作散篇，尤其《弘一大師年譜》乃海外佛教學者共同推仰之力作。四十年來國難教難，海內外無一倖免。吾公已八十，我亦六十出頭，去年回大陸時，很想謀見一面，緣以未曾事先要求，故而錯過。何況我已兩世為人，更改法名第二度於一九五八年出家，吾公亦不知聖嚴為何許人矣。

五十年前吾公曾到台灣，爾今人事早變，不復舊觀，台中市慎齋堂張月珠姑娘，已物故十年，基隆靈泉寺也數易主人。目前我在美國及台北均有寺院，仍以台北規模較大，計有一寺、一館、一所，我的中華佛學研究所，已受國際矚目，如公健康許可而又不是共黨黨員，當願設法聘請至本所任客席教職。令嬡志明女士訪美時未能親自

親自招待，殊覺抱憾！從其相片中上尚能捕捉四十年前若干印象。順頌

健安

學生
聖嚴　和南
一九八九年五月十五日

乞代為致候趙公樸初長者、淨慧法師及趙國忱先生。

《歸程》暫不便寄大陸。樸初長者已有一冊。

致果元法師❶（一通）

果元法師道席：

上月小女江濤赴美，期間得訪貴寺，掛單一宿，承令師弟果道居士以車迎接，招待殷勤；又承法師種種開示，得於貴寺參加法事，深結勝緣，法喜充滿。臨別蒙惠贈聖嚴法師著作多種，喜慰無量。惜令師適返台灣，無緣晤面以為憾耳。茲寄上小女在東初禪寺所攝照片九幀，即希留為紀念。專此道謝，順頌

道安

北京中國佛教協會　林子青　合十

一九八九年四月二十六日

❶ 果元法師：聖嚴法師的弟子，時任美國紐約東初禪寺住持。

另箋候
令師聖嚴法師歸美後，希以轉奉。

致傳輪、慈雲法師❶（一通）

傳輪、慈雲二師仁者：

前日剛發出一信，想尚未收到。輪師去年想請趙樸老題「瑞竹岩」寺額，我回京即函請樸老揮毫。但他那時正在住院，後來出院，又參加政協、人大會議，事情極忙，而且年老。昨天總算由人送來了他題寫的「瑞竹岩」三字，你們做時，可以隨意放大。

我的意思，原有的林閣老（東周大學士）所書「瑞竹巖」（隸書）可以仍舊保存，不可不用。

樸老寫的「瑞竹岩」三字，因為不容易求，恐怕遺失，我已掛號寄漳州南山寺傳

❶ 傳輪法師（一九六二～）：即普法大和尚，上海人，閩南佛學院畢業。現任中國佛協常務理事、福建省佛協副會長、福州鼓山湧泉寺方丈、漳州南山寺住持。

揚法師存轉，你到漳州時，可以去拿。

瑞竹岩何時落成？我也許可以再回漳一行，來觀其成。匆此順問

近安

林子青

一九九〇年四月二十三日

慈雲法師請代問好。

重修瑞竹岩，施資的有哪些人？請來函見告，以便寫重修碑記時提到。二淨法師此次回來，對瑞竹岩修建有何意見，亦請順便提到。

致圓拙法師❶（三通）

（一）

拙老同學：

二十三日離泉，承送別，至感。當夜到汕頭，尋定持法師不遇（據說到詔安放燄口），幸記得智誠法師的圓覺精舍，即往投宿，相見甚為喜悅。他二十四日正逢（八三）生日，善信雲集，法緣甚盛。我適逢其會，飽吃壽齋一頓。二十五日到潮州開元寺及南岩寺訪問，宏樹法師招待甚至。在寺一宿，翌日再返汕頭圓覺精舍，是

❶圓拙法師（一九〇九～一九九七）：號慧生，別名圓怍、雲怍。福建連江縣人，俗姓賀，名道生。一九三四年，在莆田廣化寺禮體磐和尚為師披剃出家，翌年在福州西禪寺受具足戒。早年依止弘一大師學律，行歸印光大師念佛法門，律淨雙修。曾任中國佛教協會副會長、莆田廣化寺和泉州承天寺住持，並創辦福建佛學院。

晚見定持法師，承招待晚飯，尊函已面交。關於南山三大部，彼似無所聞，云待問宏樹法師後再奉復。

二十六日，告別汕頭，當晚到廣州，車多路窄，頗費時間。到廣州後投宿六榕寺，寺主雲峰法師，係早年香港舊識，相聚甚歡。昨日（二十七）往訪光孝寺，承本煥和尚設齋相待，意至虔誠。又往無著庵（來機開山）巡禮，見住持寬敬尼師，甚有道行。寺中正修大殿，現住尼眾二十餘人，清規肅然，名不虛傳。

今日擬前往南華、丹霞及雲門寺訪問（有六榕寺知客相陪），約住三日仍回廣州，然後再到廈門。仁者不知何時赴廈？旅中草草，順訊

道安

子青　手上

一九九〇年十一月二十八日晨

黃克良居士、觀嚴師及可海，請代致意。

（二）

圓拙法師同學道鑒：

接克良居士來信，藉知仁者艱於執筆，未能惠書，至為懸念，想道體安隱，常住興隆，定符所頌。

今年為佛協成立四十週年紀念，又將召開六屆全國佛代大會，故佛協於三月二十一日在友誼賓館召開籌備工作座談會，與會緇素共二十餘人，計有趙樸老、周紹良、李榮熙、嘉木樣、刀述仁、真禪、明暘、仁德、請佛、淨慧、仁杰、林子青、妙華、王新、蕭秉權、趙國忱、宗家順及青藏活佛等。佛協曾發出通知，想尊處或已收到。席間臨時募捐大會經費十餘萬元。大會將在八月間舉行（本定六月三日舉行，因樸老有外事活動改期），年老的理事將退下去，另設諮議委員云。理事年輕化，固然很好，恐怕不易選吧。老軀為況如常，但尚不能遠行。吾輩俱已衰老，諸希珍重。匆復祇候

道安

林子青　和南

一九九三年八月二十四日

（三）

圓拙法師同學：

久不得手書，不知健康情況如何，至以為念。

觀嚴師等赴菲參加如滿法師舍利進塔法會，不知已回泉否？他向《法音》流通處訂購五百羅漢圖，不知已收到否？如未收到，請再來信，當再催問。我開會以後，又患一場小病，現仍在服藥。

《弘一大師新譜》，前此寄贈趙樸老一冊，他從醫院來信致謝，頗為獎勵，我複印該信數份，茲特由郵局掛號寄上一張，以留紀念。樸老已屆高年，如此書信，不易得也。

近讀《南洋佛教》第二九四期，內載上海方穎慧〈追尋〉一文，係訪問仁者於承天寺記事，對座下頗為敬重。同期我亦有〈關於福州鼓山藏外逸書〉一文發表，頗有學術意味，不知仁者曾過目否？心裡想寫的文字頗多，但以年邁，未能如願耳。

前月陳珍珍居士來京開會，我託她捎上《弘一大師新譜》一冊，轉贈「廣欽佛教圖書館」公閱。茲再掛號奉贈仁者《新譜》一冊，以留紀念。專此順祝

年安

聞《新譜》在台銷路頗佳，明年將再版，順以奉聞。

林子青　和南
一九九三年十二月十六日北京

附錄

圓拙法師致林子青（一通）

林老師道鑒：

惠示奉悉，至為欣喜。人民幣壹萬元❶，數字雖多，按目前物價，以我們之角度而說，實不為貴。臨別之前，生主動獻助二千元。茲乘泉州曾李二居士之便，託帶面呈，請介紹了正師接收。

生買到本月二十日機票，定於十七日赴榕，聞電話通知二十五日北京啟程。

❶ 信中提到的「壹萬元」人民幣，是指要從劉綿松之侄子處，索要弘一大師的信札所需支付劉之侄子的款項。作者在編著《弘一法師書信》一書過程中各處搜集其手札，甚至不惜以重金索購，圓拙法師得知後主動獻助二千元。

耑此奉稟，敬請

道安

生 圓拙 合十

十一月十四日

（編註：約在一九九〇年前後）

致傳平、傳顗法師❶（二通）

（一）

傳平、傳顗法師同鑒：

去年承囑撰廣欽老和尚紀念塔碑記，以年老傳思遲鈍，本不敢應命，因念有關闡揚大德之事，故勉強為之。明知碑文不宜過長，但恐遺漏記事，故數易其稿，未敢寫定。去冬赴泉，參加承天寺開光及掃弘一法師塔時，曾晤清源山管理處潘炳耀君（該山建設科長），亦謂碑文過長，恐碑石不能容納。故碑文雖極力縮短，一切譽詞概不敢用，只直記事實，仍有六百多字，不知能合用否？

關於塔之名稱、塔主之稱謂及立碑者人數等，統希斟酌改正。茲將碑文複寫兩份，分別奉寄，不妥之處請尊處酌予增減可也。專此順候

❶ 傳顗法師：僅知其為現居台灣的一位法師，其他不詳。

年安

林子青 合十
一九九一年二月四日

隨信附上〈廣欽敬禪師紀念塔碑記〉（略。可參見「林子青傳記集」）
賜示請寄：北京海淀區塔院小區晴冬園三號樓八〇一室（郵編一〇〇〇八三）

（二）

傳顗法師道鑒：

泉州別後，忽忽多年，近維道體安康，為頌無量。

茲有啟者。明年為弘一大師誕生一百十五週年紀念。台北中華藝文活動推進協會與北京華夏文化促進會合作，將在台舉辦弘一大師書法珍品巡迴展，大陸將有十餘人應邀前往台灣參加展出，屆時愚亦將隨喜同行。

弘一大師戒行精嚴，著作等身，道德學問皆為海峽兩岸善信所共尊仰，實為近代中國稀有之大德。拙著《弘一大師新譜》，已具述其一生事蹟，諒仁者當已熟聞。此次展出之目的在「明昌佛法，潛挽世風」，加強兩岸佛法與文化之交流，當蒙仁者讚許。展出期間（大概自明年元旦至春節期間），尚希鼎力協助，共襄盛舉，是為至盼，肅此並祝

安樂

林子青　和南

一九九四年十月二十一日北京

致陳慧劍❶（三十四通）

（一）

慧劍居士文席：

去春四月，得居士三月二十九日手書，闕然未報，瞬又經年，殊覺失禮，諸乞恕之。尊著《弘一大師傳》，數年前曾一披閱，甚佩搜輯之勤，與構思之精，至深欽佩。

弟欲增訂《弘一大師年譜》，已醞釀多年，師友皆知，而遲遲未能動筆，殊感愧作。四、五年前，因參加《弘一大師全集》編輯工作，至泉州開元寺小住，擬將增訂

❶陳慧劍（一九二五～二〇〇一）：祖籍江蘇泗陽縣，台灣著名佛教傳記作家與佛學評論家。其所著《弘一大師傳》，使台灣社會對弘一法師加深了認識。他並創辦了「弘一大師紀念學會」，弘揚弘一精神，從而促進了正信佛教的普及與興盛。另撰有《維摩詰經今譯》、《法句譬喻今譯》等。

《年譜》編入《全集》，始決意著手。其後因《全集》冊數過多，訂價不廉，恐一般讀者無力購求，故擬另行出版。居士謂是否可分交大陸與台灣兩地出版，弟亦有此意，但恐大陸出版較遲緩耳。

弟現已將增訂《年譜》文稿分抄兩份，擬撰寫一序，說明材料搜集之經過，再經校讀一遍，即可脫稿。但不知如何送至台灣？以為慮耳。弟收藏音公材料頗多，居士如能到北京一行，當期良晤並呈尊覽。

關於音公在俗日本夫人之名，歷來記載不一，言人人殊。致夏丏尊函提到之「葉子」，非女性而為男性。弟意似指西泠印社社長「葉舟」，字嬀銘。據一九一六年冬，音公所寫《斷食日記》，兩次提到「福基」之名，似為其家人。（一）十二月十一日日記：「是晚感謝神恩，誓必皈依，致福基書。」（二）十二日日記：「……口乾，因寒不敢起床。十一時福基遣人送棉衣來，乃披衣起。」「福基」果為其日籍夫人之名與否？未敢必也。

五年前（一九八六），弟所編《弘一法師書信》（約三十萬字）一書，去年已由北京三聯書店出版（香港有分店），不知居士曾寓目否？此書共收音公遺札七百多通，頗受讀者愛讀。其後又發現未發表遺札三百餘通，擬於《全集・書信卷》編入。

去年為弘一法師誕生一百一十週年，弟曾撰〈以出世精神做入世事業〉一文，以為紀念。發表於《人民日報》海外版（一月三十日），不知居士曾寓目否？茲特複印一紙，以呈左右，並請指教。文中所舉數事，即為前此所未知也。

此間春寒尚厲，草此奉達，餘不一一。順祝

著安

林子青　謹上

一九九一年二月二十三日

惠書可寄：北京海淀區塔院小區晴冬園三號樓八〇一室（郵編一〇〇〇八三）

（二）

慧劍居士道席：

三月二十七日惠書，四月八日收到。于凌波❶居士於九日即枉駕來訪，晤談至為歡洽。拙作《弘一大師新譜》已複印兩份，本欲託于居士帶上，因尚有若干材料須於校讀時補入，以及序文尚未寫就，故暫時尚未能奉上，諸希諒之。

另奉《弘一法師書信》一冊及海外版發表之〈以出世精神做入世事業〉一文，即希指教。

匆此奉復，餘請于居士面詳。順頌

著安

林子青　合十

一九九一年四月九日

惠贈《龍樹》雜誌九份，謹受，謝謝。

❶ 于凌波（一九二七～二〇〇五）：原籍河南洛陽。十七歲畢業於軍醫學校西安分校，任軍醫多年。一九四九年至台灣，任職於陸軍醫院。一九六一年，拜雪廬老人李炳南居士門下，並皈依懺雲法師，成為一名在家清信士。晚年摒絕世務，專心投入佛學研究及弘法事業，創辦佛教菩提醫院、菩提救濟院、普濟聯合醫院，以及開明高級中學等。著有《簡明佛學概論》、《唯識學綱要》、《近代佛門人物誌》等。

（三）

慧劍居士文席：

五月十一日來信誦悉。知《弘一法師書信》已由淩波居士奉呈，至為欣慰。承過推許，殊不敢當。該書最後未經我校對，故有數十錯字，聞再版時將予更正云。

承詢數事，謹以所知，奉答如下：

一、寬願師確有其人。但我認識他乃在《年譜》出版之後，故《年譜》未提及。音公生平自稱不為人剃度，但寬願師乃由其師祖了悟和尚代刀者，故仍稱為音公剃度弟子，此乃過去江浙寺廟一般習慣。如早年曾任寧波天童寺監院之寬潤法師，名為弘傘法師剃徒，實為了悟老和尚代剃者。此人（寬願）無甚文化，童年曾侍音公於杭州靈隱寺後之本來寺，師徒曾合攝一影。數年前曾住靈隱寺，近年已經圓寂。

二、李端先生，已於今年二月九日在津逝世，享年八十八歲。其次女李莉娟等現住天津河西區尖山路文明里一〇七幢一〇五號（郵政編碼三〇〇二一一）。天津大悲院（天津佛教協會所在地），在天津河北區天緯路二十六號。

三、承贈《龍樹》雜誌，已逐期拜讀，是一好雜誌。承詢撰稿，今尚無暇構思。

以後如有時間，當以拙作奉投，並請指教。

近因《全集》收尾工作甚忙，《年譜》尚未暇校讀，故年底法住學會第四屆學術會議能否趕上尚無把握。

〈以出世精神做入世事業〉係我為紀念音公誕生一一〇週年而作者，發表於《人民日報》海外版一九九〇年十月三十日第二版。

前月聖嚴法師組團十餘人來大陸考察寺廟建築，曾晤其團員冉雲華、陳清香、伍宗文、陳柏森、廖雲蓮諸居士，晤談甚歡。

匆此奉復，順候

著安

林子青 上

一九九一年五月三十日

于凌波居士晤時希代致意。

再者，澳洲悉尼等地，如有台灣緇素大德在彼地創立寺廟或佛教組織者，便中請略示一二為感。

（四）

慧劍居士文席：

惠書及《弘一大師永懷錄新編》徵詢表，均已讀悉。承示澳洲佛教組織情況，至為感謝。前此澳洲聞已有華人寺廟及佛教組織多處，均集中於悉尼。近年台籍藏慧法師❶在澳興建華藏寺，聞已將落成，甚盛事也。

〈弘一法師在廈門〉，係四十餘年前拙作，發表於當時上海之《天地》月刊，署名「曉暉」，係臨時筆名，當時初版《年譜》尚未問世，故殊簡陋也。此文我久已忘矣。數年前始於香港雜誌上見之，不免敝帚自珍也。

承示貴社新編《永懷錄》欲將拙作收入，自當隨喜贊成，但恐珠玉在前，瓦礫殊

❶藏慧法師（一九四二～）：台灣花蓮鳳林人。十七歲在台北圓覺寺披剃出家，就讀於三藏佛學院，親近白聖長老；畢業後又至福嚴佛學院學習三年，親近印順導師。一九七七年移居澳洲，創建華藏寺，弘揚佛法，推動各類教育。

不足觀也。
　　率此奉復，順候
編安
凌波居士請代問安。

林子青　白
一九九一年七月八日

（五）

慧劍居士文席：
　　七月間惠書，早已誦悉。承探詢藏慧法師在澳洲地址，至為感謝。小女夏間因公赴澳（其女在澳洲大學攻讀），順便探親，小住幾月，已於新南威爾斯州（N. S. W.）之西郊，訪得藏慧法師及其經營之華藏寺（聞九月間已正式動工），攝影以歸。

弟數月以來，足部浮腫，時有奇癢，醫者斷為腎炎所致，正遵醫服藥，而此間佛教文化研究所又時有瑣事交辦，以是遲復，殊以為歉。

《龍樹》刊物，逐期均收到，謝謝。《弘一大師全集》已出版四冊（《全集》共十冊），聞頗精美，大約明年三、四月間可以出齊。貴社欲訂購二部，當與福州出版社聯繫，一有具體辦法，再以奉告。《全集》弟雖負主編之名，而具體工作，均由一沈居士負責。

拙著《弘一大師新譜》，初稿雖已請人謄就，尚須細校一遍，再撰一序及凡例，方算完成。老病侵尋，諸事緩慢，尚希亮之。草草奉復，順候

道安

林子青　合十

一九九一年十月十三日

賜教仍寄晴冬園。

（六）

慧劍居士文席：

十月十三日奉復一書，想早達覽。關於《弘一大師全集》定價，據福州來信見告，須待《全集》出齊始能決定。《全集》編印場所極為分散：編委會設於泉州開元寺，出版社在福州，激光排印在香港，一部分校對在深圳，最後印刷裝訂在山東，故往來聯繫甚費時日。

聞《全集》已出四冊（共十冊，書信卷、附錄卷尚未付印），尚稱精美。出版社原擬出三冊後即來京舉首發式，而編委會則主張《全集》出齊始公開發表。估計時間在明年四、五月間。貴社欲訂購二部，據云明年可向泉州開元寺弘一法師紀念館接洽。于凌波居士勤於著述，深為敬佩。前於《龍樹》刊上讀其〈韓清淨居士傳〉，介紹頗為得體。《民國居士學人傳》如出版，乞惠贈一冊為禱。匆復順頌

安樂

林子青　和南

一九九一年十一月十二日

（七）

慧劍居士文席：

惠寄《弘一大師永懷錄新編》，早已收到，至為感謝。瑣事栗栗，致稽裁答，諸希諒之。

書中第一七四頁作者「陳珍」，應為「陳珍珍」（女居士，泉州人，前任泉州佛學院〔女眾〕院長）該文未標明出處。據我所知，該文原題為〈一代藝術大師李叔同（弘一法師）〉，發表於長春一九八二年《社會科學戰線》第三期。謹以奉閱。

又《新編》第八十二頁周穎南先生的〈弘一大師的書簡〉，文中引大師出家前致楊白民函（第八十三頁），有「這說明了這封信是大師在浙江省立第一師範學校任教期間所寫的」。這「說明」是錯誤的。此信一九〇九年李哀在日本留學時所寫的。（見拙編《弘一法師書信》第五頁〈致楊白民〉第一函）

《弘一大師新譜》，我已寫了一篇〈自序〉約五六千言。正文待春節後即著手細校一次。仁者如四、五月間能來大陸，當可面呈。但《新譜》出版後的運送問題，不知如何解決？以為慮耳。

《龍樹》月刊，均逐期收到，至為感謝。香港佛教學術會議，盛況如何？乞示一二，以廣見聞。率復順頌

著安

林子青
一九九二年一月十二日

凌波居士、了中法師，晤時希代致念。

（八）

慧劍居士：

前後兩封尊函均已拜讀，因病未癒，致遲奉復，諸希諒之。

弟於五月二十九日出院，共住院四十日，右腦頭疼雖已痊癒，但體弱無力，胃口不好，行步維艱。近日仍請中醫針灸，似有微效，何時康復，不能預知。

尊囑《年譜》所需圖片，當於稍暇選就，以應尊命。一切出版手續，請公全力為之。

此信適小女來京侍疾，故由她代筆❶。草草不恭，尚希諒之。

林子青 上

一九九二年六月十七日

（九）

慧劍居士文席：

五月下旬前後兩函，均已拜讀。知已安抵寶島，諸事順遂，至為欣慰。三民書局編輯部邢小芬女士亦已來信並附寄「著作物權讓與契約」一式兩份，囑令簽字蓋章。

❶ 此信由作者逐字逐句口授，由其女林志明代筆，最後由作者親自簽名。

以病體尚未康復，暫未作答，便中請代致意。

弟於五月二十九日出院，計住院四十日。出院後，精神疲弱，且不良於行。幸經中醫針灸，已能步行，堪以告慰。〈後記〉一章，前此草草寫就，前後安排，殊未盡意，希出力核實修改。承囑預先編好《年譜》所用圖片及說明，以我近日健康情況，尚難辦此。謹先就已出版書籍四種所刊圖片，摘要列出，先行郵奉，乞檢各書所刊圖片引出，複印使用。弟處另有圖片若干，台北如有人來，當可檢奉。附奉〈後記〉短文一首，以供編入。

關於書名，三民書局改為《弘一大師新譜》，用意亦佳，弟願表示同意。草草奉復，未能具陳。順頌

編安

林子青 作禮

一九九二年七月四日

惠書仍寄晴冬園。

附錄

後記

一九四四年春，本書初版將付印時，著者適臥病上海仁濟醫院，輾轉病榻，歷時經月。幸蒙三寶加被，旋即病除，本書初版始得以問世。厥後閱四十八年，其間所歷曲折艱辛，余已於〈自序〉文中述之備矣。今當大師《新譜》初稿告成之日，余又罹腦疾，就醫北京北醫三院，前後因緣，何其巧合。自四月二十八日入院，至五月二十九日出院，歷時凡四十日。其間終日臥床，思索盡廢。唯念尚有〈譜後〉一章，未及命筆，深慮為山九仞，功虧一簣，故極力振作，力疾為之。然病後精神疲弱，時作時輟，疏漏之處，幸讀者諒之。扶病書此，十方大德當知我此時情也。

林子青　識

一九九二年六月二十八日

（十）

慧劍居士道席：

七月四日寄上一信，提供《新譜》所寫照片出處及附〈後記〉，當日下午又接一信，敬悉。

弟雖出院月餘，精神仍甚疲弱，每日仍服藥三次，隔日赴三院針灸一次，現勉強能步行，但不能多用腦，故照片事敢乞居士挑選玉成之。弟費數日之力，將〈譜後〉逐年整理共二十二條，不備之處，希居士教正，茲以郵奉，並請代轉三民書局。稿費問題，殊非所計。弟致力音公《年譜》之寫作達數十年，其間數易其稿，此中甘苦，唯居士能知之。

病中草草，未能盡意。順頌

編安

林子青　手書

一九九二年七月十二日

（十一）

慧劍居士文席：

七月十日惠書，讀悉。《龍樹》第二十五期亦已收到。病體雖漸復原，而精神仍甚疲弱，寫字極為緩慢。上月奉上〈譜後〉二十二條，想已收到，今再補充二條，希再匯編。三民書局方面，我已將「著作物權讓與契約」簽字蓋章寄去，想日內當可收到。圖片問題，三民書局以清晰、重要者為主（十～二十面），看法甚是。日間北京天氣炎熱，未能從事圖片之整理，待稍涼時，當就我所掌握的書籍，將圖片剪下，以供應用。（《弘一大師》小說即余生平所藏，有一、二圖片頗為罕見）匆此奉復，順祝

編安

林子青　上

一九九二年七月二十五日

于凌波居士，晤時乞代致候。

（十二）

慧劍居士道席：

關於《新譜》「著作物權讓與契約」，我已於七月十九日在契約上簽字蓋章，寄至台北三民書局（附木刻大師半身像二張）邢小芬先生，想可收到。七月二十五日寄予居士之信（附〈譜後〉補充二條），大概也可收到。關於《新譜》插圖問題，我從《港譜》、《紀念集》、天津《李叔同——弘一法師》、徐星平《弘一法師》（小說）等書圖片剪下十餘張及我以前收藏的圖片數張，大小共二十二張，一併寄予居士，請轉交三民書局，製版後圖片即贈《龍樹》雜誌紀念。（本欲掛號奉寄，因目前尚無此項辦法，故仍平寄。以目前兩地郵政辦理之妥善，諒無丟失之虞）收到乞即示知。

天津李叔同研究會定於九月二十日起舉行討論會三天，以紀念弘一大師圓寂五十週年，已寄來請柬。我以目前尚不良於行，屆時恐不能前往參加。不知居士有意參加否？便乞示知。

又聞台灣《弘一法師》電視連續劇（張龍光編劇）已在台北上演，不知居士曾看過否？

天氣炎熱，體弱未能一一，諸希諒之。《新譜》出版事，種種費神，感謝無盡。

謹候

暑安

林子青　和南

一九九二年八月六日

（十三）

慧劍居士道席：

八月五日惠書敬悉。我於同日奉寄圖片一函（計二十二張）想亦可到達。圖片選擇，頗費斟酌。居士勤於搜集，我有的您一定有，但選用哪些恐難一致，故我寄上之照片等，聊供參考耳。

《新譜》稿費，三民書局已寄來，計美元四〇七五元，已如數受領。我已復信予該書局致謝。承示《新譜》即將排版，您願負責二校及清樣校對，至為感謝。鄙意《新

譜》之稿係小女所抄寫，恐有字跡不清之處，如不麻煩，清樣請多打一份，交我校對，當較善也。匆復順頌

編安

弟林子青　和南

一九九二年八月二十三日

（十四）

慧劍居士文席：

九月十六日惠書，誦悉。

關於《新譜》複寫稿，因係小女所抄，我未及細校，恐有許多誤字，故二校想由我自校一遍。承您關心我的健康，願負責二三校，不勝感謝。

近日我的飲食如常，但有時仍覺頭暈，想係大腦供血不足所致。當遵囑盡量休養。

圖片採用，不宜過多，尊見甚是。但前寄三民的木刻畫像（大小二幀），不知能

應用否？天津舉行大師圓寂五十週年紀念活動，據《龍樹》近期報導台北將有數人來津參加，是否已經成行？數日前研究會曾派二人來京，向我借去若干展覽資料，有大師寫聯一對及幾張報紙和天津縣學考卷等。《新譜》出版事，諸多費神，感謝無盡。北京已漸寒冷，頗思曩日居台北時也。率此順訊

編安

弟林子青 上
一九九二年十月三日

（十五）

慧劍居士道席：

前後兩函，均已誦讀，今日又接三民書局寄來《新譜》二校及複印稿，至為欣慰。關於弘一法師在俗的「日籍夫人」問題，曩年在滬，我曾問過他的老友毛子堅❶與有關人士，皆不知其真實姓名。徐君等所寫小說，所謂葉子、雪子、誠子等，恐怕都

是「向壁虛造」。如果作為小說，那是不成問題的。

《新譜》二校稿，當抓緊校對，校畢仍寄還三民書局，諸多麻煩，感謝無盡。

《弘一大師全集》（全十冊），聞九月間曾於泉州舉行首發式，但恐怕尚未全部訂好。我只看到其第一冊。率此奉復，順頌

近安

林子青 上

一九九二年十二月一日

❶ 毛子堅：上海人，為李叔同青年時代好友。

（十六）

慧劍居士：

前後兩函，均已拜讀，《龍樹》第三十期亦已收到，至為感謝。因忙於校對《新譜》，遲復歉甚。

《新譜》校樣全部四七二頁，我已全部校完（約校正二百多字），並已於十二月十六日航空郵寄予東大楊文玄先生，便中請參考教正。

關於「標點符號」問題，因原稿係由小女（在常州工作）與其同事代為抄寫複印，致有不統一之處。引號問題，單引號與雙引號如有不妥之處，請尊意改正之。「文題」（文章題名）號，編者改〈〉（直排），書名號大陸今天一般用《》，不知台灣通用否？一切請您決定好了。至於「引文」，編者改用「註釋」，似無不可，因一時無更適當名稱。譜中有重複或遺漏之處，我已改正，請您再斟酌，以求完美。率復，

順祝

年安

弟 林子青 作禮

一九九二年十二月二十三日

（十七）

慧劍居士文席❶：

去年十二月二十二日信，早已收到，關於譜文符號，諸多費神，至為感謝。一切均遵照尊意辦理可也。

直排文字的書名號用《》，似不太好看。三民書局既將「文題」用單三角以示與書名區別，似亦可以。「㐅」字附註，用鉛字排，確很難看，尊意改製銅模，形如㊎，俾與編號一致，甚善。

《新譜》二校，我校後（大約一、二百字）已於十二月十六日航空郵寄予三民書局楊文玄先生，計可收到。老年眼花，恐仍不免有誤，僅供參考而已。《龍樹》月刊

❶此信信首附註了三行小字，內容如下：「福州出版之《弘一大師全集》已出八冊，聞最後二冊在裝訂中，我只看到一冊。其中一張圖片說明即弄錯，其地點本在寧波港，而說明誤為上海港。《新譜》圖片，字如不明，可另換，以求完美。」

二十九、三十期，均已收到，深為感謝。了中法師辭去祕書長職務，專任「玄奘人文社會學院」籌委，辛勞可知，晤時乞代致候。聖嚴法師主持的《人生》，自十二月號改為雜誌型，亦已看到，近日想已自美回台矣。率復順候

年安

林子青　上

一九九三年一月十一日

（十八）

慧劍居士文席：

一月十二日奉上一書，想早收到。十六日接到《龍樹》第三十一期，其中所載〈弘一大師新譜譜後（上）〉已看到，甚為欣慰。

複印稿的「一三」項，第一行複印欠明，茲特補寫如下：

〔一三〕「一九八四年十月，弘一大師發起、高文顯❶編著的《韓偓傳》，由台灣

新文豐出版公司出版。……」

我寄給三民書局楊文玄先生的《新譜》二校，想已校畢。最後關於清樣的標點符號等，仍請您多多費神。希望不久能看到《新譜》出版。

傳顗法師、于凌波居士，春節之際，如晤面時，乞代道念。專此奉達，順祝

年禧

林子青 作禮

一九九三年一月二十四日

（舊正月初三日）

❶ 高文顯：別號勝進，福建南安人。廈門大學畢業，親近弘一法師多年。抗戰時，執教菲律賓，後赴英留學，獲博士學位。

（十九）

慧劍居士文席：

上月來信，早已收到，知大師《新譜》圖片已編好，且以一九三七年所攝慈照為主，甚慰。前此東大楊文玄先生來信，謂《新譜》需「作者簡介」及「內容提要」□照，已遵囑寫就寄去，想應可收到，便中請以電話一詢，費神至感。

《新譜》二校打印稿一九三四年條「概述」㉗，有一誤字，亦已補校寄去。即《韓外翰別集》之「外」字，係「內」字之誤。您如看清樣時請注意一下。

頑軀現仍服西藥，一般健康情況尚好，唯步行踉蹌，腳力不甚健耳。您為江蘇觀音庵修建事，財法二施，功德無量。如有因緣來京，請來敝寓下榻數日，以便暢談，萬勿客氣。

率此奉復，並祝

春安

林子青　和南

一九九三年二月十七日

（二十）

慧劍居士文席：

二月二十五日惠書，三月六日收到。

潘藹然〈憶畫家潘天壽〉，作者係馮藹然，非姓潘。我查原稿作「馮」，潘字恐係排錯。

尤惜陰❶，住上海「蘭路」（舊路名）不錯，非「蘭州路」。蘭路在舊跑馬廳（今稱「人民廣場」）之西，其路舊有一護國寺，我早年久居上海，至今猶能憶之。

尊示大師紀念基金會，秋後可成立，至喜。

《譜後》上下，已看到，順以奉聞。

❶ 尤惜陰：名秉彝，號雪行，法名演本、弘如，江蘇無錫人。一九三〇年前去泰國，後在南洋出家為僧。

　　匆此奉復，順候
編安

林子青　手啟
一九九三年三月六日

（二十一）

慧劍居士文席❶：
　　五月十九日惠書，二十七日收到，知《新譜》已付印，至為喜慰。《新譜》如能得數十本，予滿足矣。書物郵寄不便，先寄一冊給我也好。
　　本月了中法師率團到大陸訪問，聞先到上海，然後到福建武夷山旅遊，即從福州

❶ 信首有一行小字如下：「《龍樹》每期均已拜讀。凌波居士勤於著述，甚為彌見，便祈代候。」

回台。在上海時，聞曾邀請上海靜安寺德悟法師❷（我的同學）與賈勁松居士訪台，為期二週，大概近日自滬出發。

鄙意如來得及，可請德、賈二君歸時帶下如何？（可數冊一包，由二人分帶）如來不及，仍照尊意辦理，亦無不可。《弘一大師全集》前聞將於五月出齊，不知情況如何？妙蓮法師聞行動不便，我意君到泉州時，可往承天寺一訪住持圓拙法師，當甚殷勤相待也。（拙老為中國佛協副會長，為我老同學。承天寺近辦有廣欽佛教圖書館，對外開放）匆此奉復，順問

近安

弟
林子青　啟
一九九三年五月二十八日

---

❷德悟法師（一九二〇～）：俗姓蔣，上海真如人。十歲出家，師從上海靜安寺故方丈止文和尚。一九四二年止文和尚圓寂，遂接任上海靜安寺方丈至一九四八年，主動將「子孫制」改為「十方選賢制」。現任上海靜安寺都監。

附奉便箋，便中請轉交了中法師。

（二十二）

慧劍居士道席：

六月四日接來信，知《新譜》已出版，甚為喜慰。三民書局方面又給圖版稿費，折合《新譜》五十冊，並允寄到香港轉寄給我，尤為歡喜。我前寫信託上海靜安寺德悟、賈勁松二君（他們應了中法師之請於五月二十七日訪台，六月十一日回滬）訪台回滬時，代我帶歸三十冊，不知曾聯絡上否？

自「汪辜會談」以後，兩岸郵遞快多了，而且掛號雜誌也能收寄，往來通信日益方便，實在是兩岸人民之福！請您先寄一冊給我，以先覩為快。

《新譜》之能迅速出版，全賴居士斡旋之力，這裡讓我再次表示感謝。《新譜》出版以後，台灣各方不知有何反響？聖嚴法師近自美國來信。他所主持的東初出版社願意出版我的有關佛教文史舊稿，擬待稍暇整理，以應其請。順以奉聞，並頌

編安

林子青　手啟
一九九三年六月四日

（二十三）

慧劍居士文席：

六月十六日來信及《龍樹》第三十六期均已收到。德悟法師回滬，已將《新譜》二冊帶回（一冊為上海老友留下），弟淨得一冊，至為歡忭。您代我奉贈了中法師一冊，甚為妥善。聖嚴法師來信，謂將於七月初自美回台，您如能代我奉贈一冊尤善。三民書局既將《新譜》分批直接寄京，想不久當可收到，但該局寄港轉寄之說，恐難辦到。數十年來，有關佛教文史寫作雖已複印，但不合時宜之處，尚須細校一番，故未能急於求成。

垂老之年，想寫的文字尚多，惜精力不濟為憾。近來很想寫一篇〈鋼和泰（**Baron**

A. Von Staël-Holstein）其人其事〉，鋼和泰為俄國男爵兼博士，是世界有名的梵文佛學大家，執教北京大學時，深受胡適的知遇，不知台灣有關於他的資料否？率復順問

編安

弟林子青　手啟

一九九三年七月六日

（二十四）

慧劍居士道席：

前後兩次來信均已奉悉。因近來衰軀小有不適，致稽作復幸諒之。《新譜》先後收到四冊：二冊係德悟法師帶回，一冊為張立文先生代寄（已奉函致謝），另一冊係由香港代寄。其餘成批包寄，至今迄未收到。只得等待。

梵音寺及觀音庵圖書館，擬請趙樸老題額，弟已奉函代達，但樸老當今名人，求書者多，實不易求，且彼年老事忙，弟未敢強求，且已多時未見，更無從面懇。弟意先

生書法造詣甚深，可揮毫書之，以留紀念。

《弘一大師全集》之出版，已見《法音》七月號報導，但實際是否出齊，則無由獲悉。

《新譜》出版後，不知銷路如何？有無書評？匆復順叩

夏安

弟
林子青　和南
一九九三年八月七日

（二十五）

慧劍居士文席：

惠書已收到多日，關於三民書局寄《新譜》事，諸多費心，至為感謝。三民由香港九龍劉先生第一次寄來一冊，內附一清單，計開三十六冊，其後由「國際平刷」寄來二件，合計十六冊，但其餘久未見寄到。今接來信，知曾被香港退回，不知何故？現既由台北直接以二公斤裝掛號寄出，想不久當可寄到。

《新譜》在台「銷售情況甚佳」，殊甚喜慰，不知香港、新加坡等處佛學書局有經售否？我前致書三民楊文玄先生，謂如來年能再版，擬編一「索引」，以便讀者檢閱，但因體弱事忙，不知能編成否？

關於弘一大師是否曾參加同盟會事，我敢斷其必無。徐君謂弘一大師自述曾參加過，係想當然了。我查一九四三年馮自由（老同盟會員）所撰《革命逸史》第二集《中國同盟會史略》，並無李叔同等記事。蓋同盟會第一次會議係（乙巳）一九〇五年六月，大師於同年八月（見《新譜》）始東渡留學，時間似不可能。

《弘一大師全集》似已出版，我已收到其第八冊與第十冊，並將福建人民出版社責任編輯寄我之出版報導，刊於《法音》今年第七期。大概大陸貨運交通緊張，在山東印刷裝訂之書籍，一時未能全部運到福建，故泉州妙蓮法師所謂仍未出全也。

拙著《佛教文史叢談》❶稿件，一時尚無暇整理，加以數篇較重要的文字，尚未全

❶ 即後來的「林子青居士文集」，共三冊，書名分別為：《長亭古道芳草碧》、《菩提明鏡本無物》、《名山石室貝葉藏》，法鼓文化出版。

部完稿。便中如晤聖嚴法師，請以此意告之。時下天氣尚熱，諸希保重為幸。匆此奉復，順頌

安樂

林子青 作禮

一九九三年九月一日

（二十六）

慧劍居士文席：

九月一日奉復一信附寄剪報（上海《文滙報》）一紙，想已收到。三民書局以「海陸平刷」寄我《新譜》六包（每包六冊），共三十六冊，已如數收到。我已致函楊文玄先生道謝。順便附陳《新譜》頭緒紛繁，涉及面廣，擬編一「索引」附後，以便讀者檢閱。如明年《新譜》再版時，能將「索引」編入，似亦一特色也。「索引」為橫排，按頁碼順序，可稱〈本書人名、地名、寺名、書名、文題索引〉，如〈讚頌輯要

弁言〉一六七、〈題格言聯璧〉四一五、〈馬一浮致弘一法師書〉二五七、〈吳璧華〉一九三、〈丁鴻圖〉一九三等。

我想，「索引」會對讀者感到便利的；但工作很是麻煩。我已花十幾天時間寫成初稿，待謄清後先寄給您看看。第三十九期《龍樹》剛剛收到，以前的第三十七、三十八期也已先後收到。您對《弘一大師傳》的寫作因緣，一片苦心，令人感佩，惜我已衰老，視力欠佳，未能細讀耳。率復順祝

編安

林子青　敬啟

一九九三年九月十七日

（二十七）

慧劍居士文席：

不通音問，忽又月餘。前得惠書，知《新譜》來年有再版可能，甚為喜慰。我想

《新譜》頭緒紛繁，涉及面廣，若不作一「索引」，恐讀者查閱不便，因致書三民書局楊文玄先生。承示公司同意，在不影響封面與裝訂的條件下可補入「索引」。但漢文「索引」甚難，不像英文索引，可以ABCD，日文索引可以アイウエオ作為次第。漢文一般按筆劃為次第，頗難安排。

我想了一個辦法，稱「本書主要內容索引」（相當於詳細目次），共寫八面四張（橫排），列於書後，而加註頁數。這樣讀者可查閱文題，檢尋所欲讀之文字，如「蔡冠洛──〈閩行前一夕談〉二八九」似頗方便，不知高見以為如何？我已複印八頁（可合印四張），於昨日航空郵寄交楊文玄先生，您於便中，可向楊先生索閱，並望指教。

最近此間（十月十六日~二十一日）舉行中國佛協成立四十週年紀念及六屆佛協代表會議，全國各省均有代表參加。我藉此機會將《弘一大師新譜》若干冊分贈各省大德，受贈者均歡喜讚歎。蔡惠明居士，我亦寄贈一冊。

《弘一大師全集》八卷十冊（圖片說明略有錯誤），已全部出版，順以奉聞。匆復

順頌

編安

（二十八）

慧劍居士文席：

元月二十八日惠書，讀悉。前讀《龍樹》，知弘一大師紀念會已購得固定場所，至為慶賀。又悉居士曾赴泉州，取回大師《全集》兩套，深為欣喜。弟忝為《全集》主編，惜後數年，以病未能參加清樣校對工作，致圖片誤字似頗不少。弟尚未暇詳校，謹將所見一二誤處，另紙示奉，以供參考。

《新譜》之「基本定價」為「柒元參角參分」，不知如何換算？大陸人士似頗想讀，但苦無購處。前聞東大願為再版，不知已進行否？您說「紀念堂大致已好。……明年擬邀請大陸有關學人法師來台一晤」。此「明年」不知是今年抑一九九五年？此法會是否為紀念堂落成典禮？

林子青　和南
一九九三年十一月六日

頃據台北消息，有中華藝文活動推展協會（負責人為黃靜（女）），請聖嚴法師為顧問，擬於今年九月（舊曆）間弘一大師誕生百十五年，舉辦大師書法展覽，分別在台北、台中、高雄展出，時間大約須一個月，邀請大陸緇素參加，人數未定，不知您有所聞否？您在泉州不知曾晤圓拙法師否？弟健康情況，雖能步行，但步履稍覺蹣跚，唯眠食如常耳。匆復順候

春安

弟林子青 啟

一九九四年二月十二日

（農曆正月初三日）

（二十九）

慧劍居士道席：

不通音問，忽又數月。前得三民書局黃國鐘先生來信，謂楊文玄先生已離職他去，《新譜》存書尚多云。如此看來，今年再版，恐無可能。但據高雄友人來信，此

書該地久已脫銷，不易購求，情況不知如何？

弘一大師紀念會落成典禮，不知能如期舉行否？甚為念念。中華藝文活動推展協會發起弘一大師書法珍品展覽，籌備頗為積極，最近聞將派人到大陸與華夏文化促進會協議云。該會顧問係聖嚴法師，彼不知近在台抑在美？弟意如時節因緣巧合，屆時或能參加紀念會落成大典也。

老軀為況如常，但腿軟，不堪遠行了。《龍樹》停刊以後，一時頓覺寂寞。梵學家葉阿月女士不知近在何處執教，居士知其人否？匆此奉達，順問

近安

弟林子青 作禮

一九九四年五月十九日

（三十）

慧劍居士：

七月二十一日惠書及寄贈大師紀念堂開光照片六張，均已收到，至為感謝。從照

片看，紀念堂清淨莊嚴，且羅列大師墨跡，尤為稀有。居士願力莊嚴，多年籌畫，終於成就如是道場為音公永久紀念場所，不勝讚歎隨喜。音公早歲印存之發現，似有佛力呵護。聞天津方面擬先印刷二千冊，以為首倡。茲將七月十一日《天津日報》發表的二文奉寄，請留紀念。

頃據此間報紙轉載，台《中央日報》報導：「國際佛光會及佛光山主辦的『一九九四年佛學會考』一日在全球六大洲二百多個考場同步舉行，在台灣地區估計有十五人參加。」其弘法活動之熱心，可以想見。居士將於九月三日回蘇出席梵音寺重建開光典禮，至為歡喜讚歎，惜道遠未能前往致賀耳。

「弘一大師墨寶展」係台灣中華藝文活動推展協會出面邀請北京華夏文化促進會赴台會辦。推展協會理事長為趙俊邁，祕書長為黃靜（女），二人曾來京協議，並曾見訪敝寓及赴醫院拜會趙樸初會長。聞二人俱為聖嚴法師弟子云。關於赴台之人數及展出時間，尚未作最後決定。（或在一九九五年元旦或稍遲，亦未可知）至於展品，當從福建、上海等處商借。弟屆時或以顧問等身分參加也。

目前兩岸交通不甚通暢，能否成行，尚未可知。匆復順頌

編安

林子青　作禮

一九九四年八月七日

（三十一）

慧劍居士文席：

去冬得手書，久未奉復。因爾時忙於出國赴菲律賓，參加瑞今老法師九十壽慶，其後經廈回京，不久又赴滬參加靜安寺故持松法師佛學思想研討會，僕僕京滬道上，席不暇暖。春節以後，忽發高燒，跌了一跤，經北醫三院急診觀察，據云有心律不齊之狀，目前雖在家休養，而步履蹣跚，老態畢呈矣。去冬因台灣中華藝文活動推展協會與北京華夏文化促進會（聯繫人夏宗禹）共同發起籌辦弘一大師書法展覽會，擬在台舉行一月，弟亦被邀為顧問。中華藝文協會祕書長黃靜女士曾見訪舍下兩次，聞其後亦曾與居士聯絡，不知如何進行？

今年為弘一大師誕辰百十五週年，　貴會擬於八月間邀請海內外緇素三十人在台舉行「弘一大師德學研討會」（《弘裔》第五期報導，第三期我未收到），實為盛事。但觀邀請大陸數人中（如圓拙、妙蓮、陳珍珍等）都已是耄耋之年（妙蓮根本不能下樓），非有年輕人陪同，恐難成行。弟經此次之病，亦恐不易遠行隨喜。《弘一大師新譜》，不知曾再版否？弟衰老日甚，寫作之事，已無能為矣。

率此奉復，順頌

安樂

林子青　和南

一九九五年三月十七日燈下

（三十二）

慧劍居士文席：

前後兩函，均已拜讀。弟二月中旬病後，經醫院急診，認為有高血壓及心律不齊現象，正服藥休養，血壓似已穩定。關於赴台參加弘公書展事，已歷時近一年，其間與台灣中華藝文協會來往聯絡，多係華夏文化促進會夏宗禹先生負責，我僅負顧問名義而已。夏先生已赴廈門、泉州多次，但他最近亦患病住院多時，不知所患何病？其家屬僅謂在檢查而已。據弟所知，黃靜小姐最近又到大陸一次，聞曾赴泉州一行，具體情況，您可以打電話一詢黃小姐便知。

圓拙法師去冬不斷生病，往來福州、泉州治療，曾請人轉告我，他已不能赴台灣，連寫信也不能了。我曾去一函，未見覆音。聞妙蓮法師已不能下樓，看來也難成行。妙湛法師身體雖甚健壯，但事務繁多，工作太忙，能否赴台，弟不能肯定，大概須俟夏先生出院後始能決定。弟與中華藝文協會未曾直接聯繫，僅黃靜小姐由夏老陪同見訪兩次。今秋弘一大師德學研討會既由貴會與中華藝文合辦，想來當較為圓滿。

《弘裔》第三期已收到。梵音寺落成典禮至為隆重，蘇北地區佛法久寂，得居士大力倡導，重現光明，功德詎有涯量，曷勝歡喜讚歎。率此奉復，順頌

著祺

弟林子青　和南

一九九五年四月八日

（三十三）

慧劍居士：

不通音問，忽又多時。關於在台紀念弘一大師而舉辦其書法文物事，自去年由台北中華藝文活動推展協會與北京華夏文化促進會共同發起，由中華藝文的黃靜小姐（祕書長）與北京華夏文化的夏宗禹先生（副會長）聯絡，往來函電，不斷接洽，至今已經一年。

由於大陸人士赴台須經兩岸批准，手續麻煩，至今猶未最後落實。而夏宗禹先生因僕僕風塵，竟患疾病，自前月入院檢查，仍未確診。近又易地療養，至秦皇島依氣功治療。據他前月來電見告，其病非數月所能治癒，他已不能前往台灣。弟本抱隨喜之心，向未直接聯絡，亦不知「中藝」為如何組織；且自去冬赴菲參加友人祝壽回來，健康情況亦不甚佳，故亦不甚致意此事。

頃聞居士曾致電妙蓮法師，詢問圓拙法師能否前往？他已回電，明確表示因病不能前往。而「華夏」方面仍未放棄此事，聞改由王道口先生代替夏老，繼續進行。本月十四日，曾陪上海劉雪陽先生❶來訪，據云，劉君有部分大師墨寶藏於其妹處，其妹隨夫居內蒙某地，特往洽取。囊承居士厚愛，介紹戴嘉枋先生陪弟同行，昨又得天津李莉娟居士打來電話，她說得居士之囑，請她陪同照顧，種種費心，感謝無盡。但不知近來台灣進行情況如何？便中希見告一二。專此順訊

近安

弟林子青 作禮

一九九五年五月三十日

舍間電話為北京「〇一〇：二〇一〇三一一」。

再者，前承惠賜《弘裔》第五期，為「華夏」王君取去，乞再惠賜一份，以便保存，至感。

附告：近承友人寄贈陳星所著（山東畫報出版社出版）《天心月圓——弘一大師》一書，頗為通俗，不知尊處曾見到否？此書雖介紹頗為全面，但似未見《新譜》。

---

❶ 劉雪陽：弘一大師在浙江第一師範教書時的學生劉質平之子。

（三十四）

慧劍居士文席：

上月接手書，以瑣事牽纏，遲未奉復，至歉。弟因視力衰退，步履蹣跚，能否赴台參加盛會，一時未能決定，故不敢奉函致意。自夏宗禹先生於五月二十一日逝世，一時失去負責人，現由王道□先生繼續負責，與台灣方面黃靜小姐直接聯絡。想尊處當已知悉。現中華藝文邀請人數大約十人左右，展品業已準備就緒。弟承華夏懇約，只得忝列末席。

關於旅途照料，前承居士特託戴嘉枋先生及李莉娟居士負責，諸多費神，感謝無盡。弟當時以未能赴台，皆謝絕之。今既決定隨喜，華夏當能照料，請放心。晤面非遙，至為欣喜。聖嚴、了中二法師，便中請以電話代達為感。

《弘裔》第七期已收到。居士對於音公紀念「德學研討會」籌備工作，可謂盡善盡美，不勝感佩。

近日北京電視連續劇製作中心已開拍（在天津），徐星平編劇、馮霞導演之《弘一大師》劇本十八集。該劇本經友人介紹，曾請弟過目。徐氏根據其所撰小說《弘一

大師》一書編寫，為迎合通俗趣味，多偏重愛情故事。不知後果如何？溽暑揮汗，未能盡意。率此順頌

著安

弟
林子青
一九九五年七月二十四日

致瀟帆（一通）

瀟帆女士：

十月十八日惠函及〈為翁父陳耀東申訴〉文稿和一九〇六年留日前合拍家照，我已收到。對鄉先覺陳耀東先生之革命與忠烈事蹟，深為敬仰。典誠先生謂不佞與尊翁父「知遇頗深」，恐係記憶之誤。查陳烱明率粵軍入漳及其離漳時，不佞尚在孩提之年，與先烈陳耀東先生從未謀面，無由知其事蹟，余童年即離漳赴廈，其後浪跡他鄉，垂數十年。建國以後來京工作，亦已近四十載。

然細讀〈申訴〉文字，得知陳耀東先生係一九〇九年汀漳龍師後學堂教師，是中共漳州黨的創建者，一門忠烈，不勝敬仰。讀申訴書，使我得知故鄉數十年前之革命歷史。

又，不佞為中國佛協常務理事及研究員（已不上班），非祕書長，理應更正，今後切勿以此相稱，以免冒職之嫌。

您以長媳身分能為翁父正名，而無證人。聞今中央彭沖同志為早年在漳從事革命（又作漳州過去革命運動史實），或有所聞，能否請他幫忙？專此奉復，並祝安康。

林子青

一九九一年十月三十一日

致林雪等（一通）❶

溪文甥
（林雪妹）
（蔡雅妹）：❷
木榕甥

久未通信，時以為念。今夏我患腦病住院多時，今雖痊癒，仍不良於行。冬天又到，特匯二百元，請交你母，以助家用，收到回信。

林子青

（編註：約一九九一年底）

❶此信錄自底稿，實際上是分別寫給「溪文」和「木榕」兩位外甥，內容完全相同。

❷「林雪」為作者胞妹，幼時因母早逝而給了別人家；「溪文」姓蔡，為林雪的兒子；「蔡雅」姓林，是作者幼年時，其父為其所訂之童養媳，後來作者離家出走，林蔡雅嫁給了他人；「木榕」是蔡雅的兒子。蔡雅後來雖嫁他人，但始終侍奉作者的父親，直至老人去世，並將其靈位供奉在家，作者為此感恩不盡。

致足羽與志子、王達偉（一通）

足羽與志子、王達偉先生：

我很高興地接到你們的來信。知道你們已有一個可愛的女兒降生，本当におめでとうございます。你們的家庭是幸福的，有了女兒以後，一定會增添溫馨和歡樂，讓我為你們祝福罷！

你們的女兒取名「貴和子」，是愛好和平的象徵，為了中日的友好與世界的和平，實在太有意義了。我們希望將來有機會能看見她。今天正是你們的女兒誕生的第二個月的日子，讓我再次為她的健康成長而祝福，並祝你們的家庭幸福繁昌。

你們的友人林子青

一九九二年一月八日北京

致何澤霖❶（一通）

澤霖居士道席：

久疏音候，時切馳思，頃接賜寄《徧行堂集》共兩包，至為感謝。該集印刷精美，惜無標點，一般讀者不易斷句。弟藏有扶輪社版《徧行堂集》一部（內容與此相同），係有光紙印刷，極易脆破，弟久有標點並加略註交廣州有力緇素刊行之願，惜未實現。《徧行堂集》十六卷係續集，尚有數卷前集（非正集）係木刻版，僅存殘卷；前數年，佛教文化研究所以巨金購得，今聞在趙樸老處，弟久欲借閱，而未如願。鄙意如志蓮圖書館宏勳法師能函請樸老將該前集殘卷複印一份，寄港複印以成全璧，功德實為無量。願居士若赴港時，與宏勳法師言之，當必歡喜讚歎也。

❶ 何澤霖：福建人。時在廣東東莞開一製衣廠，多年來訂購念佛機、佛書及海外各種佛教書刊，免費寄贈許多學佛者，是位虔誠的佛教徒，亦是作者的同鄉好友。

數年前，赴粵旅遊，居六榕寺，承雲峰法師見示，澹歸禪師手卷一軸，以寸草書寫律詩十餘首，書法優美，近始由廣州文管會發還六榕寺保存。倘能攝影製版，一併刊入前集殘卷，保存稀有文獻，功德豈不大哉。

澹歸禪師為清初高僧，在粵仁化創丹霞山別傳寺，詩文道行，為世所稱。弟早年讀曼殊《斷鴻零雁記》記丹霞山遺跡，即心儀其人。數年前遊丹霞山，欲訪問其遺跡，江山依舊，惜遺物了無可尋，以為恨耳。

弟上月因用腦過度，右耳生帶狀疱疹，引發多發性腦梗塞，入院治療已將一月，經種種治療方法，近始小癒。弟所住北醫三院離家甚近，頃因小女來京侍疾，此書由彼代筆，故回略陳如此。病中困劣，未能盡意，諸希諒之。匆此奉聞，順頌安樂。

林子青

一九九二年五月十七日

致繼聲法師❶（一通）

繼聲法師：

上月奉寄拙稿〈喜讀「馬一浮遺墨」〉與《南洋佛教》，並託向妙燈法師轉告我的病況。承您迅即轉達，至為感謝。妙燈法師已有信來，殷勤慰問，備極關懷。我的病況雖日漸好轉，但腦力衰退，且不良於行。

澳洲佛教情況，各方向少報導。去年小女林志明因公出差澳洲，我囑她訪問雪梨（悉尼）華藏寺和藏慧法師以及他們的建寺弘法活動情況。她已寫了〈澳洲佛教的星星之火〉❷一文，我大略看了一遍，覺得介紹還算全面，只是文字稍微冗長一些。但對於想瞭解澳洲佛教情況的人還是有幫助的，如能採用，務請大力修改。她是專攻英

❶ 繼聲法師：時任新加坡《南洋佛教》主編。

❷〈澳洲佛教的星星之火〉一文，後來在《南洋佛教》刊出（一九九二年某期）。

文的，對佛教還不大在行，難免有說錯之處。

令師竺摩法師❸是我的老友，別後數十年，前幾年在京宴會時雖曾見一面，未及傾談。近聞在閉關閱藏，或因通書，乞為我道念。匆此順祝

編安

老朽 林子青 合十

一九九二年八月二十八日

❸ 竺摩法師：駐錫馬來西亞，早年與作者在閩南佛學院曾是同學。

致黃克良❶（三十五通）

（一）

克良居士道鑒：

奉別不覺二載，時以為念。頃得大札，知前年拙撰《弘一法師傳》，得廣安法師喜捨淨財，已於九月間刻石完成，至為喜慰。居士參與籌辦此事，誠功德無量也。

承告圓拙法師應邀赴印尼訪問，不知已回國否？至為念念。《弘一法師全集》十冊，聞已於上月在泉州舉行首發式，居士不知曾參與勝會否？我處迄無消息，亦未見函告，殊以為念。匆此奉復，順候

近安

❶黃克良（一九三七～）：福建泉州人，虔誠的佛教徒，圓拙老法師的皈依弟子。曾任泉州市弘一大師學術研究會理事。

林子青　合十
一九九二年十月二十一日

（二）

克良居士道席：

惠寄《弘一大師傳》照片，春節前已收到，至為欣喜。今後詣塔人士於大師生平當有所知。仁者功德，詎有涯量。拙老自印尼歸後，曾來信欲派人來京，接我回閩過冬，盛情深為感謝。惜老軀自去夏病後，尚未完全康復，未能應命耳。然思鄉之情固無時已也。

大師《全集》至今尚未全部出版，去秋在承天寺舉行首發式，只為敷衍海外出資人士，其不隆重，誠如尊見。廣欽佛教圖書館，既已落成，不知正月中旬果能正式開館否？久不得拙老手書，不知近狀如何，至以為念，便中請代致意。

近見《人民日報》海外版報導，泉州市政建設有一日千里之勢，聞之歡喜不置。匆

復順祝
春安

林子青　手復
一九九三年一月三十日
（舊正月初八日）

（三）

克良居士道鑒：

承惠寄佳茗兩盒，已收到，至為感謝。拙老久未來信，不知近況何似，至為思念。廣欽圖書館，不知已正式開放否？

《弘一大師全集》，前云有來京舉行「首發式」之說，至今毫無動靜，不知何故？且印刷裝訂皆不甚理想，海外大德費巨大財力，而獲得此結果，殊慚愧也。

近來閱《人民日報》海外版，時見有關閩南建設之報導，尤以泉州建設之成就最令人鼓舞。漳泉鐵路不知已開通否？報上消息，大抵說得快，做得慢。今年元宵泉州南少林拳盛會，極一時之盛，僅能於電視中見之。閩廈高速鐵路亦已見報導，不知何日見諸實施耳。匆復順頌

四時吉祥

林子青　手上

一九九三年二月十七日

（四）

克良居士道席：

來信已收到多日，承圓老垂念，並見告泉州各種情況，至為喜慰。承圓老殷殷勸請，弟亦深念泉州諸故人。本應於春暖時候，回閩一行，藉與諸友話舊，共敘晚年情景，一因腳力猶未全健，二因今年全國佛教代表大會將於八月間在京舉行，一時未能抽身。盛情厚意，唯有銘感而已。

三月二十一日，中國佛協於北京友誼賓館召開六屆佛代大會籌備工作座談會，到有趙樸老及有關主要工作人員，我亦得列末席。大會大體定於八月間召開，年老的理事等將退下去，改選年輕的一代，另設諮議委員等。

廣洽老回國的事，早已聽說。他今年已九十四高齡，且說話也不清楚，遠道跋涉，所為何事？令人不解。率此奉復，順叩

近安

林子青　作禮

一九九三年三月二十四日

（舊三月初二日）

泉州元宵節舉行南少林武術節，我也接到請帖，以事未能參加盛會。但在報上和電視上已大略看到。承見告情況，我亦分享快樂。又及

（五）

克良居士道席：

久不通信，時在念中。頃自法源寺中國佛學院轉來您送我的「武彝清源茶餅」四盒，拜受之餘，至深感謝。離別鯉城三載，時從《人民日報》海外版得悉，泉城建設，近年突飛猛進，深覺有同喜也。我自去夏病後，精神大不如前。故去冬圓老請我赴泉過冬，未能成行，深負圓老盛意。今冬菲律賓如滿法師圓寂十周年紀念，邀我赴泉與諸道侶參加赴菲旅遊，亦以步履不便，未敢貿然前往。圓老道體不知近來如何，深以為念。據佛教刊物報導，圓老數月前曾赴福州參加戒律學習班，想步履仍甚健也。

拙著《弘一大師新譜》近由台灣東大圖書公司出版，不知台灣欽老徒眾曾請購送至廣欽佛教圖書館否？您如到承天與圓老晤談時，請代問好。匆此，順頌

安樂

林子青　和南

一九九三年九月三十日

最近泉州佛教動態，便中請見示一二。廣洽老回星洲後，不知道體如何，念念。

（六）

克良居士道席：

元月二十五日賜函及賀年畫片與圓拙法師在清源山頂禮弘一大師塔照片，均已收到，又承告圓拙法師垂念之意，至為感激。

去冬十月中國佛協在京召開六屆佛代會議，陳珍珍居士由其妹陪同來京出席，曾獲晤談。會後陳居士回泉，我曾託她帶《弘一大師新譜》一冊，送給承天廣欽佛教圖書館公閱，許久未見拙老回信，我想大概是到香港參加大佛開光去了。

十二月十五日，我又寄一信與《新譜》（掛號）一冊予圓老，收到與否，未見回信，至以為念。

《弘一大師傳》，得廣安法師施助，得以刻石承鎮名山，居士功德，誠不可思議！又承見告泉州各寺廟情況，至為喜慰。慕西寺與同蓮寺，廣淨師已施資修葺，作為菜堂已夠莊嚴，現又拆除重修，似乎太費財力。今日佛教不在缺少寺廟，而在缺少人才。福建省佛協與廈門市佛協，會長同是一人；鼓山與南普陀住持也同是一人，可見人才缺乏，且多是耄耋高年，實前途之隱憂，不出十年，佛教之衰微，可預卜也。

承天觀嚴師❶等十餘人，為參加菲律賓如滿法師圓寂十週年法會赴菲旅遊，想早回泉，不知情況如何？前承天寺向北京《法音》流通處請購（已付款）五百羅漢圖像，不知已收到否？請居士便中代為一詢，如未收到，我當代催。

圓老近日道體不知尚健康否？（見照片，似頗健康）至為繫念。希望善自珍攝，為法保重。承邀赴泉，重遊舊地，固我所願；如賤體健康許可，定當前來，與諸善知識話舊也。但一九九四年元宵開元寺盛會，恐尚無勝緣。開元弘一法師紀念館，前聞有擴建加高計劃，不知能付諸實行否？

新加坡廣洽、廣義二師情況（前聞二人均因病入院），不知泉地有所聞否？如有所知，乞示我為盼。今年菲律賓瑞今老法師九十大壽慶典，不知泉地有人前往參加否？拉雜寫此，未能盡意。順頌

春節安樂

❶觀嚴師：時任泉州承天寺監院，現已八十多歲，患中風。

林子青 作禮

一九九四年二月四日文春

賜教仍寄晴冬園三號樓八〇一室。

圓老請代致意。

（七）

克良居士道席：

郵匯十元及正月初三日惠書，均已收到。《法音》第一季度各期，已託人代訂，茲奉收據，乞督收，尚餘數元，暫存敝處。今後，少數之款，無勞郵匯，請來函囑辦可也。承示泉州諸寺新況，實所欲聞，至深感謝。拙老盛意見邀，殊為銘感，但諸事牽纏，未能如願耳。

拙老近日亦有信來，知精神尚佳，至慰。台灣陳慧劍居士在台北購一層樓為「弘一大師紀念堂」，今秋將舉行落成典禮，並展出大師遺墨（聞在香港曾購得墨寶數十件），來信想邀請有關緇素訪台，不知拙老能前往否？又台灣有一團體，名為「中華藝文活動推展協會」，擬於今秋大師百十五年誕辰，請大陸人士赴台舉行大師遺墨展覽，亦想請拙老參加，不知能滿其願否？聞今秋瑞今法師九秩大壽，擬邀大陸大德真禪、明暘等赴菲致賀，不知泉州有所聞否？

陳慧劍居士去冬至泉，請得《弘一大師全集》二部，他想購買墨跡，未遂其願云。五百羅漢圖像，已代催問，尚未得復。拙老晤時，請代致意。匆此順祝

新春吉祥如意

林子青　啟

一九九四年舊正月十四日

（新曆二月二十三日）

（八）

克良居士道鑒：

來信早已收到。幾張佛像照片我看不懂，不能說什麼，抱歉之至。觀嚴師訂購之

見告。「五百羅漢圖像」，佛協聞已寄出，便中如至承天，請告訴觀嚴師，如未收到，再來信

圓拙老於三月十九日到京，參加佛協會長擴大會，我於翌日往訪於友誼賓館，晤談甚歡。二十二日我與友人陪他參禮京東懷柔縣紅螺寺，頂禮印光法師舊居，往返百餘公里，道路甚佳，當日返京。二十三日晚，拙老即乘班機到福州，近日想已回泉州承天寺了。廣洽法師往生，承詳告，甚感。

南俊街拓寬工程不知已完畢否？廣欽佛教圖書館正式開放後，閱者想甚踴躍，俱在念中。拙老問我何時赴閩，盛意至感。但我諸事未了，難以遠行耳。匆復

順利　康泰

林子青　上

一九九四年三月二十七日

（九）

克良居士道席：

久未通信，時在念中。近維尊體安康，諸事如意，為頌無量。上月拙老來信，謂欲赴福州治病，並得星洲廣餘法師信，謂承天寺修建「會泉宏船紀念堂」，要我寫篇緣起，介紹二公事蹟（寫好寄予王今生居士勒石）。我曾寄拙老二信，請問未知數事，未得回信，想猶在福州。近聞來京人言，拙老已回泉州，且精神甚佳，至為喜慰。昨日友人夏宗禹先生來電話說，赴閩為聯繫到台灣展覽弘一法師書法事務，他將回京時，據說拙老曾送他到廈門住二日，可見行動尚無不如意，實為可喜。

〈會泉宏船紀念堂緣起〉一文，我已寫好（分別介紹二老事蹟），約四千字左右，並複印二份，預備一份寄星洲光明山廣餘師，一份寄泉州圓拙法師過目，再交王今生居士。繼聞廣餘師最近回泉，而星洲光明山已易主，他回南洋以後，恐不住光明山，而去檳城妙香林。故我寫好的〈緣起〉一文，暫不寄去（恐收不到），而將寄拙老的一份〈緣起〉寄往承天寺。請居士便中到承天與拙老晤談時，代為斟酌文字是否妥善？又廣淨師回閩要替廣洽老建塔，一在清源山與弘公之塔並排云（如此安排，是否妥當？

請與拙老商之）。

草草奉達，未盡欲言。順祝

近安

林子青 作禮

一九九四年五月十九日

（十）

克良居士道席：

前承惠函及郵寄《會泉法師紀念刊》與李阿彌居士撰〈宏船法師舍利塔碑銘〉複印稿，均已收到，至為感謝。事冗未及即復，希諒之。

我所撰的〈會泉宏船紀念堂緣起〉，亦已複印二份，一份寄新加坡廣餘師，一份寄泉州承天寺拙老，想都已收到，但至今俱未得回信，不知何故？阿彌的〈碑銘〉似嫌稍長，我所撰的〈緣起〉，極力縮短，不超過一千字，不知能合用否？

拙老的道體，想甚康泰。唯久未得其手書，以為念耳。赴台舉辦弘一大師書法珍品展覽，台方曾派負責人員來京協議，大體已經決定。沈繼生先生，經陳珍珍居士推薦，甚望能參加赴台展出，頃因重要主持人夏宗禹先生赴滬杭徵求展品，尚未回京，我無從著力。頃讀《法音》五月號居士所寫〈泉州市舉行洽老示寂追思會報導〉，甚為詳細，至佩。我也寫了一篇〈緬懷廣洽老法師〉，聊表悼意。

專此奉復，順頌

道安

林子青　手啟

一九九四年六月十二日

順候圓拙法師。

（十一）

克良居士：

來信讀悉。承示泉南佛教情況，至為喜慰。廣範❶、廣淨二師，近月曾先後來京，屢有晤談之樂。今次郎森源居士皈依廣範法師，結清淨法緣，殊為可喜。弟衰老日甚，步履維艱，而又瑣事雜沓，頗以為苦。今冬瑞今老法師九十大慶，令郎為祝師公之壽，書聯致賀，誠勝緣也。囑以「瑞今」二字撰一「冠頭聯」，頗苦難於構思。無已，勉擬一聯如下。是否可用，請卓裁。

瑞氣踵閻浮提，一切天人皆歡喜；
今生具壽者相，無邊福德自莊嚴。

❶ 廣範法師：少年時在福建南安雪峰寺出家。曾任菲律賓信願寺監院、菲律賓納卯市龍華寺住持。為瑞金老法師之徒，二〇〇四年四月二十三日圓寂於洛杉磯雪峰精舍。

上下款請書寫者決定之，其餘未能遵辦，至為抱歉。拙老亦有信來，當另復之。聯句不必寫中堂，可購一紅對聯書之較為合適。匆此奉復，順候

夏安

林子青　作禮

一九九四年六月三十日

（十二）

克良居士：

來信收到。關於承天的〈會泉宏船紀念堂緣起〉文字，據我的通信記錄，曾於今年五月十九日寄予圓拙法師，囑他轉交王今生居士。五月二十一日，我又將原文〈緣起〉寄給新加坡廣餘法師，並請他複印一份交《南洋佛教》發表。現在請圓拙法師再找找看，實在找不到，再請廣餘抄寄，我手邊已找遍，也找不到（拙師來信說他中秋回泉，可一問他）。

我現在衰老日甚，眼力精力大不如前。前月妙因法師要回國（南京美術館）開書法展覽（夢東禪師山居詩），請我作序，我也未能照辦，實在失禮之至！現在連信也懶得動筆了。寫到這裡，接到您的電話，知拙老已找到該文，我心頭好像一塊石頭落地，非常高興。匆此奉復，即候

近安

林子青 謹復

一九九四年九月十七日午前

台灣之行尚未有期，大概要推遲到陽曆一九九五年元旦或春節。

近日夏宗禹先生赴杭州接洽印經，尚未回京。

趙樸老仍住醫院療養。我的赴菲旅遊護照已領到，但尚未簽證，廣範法師大概中秋節到滬，越日來京辦理赴菲簽證。（上海請打水陸的人仍四十人）

（十三）

克良居士道席：

久不奉候，時切思念。弟於上月二十八日自京經廈至馬尼拉，參加瑞今老法師九十壽辰慶祝（十一月十三日），盛會空前，得未曾有。瑞老法體清健，步履輕快，令人起敬。弟於本月十七日自菲抵廈，本欲赴泉一行，因聞拙老赴省開會，遂未果行。已於二十一日回至北京，諸事順遂，堪以告慰。並乞代告拙老。

茲有懇者，南洋來信，囑寫轉道和尚塔記。寄來材料，謂道老係南安桐林鄉人；但我看過太虛法師（海潮音文庫（三））與寂英所寫傳記，道老係晉江人，不知桐林鄉在晉江，抑在南安？請居士為我問之。又拙老在榕開會（換屆）後回泉，近況何似，並希賜告，以慰遠念。匆此順問

道安

林子青　敬白

一九九四年十一月三十日夜北京

回示仍寄海淀區塔院晴冬園。

（十四）

克良居士道鑒：

元月二十二日來信，早已收到。關於轉道和尚籍問題，承多方探詢，至感。今年元宵節泉州將舉行文化藝術節，圓老請我前往觀賞，感謝無量。惜近來不良於行，恐難如願。

圓老胸部悶痛，當靜養為是。趙樸老近亦患此病，聞胸間正動手術，裝上心臟起搏器，效果還好。圓老高齡，不宜時常長途跋涉。泉州不知有人侍疾否？商人重利，巧立名目，以「佛酒」為名，無足為怪，想無大影響，聽之可也。會泉、宏船紀念堂碑已盡量壓縮，若不超過五百字以敘兩法師歷史，恐難盡意。觀嚴法師輕微中風，前夏老（宗禹）自泉回京，已聞悉。便祈代候。眼花未能詳復，即祝

春安

林子青　作禮

一九九五年二月六日夜

圓老道體，請多保重，以慰遠念。

（十五）

克良居士：

上月得手書，承詳告圓老病狀，至為繫念，不知圓老近在泉州，抑赴福州？我上月給圓老信，迄未見復，益增念慮。我自二月中旬急病，經北醫三院急診，照心電圖，打點滴，數日出院，近在家休養；唯足部沉重，步履蹣跚，老態畢呈，恐不易恢復往年神態。昨見台灣出版之《弘齋》（雙月刊，主辦人陳慧劍，組織有弘一大師紀念會）定今年八月初旬十日間在台舉行「弘一大師德學研討會」，邀請海內外緇素三十人參加，中有圓拙、妙蓮、陳珍珍和我四人名單，照目前情況看來，我們恐難成行。圓老座前，請代問安，並將其情況示知為感（人到老年，念舊彌深，與圓老有同感也）。匆此奉聞，即訊

近安

林子青 和南

一九九五年三月十六日

關於會泉、宏船二老紀念堂緣起，因係二人歷史，縮短為五百字，恐說不清楚。

（十六）

克良居士道席：

二月下旬我寄圓老一信，迄未見復；三月中旬，我又給您寫了一信，詢問圓老健康情況，亦未得回音，至為繫念。我的健康情況，亦不太好。雖能走路，而步履蹣跚，不能遠行。最近故廣洽長老舍利塔在廈門南普陀後山普照寺旁落成，其門徒等將奉遺骨回廈入塔。廣淨法師本邀我回廈參加觀禮，順赴泉州與諸故舊晤談，稍慰多年闊別之思，亦以是未能成行，此心殊耿耿也。

我與圓老俱是耄耋之人，他握筆寫信困難，我亦有同感。昔蘇東坡詩云：「嗟余老矣百事廢，欲尋舊學心茫然。」廈門蔡吉堂居士，今年已九十一歲，終日臥床，生活已不能自理。老病之苦，於今俱嘗。我託三寶加被，眠食雖尚能自理，但頭腦遲鈍，苦於用心為文，所欠各方文債，已無法清還。古人有言：「歲月不饒人」，今始信之。圓老近況如何？便中乞代問安，泉州佛教情況，並望賜告一二。

夜靜寂寥，握筆書此，不覺冗長。率此並祝

近安

開元妙蓮法師❶健康情況，便中乞示及。

林子青　和南
一九九五年四月十二日夜

（十七）

克良居士淨鑒：

四月二十六日來信及語言函授學校畢業證書，均已讀悉。日前得妙蓮法師手書，曾提到仁者往訪之事，又承見告泉州近月佛教情況，至為詳盡，殊為感謝。看妙蓮法師來信，他說將與其侍者傳業師同赴台灣，展出弘一法師書法文物，觀其書札筆法，有類蠅頭小楷，精力似還不錯，但聞他已不能下樓活動，而能出門遠行嗎？

❶ 妙蓮法師：早年曾為弘一大師侍者。曾任泉州開元寺住持，一九九九年圓寂。

關於台灣紀念弘一法師文物展覽，最初由台灣中華藝文活動推展協會（負責人黃靜小姐）與北京華夏文化促進會（負責人之一夏宗禹先生）接洽，函電往來已近一年（內定他任團長，赴台展出，請我擔任顧問）。近來夏老患病住院治療（病似頗麻煩），至少須三、四個月，始能出院。他已打電話給我，明確表示他不能去。這樣我也不想去了。何況我去年赴菲參加瑞今法師九十壽慶，回來又生了一場病（曾跌了一跤），血壓不正常，諸事懶為。健忘係常事。

圓老道體安穩，眠食行動如常，至為喜慰。其他情況乃老人常態，無足異也。九月間，廣洽老舍利塔在清源山落成，圓老問我能否前往參加，我想如不去台灣，且健康許可，或能回閩一行，與圓老晤敘也。

傳芬師❶赴菲，住納卯龍華寺，其地環境幽靜，她主辦一幼兒園，頗有生氣。最近

❶ 傳芬師：俗名錢玉秋，曾在上海市佛教協會工作，後被派協助作者整理有關《弘一大師全集》資料。後在妙清寺出家為尼，禮廣範法師為師，並隨師至菲律賓納卯龍華寺主辦一幼兒園。數年後還俗回國。

應大陸教委之邀，隨菲律賓文教團體（二十多人）到廈門集美學校參加「幼師培訓班」三星期，四月六日至廈，曾赴泉一行，上月三十日經滬來京，探視我病，已於今日（二日）取道廣州回菲。匆匆奉復，即候近安，並祝如意吉祥。圓老請代問好，或以此信示之。

林子青　手啟
一九九五年五月二日夜

（十八）

克良居士道鑒：

五月十三日來信已收到多日。知圓老法體行動自如，眠食正常，至為喜慰。又悉弘一法師紀念展覽事，他已決定不赴台參加。關於妙蓮法師健康，早有所聞。陳慧劍居士既想請他去，又送來輪椅，他想帶侍者傳業隨行，看來他是想去的。但您說他的「展品係其私人藏件」，不知真相如何？

據我所知，去年夏宗禹赴泉時，接洽展品，係指泉州弘一法師紀念館之公物，若私人藏件，一定無多，無勞遠借。承轉告：圓老希望我今秋如不赴台，廣洽老舍利進塔時，蒞臨參加，此事固我所願。但我赴台與否？今尚難定。華夏文化促進會已將我身分證寄去，由台灣中華藝文協會申請，尚在進行中。陳慧劍居士將請弘一法師在俗孫女李莉娟陪我前往。

請轉告圓老，昨日新加坡演培法師偕其女徒寬嚴等到北京，曾見一面，略談而去。雖能行動，精神似不甚佳，聞今年亦七十八矣。想係圓老舊識，故以奉聞。又瑞今老法師定於六月一日由其徒廣範法師陪同，將赴新加坡光明山任住持（掛名性質），妙燈佛總主席已退位，由隆根繼任云。匆匆奉復，順問

近安

林子青　手啟

一九九五年五月二十三日

（古四月二十四日）

（十九）

克良居士淨鑒：

不通音問，忽又多時。上月友人女醫師范小蘭赴閩，曾託她至承天寺探問圓拙法師，聞他赴榕治病，未獲晤見，不知圓老近在泉州，抑在榕？便中請示知（最好能示我數行）。上月廣淨法師率團朝五台山，順道來京看我，得知廣洽老之塔定於舊九月初三日落成，請我回閩隨喜。我看情形，尚未能定。

蔣文澤老居士不知尚健在否？聞承天廣欽圖書館葉四遊居士已逝世，為之悼惜不已。圓老道體，不知尚健康否？高年不宜遠道跋涉，請常住承天為宜。妙蓮法師聞上月曾赴東山，為某寺奠基舉行法事，想已回泉。年老常念故人，江山遠隔，未易晤談，唯有馳思而已。率此，順頌

輕安

林子青　合十

一九九五年七月九日

（二十）

克良居士道鑒：

久不聞圓拙法師動靜，不知其道體健康如何？（不知近日在泉抑在榕？）至為念念。我於八月十日，與華夏文化促進會（全部十二人）諸同仁，前往台灣台北市，參加弘一大師書法真跡文物展，十二日開幕，二十五日閉幕，主辦單位為台灣中華藝文活動推展協會。開幕以後，每日參觀者達數千人。此次泉州去者為陳珍珍居士及其姪女陳篤聰、吳松柏（佛協）、黃利禾（宗教局）四人。我此次在台灣僅十日（八月十日赴台，二十三日回京），終日忙碌。幸得見舊友印順法師等，不負此遊。

聞居士搬家，遷居承天寺附近，故此信寄承天寺轉。我今視力衰退，腳步無力，不能遠行。便中請將圓老近況及居士興居勝緣見告，以慰遠念。匆此順頌

安樂吉祥

林子青　合十

一九九五年九月九日

（二十一）

克亮❶居士道鑒：

四日惠書奉悉。知有喬遷之喜，且經營「好孩子玩具店」，想生意必甚興隆。承見告圓老健康情況，至為欣慰。記憶力大減，亦老年人正常現象，如能眠食正常，即無問題。我於八月十日赴台灣參加弘一大師書法文物展（展況甚盛，每日均數千人，有乘飛機自南部來觀者）。二十三日回京，步履即不甚如意。近日北京宗教文化出版社出版幾種高僧年譜，我在台的《弘一大師新譜》係直排繁體字（定價較貴），該社改為橫排簡體字，國內購讀較便。全部二十餘萬字，近日我正校對清樣，錯字頗多。日前持松❷（泉州）打來電話，知廣淨法師已回泉，他也希望我回泉參加洽老靈骨進塔。素承圓老厚愛，我亦極想和他面談，樂說往事。大覺寺落成開光，我也希望能參

❶ 克亮：即「克良」，漳州話「亮」與「良」同音，作者時有寫錯。

❷ 持松：姓吳，為一居士，其父與廣淨法師過從甚密。

加。令郎森源欲賀大覺寺落成，囑寫一聯，我雖老兼忙，勉強做了一聯（冠頭聯），茲敬錄奉上如下：

大眾熏修，同登佛地；
覺音流布，普利人天。

不知合用否？

我希望於十月（陽曆）二十四日自京飛廈轉泉，單獨一人難行，小女又赴澳洲（其女在澳）探親，只得請我老伴同行。除大覺寺落成外，又參加洽老靈骨進塔及清源山為弘老掃塔，然後參加「弘一大師學術研討會」。如此一連串活動，不知能如願否？率此奉復，順頌

秋安

林子青　合十
一九九五年十月十二日

圓老如在泉，請代致意。

附告：

1.我在台曾晤印順法師。

2.常覺師❸在台將回泉時，曾於環亞大飯店一晤。

3.蔣心峰居士及心理師❹二大德圓寂，不勝悲悼。

4.近日又接到上海兩份請帖：一為靜安寺真禪法師八十壽慶；一為應慈法師（華嚴座主）圓寂三十週年紀念。因時間都在十～十一月間，無法分身，只好不去。

❸ 常覺師：原住泉州崇福寺，後去了新加坡，圓寂已近十年。

❹ 心理師：泉州承天寺一位法師，已圓寂。

（二十二）

克良居士：

別後不覺旬日，時以為念。此次赴泉，參加各種盛會，得與居士小聚多日，深受照拂，真是感謝無盡。同時又從你的談話中知道泉州佛教人際關係的許多情況，使我增加許多知識。

圓拙老法師近日不知已回泉州否？至為念念。福州至泉州之間，汽車往來需五、六小時，老人不堪長途勞頓。我希望承天寺能為他老改善居住條件，使老人怡然度過晚年。此意望與觀嚴師等道之。圓老前此在連江病況，想已平復。便中時惠好音，以慰遠念。匆此順問

近安

林子青　和南

一九九五年十一月二十五日

（二十三）

克良居士：

回京後，曾奉一函，想達尊覽。轉瞬又已月餘，想諸事如意，圓老不知曾回泉州否？其健康情況如何？至為懸念。我於十一月二十日自廈門回到北京，不覺亦一月矣。每憶在泉時，諸事多蒙照拂，至為感謝。廈門南普陀寺方丈妙湛法師月初因病來京診治，經名醫會診，斷為肝癌，且屬後期，群醫束手，唯每日靠打點滴度日，見者為之寒心。妙老不得已，於本月中旬帶病回廈。今日接南普陀打來電話，不幸說：妙老已於昨（十九）日在南普陀圓寂。法門寂寥，又喪斯人，豈不可惜。匆此奉聞，並頌

冬安

林子青　手書

一九九五年十二月二十日夜

（二十四）

克良居士道席：

一九九五年十二月二十八日來信，今年一月四日收到。知居士曾往武漢一行，忙碌可知。承見告圓老病況，除脊柱骨痛外，其他血壓心臟並無問題，但脊骨痛，乃老年人常見之病，不足慮也。

妙湛法師病重時，圓老特地驅車往廈探視，勞累可想。廣淨法師於十二月二十六日參加同蓮寺落成慶典，二十七日因心臟病送往醫院急救，至今昏迷狀態。居士來信係十二月二十八日，則淨師昏迷狀態已歷時七日，不知近日情況如何，至深繫念。請居士以電話或「郵政快遞」見告，以慰遠念。

我接到您電話後，曾寫一信，寄同蓮寺梅珍居士轉送，迄未見復，益深掛念。

老體近日粗安，但天寒未便出門耳。

居士熱心為法，殊堪敬佩。率復順祝

新年闔家如意吉祥

林子青　手啟

一九九六年一月六日夜燈下

（二十五）

克良居士道席：

來信已收到多日，舊曆年終特忙，遲復為歉。承示廣淨法師病狀，至為懸念。老年人中風，右肢癱瘓，一般似可用針灸治療，弟數年前病後，即請針灸大夫（北方稱醫生為大夫）治療，歷時一、兩月，頗見效，不知泉州有此醫生否？便中請向照顧病者建議，可否用針灸治療一試。圓老不知已回泉州否？請代問安。弟意「會泉宏船紀念堂」建築較好，且有衛生設備，請告觀嚴師，可速整理一下，以便圓老歸泉時移居，叢林主人，不宜長期在外，此意亦請轉達圓老。弟老軀尚健，但耄耋之人，不免疏懶成性耳。往年在泉時，曾見有《泉州文史》雜誌（我想得該雜誌第八號參考）及《泉州歷史文化中心·工作報告》，此刊物聞係王今生老主持（弟有一九八六年第二號一冊），不知出了幾期？如能找到，請代購數冊為感。匆此奉復，順祝

春節如意吉祥

林子青 作禮

一九九六年一月二十五日

（二十六）

克良居士：

回信早已收到，泉州雜誌二冊，今日始收到，至為感謝。文化中心《工作通訊》，我原已有，但此冊為「泉州方言研究」，甚有趣味，多一冊亦無妨。我的意思是這個「工作報告」，不知有第一冊否？第三號以下是否續出？

您為《法音》寫的關於泉州佛教活動報導，寫得很好，很全面。上次泉州弘一大師紀念會編的「文稿」，我曾提了一些意見，並將我的發言補了一段，用快遞寄到泉州鸚歌山十號紀念會陳珍珍居士收，不知已收到否？便中煩打一次電話代問陳（珍珍）居士，可打到她家裡平水廟二十三號或泉州佛學院問一問。費神之處，不勝感謝。

廣淨法師病狀，回新以後，不知有好轉否？至為念念。圓老法師既回承天，甚為喜慰。「會宏紀念堂」既已修好，當於此處安居，作為丈室，生活較為方便（堂內有衛生設備，不必外出，此於老人尤為要緊，晤時請以此意奉告圓老）。圓老雖已老年，但精神仍甚矍鑠，必能克享大年。閩南耆德，今已無多。瑞今長老今年已登九二高齡，但聞仍視聽聰明，步履輕捷，以圓老之法體，必能與彼共享高年也。

北京自去冬以來，無雨無雪，連日晴朗，天氣頗不正常。湖南、四川、江西方面，早有大雪降下。今日報載（《人民日報》海外版〈四〉）「閩西北遭雨雪襲擊」：「閩北武夷山，日前普降大雪，武夷山機場一度被迫封閉二十多個小時」云。不知閩南天氣情況如何？時在念中。北京氣候，仍在攝氏零度上下。

趙樸老會長，去冬入院以來，曾一度危急，幸搶救及時，已轉危為安。他患的是心臟病，裝有「起搏器」，如醫護得宜，當可安度晚年，但他今年亦九十矣。

草草書此，未能盡意。順祝

新春吉祥

林子青　手啟

一九九六年二月二十九日北京

相識諸道友，晤時請代問好。

（二十七）

克良居士：

不久前，圓老親自包封寄我「弘一大師墨寶」多張，看他寫字精神還好。我回他一信寄承天寺，想已收到，不知您看到否？春來貴體如何，生意興隆否？至為念念。我亦平常過日，無善可陳。

廣淨法師回星治病，不知有好轉否？甚為念念。泉州有所聞否？請見告一二（承天寺「會泉宏船紀念堂」八卦亭〈大悲殿〉已完成否？）。圓老前由傳芬自莆田陪回泉州，不知仍住承天寺抑又回福州？

聽說廈門虎溪岩要建五座塔，包括宏船、妙湛等。不知泉州有所聞否？泉州佛教情況，請見告一二。匆此順問

近安

林子青　手書

一九九六年三月二十七日

前與傳芬自菲回國之傳玲，住在慕西寺否？

（二十八）

克良居士：

來信收到多日，承見告泉州佛教情況，至為喜慰。圓老近日在泉否？甚念。聞妙蓮師腳踵（腳面浮腫），仁者建議用單方治療，頗見效。我近亦有此病，雖煮玉米鬚飲用，未甚見效。乞將您的單方見告，以試驗之。

近日李莉娟（弘一大師孫女）來京見訪，她自新加坡回來不久，據說廣淨師人很瘦，但還能坐輪椅去看她們的書畫展覽，只是行動不便，說話聽不清楚。《人民日報》海外版三月二十八日載，潮州高僧釋慧原圓寂，釋圓拙副會長於三月二十九日前往為他舉火荼毗（火葬），足見精力尚佳。請代我問安，我亦衰老日甚。眼花耳背，腳踵，老態畢露。匆復順祝

夏安

林子青　手書

一九九六年五月十二日夜

附告：據五月三日報紙報導，「古城泉州結束不通火車歷史」，看了很高興。福建地方鐵路——漳泉蕭鐵路「湖泉」段，臨運里程一〇二公里，設金穀、安溪、崙蒼、南安、石碧、泉州西、泉州七個車站。

（二十九）

克良居士惠鑒：

五月二十日來信，二十七日收到。承告泉州佛教情況，至為喜慰。傳玲尼師已有信來，知她安居慕西寺。承介紹治腳良方「薑水洗足」，至為感謝。

圓老喜歡住榕，想與接近故鄉、生活較為習慣有關。他健康情況良好，故常思遠行，以調節老年寂寞，是可喜現象。我近來賤軀大不如前，終日昏昏欲睡，不能寫作，始體會圓老不能寫信的苦衷。圓老欲陪界詮❶到台講經，為弘法固是好事，但以一位八十八歲高齡老人，陪一少壯僧侶遠遊弘法，似不合適。鄙意僅供參考而已。

觀嚴法師要我為圓老畫像題詞及撰小傳，我實力有未逮。擬乞轉請福州楊貢南居士為之，當較適當。我尚有數文，尚無力交卷。又廣安師在廈建雪峰寺，擬請趙樸老寫匾，目前亦難辦到。樸老患心臟病，已住院多時，一切寫件，皆未能應請，我已數年未見他（醫院不便去），無從請求。記得十多年前南安小雪峰修建時，其山門牌坊正面，題「××淨土」，我曾請樸老楷書「雪峰寺」三字備用（改換），去年廣範師來京，我當面交他，請安師直接與信願寺範師聯繫洽辦。匆復未能盡意。即頌

夏祺

林子青

一九九六年五月二十八日

廈門雪峰寺撰聯，另紙錄奉。請轉交廣安法師。

❶ 界詮（一九五九～）：福建福鼎人，為中國佛學院第一批畢業生之一，專攻律宗，曾任福建佛學院教務長、福建省佛教協會會長，現為福鼎太姥山平興寺住持。

（三十）

克良居士：您好！

別來半年多了，時在念中。

圓老近來可好？廣州去過否？赴台訪問並陪界詮法師去講經，想已成行。慕西寺傳玲師已有信來，聞近日廣翰曾帶人去鬧事，不知真相如何？治腳腫偏方久已接到，至為感謝。目前暫服六味地黃丸，尚好。傳輪（普法）近在鼓山陞座（七月二十七日），不知圓老去參加否？

廣安師於七月十八日在泉圓寂，為之傷感。他在廈門篔簹港建的「雪峰精舍」，我曾看到照片，頗雄壯，可惜他不及見了。

今年台灣又有弘一大師書法展覽，泉州不知哪些人去，居士知否？陳珍珍去嗎？聽說，福州吳珊珊居士（省委副書記夫人）也要去。我患白內障，視力不佳，常寫錯字，故少寫信。最近擬請美式眼醫治療，勉強一試。故鄉佛教情況，仍時常想念，有空請見告（妙蓮師想仍健在），以慰遠念。專此順候

近安

圓老請代致候。

林子青
一九九六年八月二日夜

（三十一）

克良居士：

八月十二日信，十八日收到。驚悉王愛琛❶先生作古，深為惋惜。廣安師病危，廣範師朝山過京時，即已見告，承示其出殯之盛況，殊以為慰。常覺法師為修建崇福寺，常往來台泉之間，已從廣範師聽到。

❶ 王愛琛：泉州的書法家，陳珍珍居士的表兄。

昨接廣東何澤霖居士寄來泉州佛協所辦「弘法」基金會刊物（第八期），其會址係「泉州市承天寺內」，但我迄未聽說，不知誰所主持？圓老道體安康，甚慰遠懷。承天寺之得「山門清淨絕非虞」，實因圓老之駐錫，乞勸彼勿再遠行，以安大眾之心。前數日界詮法師曾來京一行，聞係為南普陀選方丈事，結果如何？尚無下文。近日北京天氣極熱，草草奉復，未能盡意。匆此順祝

夏安

林子青　作禮

一九九六年八月十九日夜

（三十二）

克良居士道席：

不通音問，忽又數月，衰年病懶，作書不易。九月十三日，開元道元、承天題晶二師赴韓國旅遊，回北京時，曾來寒齋見訪，未及多談，匆匆而別。我近來衰老日甚，眼

耳視聽功能不佳，走路搖晃。十月二十一日，中國佛學院成立四十週年大會及佛學院教學樓奠基典禮在法源寺舉行，趙樸老雖出席講話，但已老態畢露。禮畢仍回醫院云。

圓老近來道體如何？不知仍宴坐承天寺，抑移錫榕城，至念，晤時乞代候之。相見無期，唯祝安康而已。居士營業想甚佳勝，謹以奉賀。

林子青　作禮

一九九六年十一月一日

泉州佛教動態，請略告一二。

陳泗東❶先生聞已逝世，不知確否？

陳珍珍居士、妙蓮法師道體如何？時以為念。又及

❶ 陳泗東：陳珍珍居士的堂弟，原泉州文管會會長。

（三十三）

克良居士慧鑒：

久不通信，時以為念。

去年九、十月間，道元與題晶二師赴韓國開會，歸途曾過訪寒齋，爾時曾奉一函，未見賜復，想因事忙所致。最近圓老健康情況如何？至念。其早年同學演培法師已於去年十一月十日在新加坡圓寂，今年一月九日將舉行盛大頌讚大會，邀請海內外長老大德參加。大陸方面邀請三人（鄭立新、林子青、李榮熙），往來提供路費。我與李榮熙因身體欠佳不去，鄭立新（他的同學）一人近日將前往新加坡出席。

圓老近日不知在承天寺抑莆田、福州，希將其近況見告，以慰遠念。其他佛教情況，亦盼示及。北京一冬未雪，陽曆除夕始下小雪，故天氣甚寒，令人想故鄉之溫暖也。匆此順祝

新年萬事如意

林子青　合十

一九九七年一月三日夜

（三十四）

克亮居士道席：

承託撰圓老壽聯，我竭二日之力，勉強撰就。近來我的體力精神，大不如前，特別是聽力。此聯本擬打電報，因郵電局離家甚遠，且賀聯字多，也不方便，所以用郵政快遞寄出，請諒之。

圓拙老法師望九壽辰誌慶

見月悟禪心，望九堪稱壽者相；

焚香修佛道，大千盡化旃檀林。

雪峰居士　林子青敬賀

臘尾年頭俗事甚忙，但對圓老仍甚關心。我希望他能離莆田回泉州承天寺，名正言順，醫療也較方便。請以鄙意相告。

我自去年以來，視、聽步履大不如前。此乃老人自然之規律，安之而已。目前寫信亦極勉強。圓老賀聯請書者教正，請隨時通信賜教。見告其健康情況，至盼。

匆此順祝

年安

林子青

一九九七年二月二日晨

（三十五）

克良居士道席：

去年十二月四日來信讀悉。令師圓拙法師與我先後同年，平生知己，無過是人。自一九三六年間閩院畢業時有通信，事無大小筆之於書，拙師尊我為師，我實自愧兮，其間曾引馬一浮居士致人書信力卻，請以同學見稱，而師古道熱腸，仍稱我為師，頗有「一日為師」之意，求之古人所不可多得，檢其通信，前後不下數十通，皆為寶貴材料。

昔曾據之，撰寫《故舊書撰》以供故舊友人閱覽。近年黃克良居士來信，以尊敬老師及諸師友書信舊物，今保存者四、五十通，茲悉以奉寄。拙老死前，關心《瘦松集》（清初高僧如幻禪師遺著）再版，要我細加檢點，我已再加改錯若干條，茲悉寄泉，以了此心。後此有關拙老遺事有能道及者，此書而已。匆匆書此，未盡欲言，近日因病住北醫三院，目昏耳聾，未能盡述。即頌

春安

林子青　手書

一九九八年十二月二十日於北京三院

（編註：應為「北醫三院」）

觀嚴法師請代問安。

致妙然法師❶（一通）

妙然法師學弟法鑒：

闊別多年，時切馳思，曾蒙惠贈《海潮音》刊物，籍獨仁者所編歷年佛史，深佩學力猛進，歡喜無量。

此次赴台參加弘一大師遺墨真跡文物展，得有機會與仁者相見，因緣殊勝，至為喜慰。德悟贈我舊照片一幀，我特齎往台北，想贈予老弟，作為紀念，不意於友人處遇有電腦設備，即請複印放大一幀，以奉老弟，此為我最珍視者也。承導觀所藏書

❶ 妙然法師（一九二二～一九九七）：江蘇泰縣人，俗姓孫，一九三二年於泰縣曲塘覺海寺出家。曾任上海靜安寺副寺、泰州光孝寺監院。赴台後，曾任善導寺監院及董事長、智光商工職業學校副校長及董事長等職。著有《碧雲集》、《教你相信錄》、《民國佛教大事年紀》等。

畫真蹟，一飽眼福，深以為樂。此種藏品，雖國內名剎，亦不多見，足見仁者搜羅之勤。鄙意為永久保存起見，最好精選若干字畫（每幅加記作者小傳），精印流通。回旅館（環亞大飯店）後，我大略記憶如下：

畫有：吳俊卿（字昌碩）畫，王震（字一亭）畫，竹禪數幅，大滌子（字石濤），鄭板橋蘭竹，漸江畫，李鱓畫，（八大山人畫未見）。

書法有：戴季陶聯，徐悲鴻聯，于右任聯，葉恭綽聯，葉公超聯，□□□□綬聯，臺靜農聯，馬公愚聯，白蕉，弘一。

我已於本月二十日離台赴港，取道深圳，於二十二日返抵北京，堪以告慰，匆匆奉聞，順祝安康。

林子青　手啟

一九九五年八月三十日

致印順法師❶（一通）

印順法師學長座下：

奉別四十餘年，時在念中，因緣未至，未由會晤但有馳想耳。此番天假良緣，因參加弘一大師遺墨真跡文物展，得以赴台一行，深感因緣殊勝（手續本極麻煩，如靠

❶ 印順法師（一九〇六～二〇〇五）：浙江海寧人，俗姓張，名鹿芹。一九三〇年出家，法名印順，號盛正。一九四七年，任《太虛大師全集》主編，次年四月編成。一九五二年後，任《海潮音》雜誌社社長達十五年。一九五三年至一九六〇年，先後在新竹和台北創建福嚴精舍和慧日講堂。一九六四年，移居嘉義蘭若。一九七三年，以《中國禪宗史》榮獲日本大正大學博士學位。一九七三年，《妙雲集》（共二十四冊）出版。他一生奉獻三寶，為「願意理解教理，對佛教思想起一點澄清作用」而孜孜不倦於寫作和講述，繼承並發揚了太虛大師的「人間佛教」。曾於早歲與作者在閩院任教。

自己辦理，實難成行，幸北京華夏文化促進會代為辦理，一切頗為順利）。

台灣本弟舊遊之地，人情風物，並不生疏，但時隔多年，山川依舊而閭閻建設頗改舊貌，令人幾不可復識。展覽會預定自十二日開幕，二十五日結束。弟自八月十日赴台，二十日賦歸，前後不過十日，時間匆促，已無法與兄取得聯絡，幸主辦單位中華藝文活動推展協會祕書長黃靜小姐之安排，又得尊處道侶明聖法師以車驅至玄奘寺相接，始得與兄於南投永光別苑相見，可謂慶快平生，古詩云「歲月銷磨人易老，江山無恙我重來」，亦足以慰平生之願。

老兄高才績學，著作等身，世所欽仰。晚年得安居寶島，南投別苑，精舍清淨，百福莊嚴，諸事順遂，著書不倦，令人仰慕不置。今我輩俱已垂垂老矣，回憶昔年鷺島、白湖、上海、武昌、杭州數地聚首之樂，今已不可復得。弟自慚根器淺薄，所謂「心已閱世無成事，碌碌因人是廢才」。江山遙隔，豈復委宣，尊體尚健，當希以時珍攝。

承贈大著《華雨選集》、《平凡的一生》增訂本及《佛教思想的傳承與發展》，暇當細讀，以領厚意。卒此奉聞，順頌安樂。永光別苑諸善知識希代致候。

學弟 林子青 作禮

一九九五年八月三十一日

致黃靜❶（一通）

黃靜小姐慧覽：

台北話別，承餽贈佳茗及弘一大師遺墨真跡文物展紀念專輯，深情厚意，感謝無盡。翌日歸途，承朱、陳二小姐見送，尤為銘感。

我等首批人於八月二十日飛抵香港，在港逗留二日，二十二日取道深圳回京，因飛機誤點，至深夜始達京寓，一路平安，堪以告慰。

此次赴台，參加弘一大師遺墨真跡文物展出，盛況空前，因緣殊勝，乃仁者歷時年餘奔走兩岸多方聯絡之結果。我等大陸人士起居飲食，又承優厚接待，歡喜無量。

承仁者妥善安排，得與久別故舊聚首，實為甚難稀有之事。台北雖係舊遊之地，但今日風物，非往年所能比擬，耳目所接，如入一新天地，惜山川依舊，故人已稀，

❶黃靜：台灣中華藝文活動推展協會負責人之一。

不免增感慨耳。昔年喜誦古人「歲月銷磨人易老，江山無恙我重來」字句，可為此次蒞臨寶島闡揚佛教大德以加強兩岸之聯繫的真實心情寫照。仁者聰明智慧，處事練達，能為兩岸文化交流努力，實為今日巾幗中所不多見，恨余老矣，不及見仁者之輝煌事業耳。匆此奉達，未盡欲言，順祝安樂吉祥！

老人林子青　手啟

一九九五年九月九日於北京

致了中法師❶（一通）

了中法師學弟道席：

自寶島歸來，已一月餘，老年性懶，加以瑣事如麻，迄未奉函致意，殊覺失禮。此次赴台，參加弘一大師遺墨真跡文物展，承主辦單位黃靜居士安排，得與仁者相見，甚為喜慰。承設齋宴相待，又惠施程儀，感謝無盡。

仁者居處，梵宇莊嚴，具現代化，弘法利生，人地相宜，回憶往年在滬，晨夕相處，一轉眼間遂經數十寒暑，仁者學德俱增，志業宏遠，殊堪喜慰。

我等首批參展人員已於八月二十日離台赴港，二十二日返京，一路平安，堪以告

❶ 了中法師（一九三二～）：江蘇泰縣人，俗姓周。一九四〇年於泰州淨因寺出家。任台灣中國佛教會祕書長、玄奘大學董事長、台北善導寺住持、世界佛教僧伽會會長等職。

慰。專此奉聞，順頌

近安

林子青　手啟

一九九五年八月三十日

（編註：應為「九月三十日」）

致鄭麗都❶（十五通）

（一）

麗都：

自福州寄上一信，想可到達。

我於十月三十一日早上，搭車南行，坐了六個小時的長途汽車，下午一時許到達泉州。這裡氣候比福州更為溫暖，許多年輕人只穿一、二件單衣而已。

日間辦理弘一法師遺墨借用手續，還算順利。我住在開元寺，寺內規模極大，有

---

❶ 鄭麗都：作者續弦之妻，出身書香門第，為清朝改革派政治家鄭孝胥的最小一個孫女。少時曾隨父在日本讀中學，之後進入北京法國天主教會辦的芳濟格德會就讀，後來入教成為修女。文化大革命時，被紅衛兵打出修道院。文革後期，宗教界人士常集中學習，經友人介紹而認識作者，兩人於一九七八年結婚。

東西二石塔，雄視泉城，極為壯觀。我的身體很好，只是睡眠不大酣暢而已。

昨天遊了清源山（泉州北郊名山）風景區，拜了弘一大師的塔，塔石極美。眺望泉州古城，瞭為指掌。山距泉市兩、三公里，我坐了風景區的小卡車前往，有四、五個學生陪著，談談笑笑頗不寂寞。我大約十一月四日離泉州到漳州，再到廈門，住兩日再回泉州。然後帶著借的書畫等到福州去。已留下二百元給福州宗教處預購機票或火車票。

旅次匆匆，未能一一。順問

清安

子青

一九八〇年十一月二日晨

（二）

麗都：你好！

泉州寄去一信，想已收到。我於十一月四日去漳州，姊妹親戚均已看到，六日來廈門，住南普陀寺。別已四十餘年，故友數人，相見甚歡。廈門建設頗為迅速，特別為樹木很多。這裡（南普陀）是廈門風景名區，遊人必到之地，交通甚為便利，素菜馳名海外。我定於今日下午一時半乘車赴泉州，仍到開元寺。大概十一日把展品（弘一法師墨跡）整理好，即去福州，然後乘飛機或火車回京。大概十五日以前可以回家了。此行風塵僕僕，至為忙碌，但身體極好。故友相見，都說我比前健康，可喜也。

匆匆順問

近好

子青

一九八〇年十一月九日晨於廈門南普陀

（三）

麗都：

北京別後，我們登機南飛，經過良好，十二時許到福州時，果然有霧，但無礙降落。出機場時，福建省宗教處長等各諸佛教代表親來歡迎，迎往華僑大廈下榻，住七樓，甚安靜，有溫泉設備，是福州最高級的飯店，華僑外賓多住這裡。晚上省宗教處素齋招待樸老，我也叨陪末座。

現在日程初步規定，在福州住七天，然後赴莆田、仙遊二縣參觀住三天，再到廈門、漳州住七、八天，然後到泉州過元宵，參觀福建特盛的燈節。大約元宵後即回福州，與趙樸老分手，各行一方。他們到杭州，我即回京。這是初步的安排。

我的身體還好，西藥照常服用，大概因為被實太厚而天氣較暖，所以醒後出了一身冷汗，但於健康無何影響。今天開始參觀訪問，各地都希望趙樸老去看看，但限於時日，恐怕不能一一為悉。

我住的是福州華僑大廈七二一號，趙樸老夫婦住的是七〇五號，有一會客室。其「服務簡介」第（六）大廈設洗衣房，為賓客洗燙衣物。洗衣袋掛在本房衛生間門後。（七）為保持樓房安靜，請在一樓大廳會客。來訪者一般不進客房。大廈有電梯設備，上下頗為方便。旅次匆匆，未能一一。祝你

春節愉快

子青　手書

一九八一年一月三十一日晨

（四）

麗都：

我們昨天離開廈門，小汽車約走了兩個多小時，就到漳州了。我們仍舊下榻在漳州的華僑大廈，設備頗好。

趙樸老是貴賓，我們自然沾光不少。我到達廈門時，因為曾經寫信通知漳州，早有兩個外甥來此相見，好在當天下午沒有什麼安排，彼此交談了一個多鐘頭，依依別去。當天晚上，龍溪地區木偶劇團，請樸老看布袋戲（傀儡戲的一種），這個木偶劇團，去年曾到法國巴黎和美國十幾個城市演出，深受歡迎。昨天早上離廈門時，下了小雨，到漳州後即放晴。今天早上漳州又下雨，不知能否轉晴？我們預定今天在漳訪問參觀一天，要到南山寺去，我四十年前曾在這裡教過書，許多人還知道我是漳州人，很感親切。

我大概再過一個星期，就要回北京了。交通便利真是造福人類不淺，以前漳州士人到北京做官，路上要走兩、三個月。旅次匆匆，不及一一。祝你

安樂

子青

一九八一年二月

我的身體很好，到此完全吃素，菜蔬很多，菠菜極為新鮮。在廈門時吃了不少荷蘭豆。此物福州較少，否則買些請請親友倒是很好的。「烏龍茶」買不到，別人送了我一些，有些是便裝的。

（五）

麗都：

自福州寄你一信，想可收到。我和趙樸老在福州住了八天，昨天繼續南行到莆田，住在縣委招待所。昨日下午參觀廣化寺，規模極大，正在修理中。今日前往仙遊縣訪問，下午回莆，明日與當地各寺代表開座談會。後日（十一日）即離莆田前往廈門。途中經泉州時，擬將弘一大師展品，交還開元寺。

今日自莆田到仙遊（車行約一小時），參觀數處寺廟，然後參觀仙遊糖廠，規模頗大。現在為榨糖期，每日可榨四千噸。自甘蔗進廠，經過榨碎、提煉以至成糖包裝，大致參觀了一下。

莆田天氣較為溫暖，這兩天氣候較福州清朗。昨天晚上，我吃到新鮮荷蘭豆莢和新鮮的蠶豆，菠菜極為鮮美。

禪道據說是馬來西亞馬六甲的法師，莆田人，不知他有信來否？我大約本月二十三日乘班機回京，到京時恐怕七、八點了。我已把買機票的錢交福州省宗教處代為預購。匆此，順問

近安

子青

一九八一年二月九日

我大約二月十七日到泉州，住三、四日。如有回信，可寄「福建泉州市開元寺妙蓮法師轉青收」。

（六）

麗都：

我於昨（二十七日）午前十時，由老韓（文興）驅車來送，到機場十一時許。辦理行李託運後，即入候機室休息。飛機波音七三七於一時起飛，三時四十分到達廈門，一路平安，可免掛念。昨天霧氣很重，能見度低，飛機飛在雲層之上。

到廈門外，覺星以車來接，送至南普陀。同機有兩個科學院電子計算技術研究院初次乘機的兩個幹部，要到廈門大學，我招呼他免費乘坐我車同到廈大，彼等歡喜並謝而去。

南普陀正在大興土木，我昨晚暫住一寮房。今日可能搬到覺星辦公室去住？

聽說五月五日，有一批新加坡的人要回廈門，不知廣淨是否回來？

我心臟似無什麼上下，只是感冒小病仍未痊癒。說話一多，就有痰出，真討厭，但我想盡量少說話。我在這裡一切都好，行蹤未定。匆此即問

安好

子青　手書

一九八五年四月二十八日

肯堂兒順候。

（七）

麗都：

到廈門已經半個月了。我的身體很好。

白內障由一上海針灸醫生打針治療，已經八、九天，打針又擦眼藥，似稍好，但為效甚微，將來恐非動手術不可。本來五號字的報紙可以看，現在已很吃力。有時戴老花眼鏡，還要加放大鏡才能看清楚。

閩南佛學院，定於五月十七日開學。開學後，我看情形會講佛學幾天，即設法取道上海北歸。淦泉法師，定於舊四月二日陞座，以後就是正式的方丈了。我因有事，不能去道賀。

家裡近來怎樣，你的身體好嗎？工作仍舊忙嗎？肯堂的工作如何，仍舊每天回家嗎？俱甚念念。有空即給我簡單一信，以免掛念，信寄「福建廈門市南普陀寺」即可收到。匆匆順問

近安

子青　手書

一九八五年五月十一日晨

順問肯堂好。

（八）

麗都：

五月十三日來信，並附來諸信，已一一收到。知家中平安，你的忙碌如故，甚以為慰。

廣淨法師寄來五百元，可往銀行代領（出示你的工作證，或帶戶口簿去），作為

準備儲蓄（一年）存入。其他許多來信，我另作回答。物價漲，是自然的事，不足驚奇。

我的身體很好，只是眼睛視力不佳，寫信還可以，看報（五號字）就吃力了。廣淨本定舊四月中旬回國，我恐怕等不及。現在據說明天要從香港乘船回廈，也許已經改變計劃，且待見面再說。

莆田廣化寺請我去短期講學幾天，大約在舊四月中旬。屆時或再赴福州，再到上海住幾天，然後回北京。

閩南佛學院於今天（五月十七日）舉行開學典禮，儀式甚為隆重。各省均有電賀，但佛學老師很少。這裡天氣已經很熱，住處也有些蚊子，但無甚妨礙，蓮蓮我已寫了一信給她。你有事仍請寫信給我，兩星期內還不離此。匆此順頌

近安

子青　手書

一九八五年五月十七日

（九）

麗都：

別來將近一月，接蓮蓮、肯堂來信，知家中一切安好，甚慰遠念。日前接廣淨兄來信，決定於六月九日自新加坡回廈，我只得在此候他。眼疾針灸擦藥已停止，因無大效（據說擦藥要一年），不欲浪費時間。蓮蓮和你意見，要我回京後，到醫院動手術，我現在表示接受。

我身體很好，食量也很大，只是看報（五號字）已很吃力，不如在京時了。但看一般東西還好，寫字也勉強可以。

我現住在廈市佛協一小樓，中一大會客室有二房，我住一房，祕書長覺星（我的老學生）待我很好。也常有一些文字，請我修改。我希望七月初能回北京，不知能否如願？廣淨的款，不知已否領取？有空望來信。匆此順候

近安

子青　手書

一九八五年五月二十四日於廈門

（十）

麗都：

在莆田奉寄一信，想已收到。

我於六月二十四日離莆赴福州，在崇福寺為諸女眾講學數日，已於六月二十九日自福州乘機到滬。玉佛寺房間正在修理，預備改成賓館，故我現住靜安寺，由德悟舊友招待，至為安適。因真禪、淦泉法師等六人將於七月八日應邀赴香港訪問，故我擬八日前離滬回京。現正託買滬京飛機票（聞須提前十日訂票），如買不到機票，即買快車臥鋪回京。

離家二月，聞諸事安好，至為欣慰。蓮蓮想已到京。肯堂來信及轉來之信均已收到。

客中草草，先此致意，順問

蓮蓮、肯堂姊弟安好。

子青　手書

一九八五年七月一日

蓮蓮如有空，請先聯繫三〇一醫院或其他醫院治療白内障手術。

（十一）

麗都：

客中寄上諸信，想已一一收到。

我與廣洽法師於九月十九日，由浙江省文化廳幹部陪同，歷遊寧波天童、育王及普陀山諸寺，今日回至寧波。明日下午坐車回上海，大約二十七日上午可以回到北京（坐飛機或快車未定）。到北京後，如有飛機，當日即赴太原轉五台山（來往二日）。然後再回北京，小住數日，再飛廈門。

家中情況如何？甚念。我的身體很好，只是眼睛不能看書。三〇一醫院不知有通知動手術日期否？聞蓮蓮將赴義大利一行，近日想已到京，肯堂常回家否？匆此順祝

安好

子青　手書

一九八五年九月二十三日於寧波

（十二）

麗都：

三月二十四日來信，四月一日始收到。轉來新加坡二信及李呈鈞一箋，均同時收到。得悉你身上的病是疱瘡，雖未觸診，也很麻煩。我自上海、廈門、泉州各發一信，想俱收到。這幾天這裡春雨連綿，天氣很冷。我在上海借德悟的羽絨衣，一直穿著，身體尚好，勿念。

今午小錢聽說你患的是疱瘡，剛好前天來此有一位福州開元寺的提潤法師（為治一位菲律賓的病人來泉州，已回福州），專治疑難等症，用中藥治，甚有靈驗。據說這種病是身內的濕毒，治標不易治好，須內服消毒。她與沈繼生先生特地自泉州赴福州（約四小時路程），找提潤法師，如取到草藥，即自福州寄出，明日即回泉州。我希望你不要緊張，安心治病。不知近日背上的小瘡已否痊癒？甚以為念。該用錢就要用，不能節省。九姊是否前來陪你？

這裡工作自然很忙，我帶的許多材料，他們都複印了。戴文葆我已去信催問，尚未回復。我盡量爭取早日完成任務，並早歸京。肯堂回來過嗎？小趙有無消息？有空

請來信，航空較快。匆此順問
近好

子青　手書
一九八八年四月一日

再者，我書齋寫字枱抽屜內，有代購書等收據數紙，忘記帶來，回信時請取出寄來。
又及

在上海時，佛協祕書長歐國藩約我回京時，在滬小住數日，為玉佛寺監院講房山石經數日，盛情難卻，只好答應。蓮蓮也希望我去常州小住，我說看情形再說。

（十三）

麗都：

到廈門後，曾寄一信，想已收到。我們本想在廈門多住兩天，因為圓拙法師派車到廈門相接，我們提前於三月二十五日到達泉州。圓拙法師已在開元寺相候。我們即住開元寺新建的五觀堂客舍，我和小錢分住一間。她住的房較小，相當於北京我家的一小間，但有衛生設備。我住的一間較大，設備略同。

泉州氣候上相當寒冷，有時有雨。目前由圓拙法師陪我吃飯，一切尚好。陳珍珍居士今天早上來看我，承她關照，一切頗為如法。這裡對我的期望頗大，不知能否滿足大家的願望？

你身上的小瘡不知已否痊癒？至為念念！驗血結果為何？九姊等是否來家小住？康寧近日是否來家看望？請代我問候。我在此大約有兩月勾留，然後再到上海講學數日，即行返京。盼將近況相告，回信寄「福建泉州市開元寺《弘一大師全集》編委會林子青收」即到，必要時打電話亦可。匆此順問

近安

子青　手書

一九八八年三月二十六日夜

蓮蓮三月十八日送小華到上海，十九日小華坐船赴日本。二十日一起參加度寰法師追

悼會，是夜她的妹妹昭明請我和小錢吃飯。二十二日她回常州，我和小錢同飛廈門。飛機誤點多時，當夜總算趕到廈門。主人妙湛法師近兼任（三月十八日）福州鼓山方丈，已舉行陞座典禮，工作更忙了。順此奉問。又及

上海的肝炎已得到控制，人心安定，看不到什麼變動，一切生活照常，沒有北京傳說那樣可怕。從上海到廈門也沒有檢查，請放心。到閩南後，滬柑吃得很多，很甜，不知北京近來吃得到嗎？

（十四）

麗都：

三月二十七日來信及轉來二信與剪報，均已收到。知道家裡煤氣已安好，通氣大概也不久了。但我關心的是你的皮膚病，卻隻字不提，只說「一切都好」，未免不放心。

上次有個高明醫師釋提潤（福州開元寺神醫），現在福州極有名（菲律賓華僑也有回國求他醫治的），我讓小錢與沈繼生到福州請他為你取藥（中草藥）。他赴鄰縣

出診去了，沒有碰到。今天沈繼生回泉，帶來他開的中草藥一包，藥方一紙。一包草藥，我讓小錢立刻寄給李呈鈞速轉給你（服法小錢有一紙說明）。請你試服一下，大概不會錯的。

服後請來信談談效果。藥方一紙隨函附上，請到藥店去抓。又醫生問：瘡的顏色，是紅、是紫？是否發癢？是否有膿？這三種症狀，請來信告我，以便轉告醫生。北京的西醫不知如何療法？亦請略告。

我在泉州很好，飲食如常，勿念。只是雨水較多，但時下時止，已不太冷。轉來的信有廣淨一信，知數日後自新加坡回廈，約我到廈門見面，故我明後天將去廈門一行，住數日即返。漳州尚未去。有何消息，請隨時來信。匆此順問

近安

子青　手書

一九八八年四月七日晨

（十五）

麗都：

四月六日晚的信，已收到。四月十日廣淨法師自新加坡到廈門（蔡吉堂同機到廈），我九日去接，十一日即回泉州，來不及和蔡老晤談。四月六日，我讓小錢給你寄去一包草藥（又藥方一紙），託李呈鈞轉，不知收到沒有？此方係名醫所開，我想可以試服。

黃雪英寄來百元，以表她的心意，這也是我們待她好的緣故吧。于長金兄來訪，關於我收藏的字畫，我看不必過急，不知他們看了怎樣？字畫為無價的。或者等我回京再說。蓮蓮到京出差了沒有？

你的類天疱疹，也要謹慎診治，不可大意，不知近來生活飲食為何？至念。我在這裡很好，小錢照顧也好，可以放心，只是目前忙些。

你一天到晚無事，正好畫畫消遣時日。匆復順祝

近安

子青

一九八八年四月十二日

致林志明（蓮蓮）❶（九十九通）

（一）

蓮蓮：

二日燈下寫來的信，五日晚收到。知道你平安回唐，甚慰。我這幾天也比較忙，因為上班回家瑣事也多。還有上海、杭州的朋友也常有信來慰問，尚拖延未復。

悼亡詩第二十一首補寫了一首如下：「幽冥（即陰陽）一隔絕音塵（消息），幾度懷君夢未真。寫就哀詩心緒亂，殘春風雨正愁人！」可將舊作撤銷。

你給小靈❷的信，她已收到，說你寫得好。她從信中知道我寫了悼亡詩❸，要求

❶ 林志明（蓮蓮）：作者的女兒，學名林志明，小名蓮蓮，一九五九年後改用「江濤」名。畢業於南京國際關係學院英語系，長期以來在煤炭科學研究院從事科技情報及翻譯工作，已退休。

❷ 小靈：作者家住北京法源寺時的一位鄰居。

看，就給她們看了。你問的一些典故，我今早抽空寫了四紙共十幾條，大概可以明白了。這些詩都是抒情的，用典不多。我寫了十首給杭州朋友（因為複寫三十首很費時間），許多人傳看，並且寄給上海的同好。有個雷錫璋先生（年七十九，曾任章士釗祕書），寫了一律來慰問，可感。

尚明❹給你的信，關心我的健康，很感謝。如回唐，請先謝他，我這幾天身體總算還好，因為我得特別當心自己。不知他回唐山未？小波❺回唐山，請給我來信。你託交劉春華的一小包東西，他的兒子已來拿去。

你媽像前的刺梅鮮花，我加過一次水，但今晨已凋謝了。我照例給她上一炷香、慰問她。

❸ 悼亡詩：作者之妻周梅生於一九七七年三月二十四日病故，他於同年四月間，作了〈悼亡妻三十絕〉，參見「附錄」。

❹ 尚明：蓮蓮的丈夫喬尚明。

❺ 小波：蓮蓮的長女喬清波。

思廉❻給你媽畫的像，畫好一張大的，前天送來，我不在家，他留下一信。畫得很好，但是牙齒似乎太寫實了，反而表現不出神情。他說小的畫了幾張，畫不好，以後再說罷。或者畫大一點，另裝一框。他大概另有信給你。

五一節上午去看顧老師❼，在他家吃中飯。他和程阿姨已登記結婚，我向他們道賀。五月二日早上到香山去看鍾老❽，送了他六隻大蘋果和一包杭州的旗槍茶。他精神很好，正在看書。在他那裡照樣吃一頓飯。余阿姨❾身體也很好，她說你託她配的開水瓶膽子已配好，請你下次來京去拿，大概放在她家裡。我有空或者再去一趟取回。臨走時她送了我一程，我問她生活如何？她說她去年已和一工人結婚，感情很好。男的

❻ 思廉：范思廉，周梅生的外甥，蓮蓮的表兄。畫家，時任職北京兒童藝術劇院。
❼ 顧老師：顧執中先生，新聞記者，已退休，為作者老友。
❽ 鍾老：鍾仁正教授，廣東人。早年留學英國，是蓮蓮在大學念書時的教授。時已退休，獨居北京，與作者全家過從甚密。一九八〇年九月逝世。
❾ 余阿姨：鍾仁正教授的褓母。

每天幫她從老遠地方去挑水。

我的生活目前當然有許多不便，特別是怕有病或到醫院去為白內障的右眼動手術，需人照料。我的打算和要求，當然也想找一個伴，且看因緣如何。你的關心我很安慰，如有適當的人再說。今晨忙，就寫到此。順問近好。

爸　手書

一九七七年五月六日晨

趙樸老上月中旬赴河南視察古蹟，月底回京，因患腸炎，當晚即入醫院療養，尚未出院。

〈悼亡詩〉

1. 悼亡，本是悲傷悼念親故死者的意思。從晉朝潘岳（字安仁，文學家）寫了三首「悼亡詩」悼念他的亡妻以後，「悼亡」二字，成了男子「喪妻」的代名詞。

2. 雲英，女人的名。唐朝有個秀才叫裴航，他從長安遊鄂渚（今武漢），回去時從武漢乘船到襄陽，船中遇見一個美麗少婦——樊夫人，他寫了一首詩託樊夫人的侍婢裊煙交給她；不久樊夫人也回了一詩說：「一飲瓊漿百感生，玄霜（藥名）搗盡見雲英。藍橋便是登仙路，何必崎嶇上玉京（玉皇上帝的地方）？」

裴航到了襄陽登陸，走到藍橋驛（今陝西藍田縣）見一茅舍有一老太婆，他口渴向她要口水喝，老太婆命其孫女雲英端杯水出來給裴航。裴航看雲英美如仙女，就對老太婆說想娶她為妻。老太婆說：「近有人送我一些玄霜（藥名），須用玉杵臼來搗百天，你如能辦到，可以嫁給你。」裴航照辦，過了百天，便娶了雲英，上山同修仙道……。所以「裴航與雲英」這故事，在古代很出名，有戲劇《玉杵記》，即寫這個故事。

3. 第五首　遺掛，即遺物，即衣服之類。

4. 第六首　賃廡梁鴻，即「舉案齊眉」的故事。

東漢時貧士梁鴻，家貧尚節，博覽群書，娶同縣孟氏女，名孟光，夫婦以耕織為業，感情極好。後來到了吳地（今蘇州一帶），住在一個叫皋伯通的人的廡下（即走廊間），受僱替人舂米（賃舂），妻具食，舉案齊眉。伯通異之，請他們住到自己家裡。後來成為夫婦白頭偕老、感情彌篤的佳話。

案字，有人說是木碗，有人說是矮桌。

5. 棲遲，即居住、遊息之意。

6. 第十首　腸斷安仁，見第一條註。

7. 牢愁，即憂愁。

8. 第十八首　道韞與王郎，謝道韞是晉朝名相謝安的姪女（父親奕為征西大將軍），道韞有才辯，後來嫁給王羲之的兒子王凝之。王謝兩家是東晉時（首都在南京）巨族。道韞自幼聰明，謝安最喜歡她。有一次內集（家庭間小宴），天正下雪，謝安問何所似？有人說：「撒鹽空中差可擬」，道韞說：「未若柳絮因風起」，安稱善，後因稱女子有才叫：「詠絮才」。（《三字經》採此故事入文）

道韞初嫁王凝之，在兩家（王謝）同輩中，凝之較差。《齊書．道韞傳》說：「（道韞）初適凝之，還（回娘家），甚不樂。（謝）安曰，王郎，逸少（即王羲之）子，不惡，汝何恨也？」（道韞）答曰：「（王氏）一門叔父，則有阿大，中郎；（謝氏）群眾兄弟復有封胡羯末。天壤之中，乃有王郎！」封、胡、羯、末，是謝家幾個兄弟的小名。意思是說，王謝兩家中，獨有凝之不稱其意。

後來因稱婦女所適（嫁）丈夫不才為「抱天壤王郎之恨」（但是後來王凝之仍做了很大的官）。

你寫信告訴小靈說我有悼亡詩三十首，她們母女要求「拜讀」，我勉強獻醜。小靈說道韞故事她懂，就是王郎不明白，我也給她講了一下。

9. 第十六首　第四句，莊子（庄子）本名莊周，因居蒙澤，故稱他為蒙莊或蒙叟。莊子妻死，惠子弔之（慰唁），莊子正坐在地上鼓盆（擊著瓦罐）而歌，表示達觀。故後謂妻死為「鼓盆之痛」。

10. 第二十三首　青鳥、蓬山。唐李義山詩：「蓬山此去無多路，青鳥殷勤為探看。」也是悼亡一類詩句。

11. 第二十五首　人琴俱亡。晉王獻之死，其兄徽之不哭，坐其靈床，取他的琴彈之，竟彈不響，說「嗚呼，人琴俱亡」。

12. 第二十六首　微之即唐詩人元稹的號，元為當時的才子，詩與白居易齊名，時稱「元白」。他的〈遣悲懷〉（即悼亡詩）三首很有名，上次已抄給你。「擅鑄詞」意思是說特別會創造詩句，如「昔日戲言身後事，今朝都到眼前來」等。

黔婁，是古代的貧士。

昨天接到你來信，知道你給小華講我的悼亡詩，有些不懂的地方，要我說明一下。其實我看小華年紀還是太小，讓他少知道一些人間的悲哀為好。今晨爐子滅了，索性停炊，就給你隨便寫了這些註解。有幾條寫得比較詳細，有的就簡單提一下而已。

爸　手書

一九七七年五月六日晨

附錄

悼亡室周夫人三十絕（初稿）

一

春申江上識雲英，無意相逢卻有情。敢信前生緣分在，同心終訂白頭盟。

二

玉質華年心地清，一身冰雪比聰明。登山臨水時相伴，舊夢重尋是再生。

三

劫火聲中締耦初，生涯長共歷艱虞。蹉跎身世君憐我，今日窮泉尚憶無。

四

家事煩勞久累君，平生相敬意殷勤。尋常柴米知辛苦，且喜燈前共論文。

五

三十六年共倡隨，淒迷往事不堪追。壁間遺掛今猶在，覩物思君只益悲。

六

滄茫塵海著浮身，賃廡梁鴻未厭貧。慰我勞生語親切，而今叮嚀更何人！

七

久別親朋未盡思，廿年經國慣棲遲。誰知訪舊江南去，一病纏綿竟不支。

八

病臥申江夏復秋，幾回危急使予愁。無因乞得長生藥，為我人間且少留。

九

辛勤侍疾我奚辭，病骨龍鍾尚可支。悽絕遺言不堪憶：此生欲報恐無期！

十

北國歸來猶臥床，人間無處覓神方。傷心三月春風晚，斷腸安仁賦悼亡。

十一

孤窗睡起日出曛，為汝扶行未及門。一瞑知君有餘恨，彌留嗚咽不堪聞。

十二

人間死別劇堪悲，恩愛百年有盡期。敢道夫妻緣不淺，伴君呼吸最終時。

十三

床邊絮語憶前宵，猶為談詩慰寂寥。何意匆匆成永訣，餘生相見恐非遙。

十四

哀樂中年事屢更，築巢勞燕費經營。何期撒手君先逝，一夜牢愁白髮生。

十五

忍死送君八寶山，靈車西去路漫漫。親朋含淚從茲別，想像音容再見難。

十六

無窮往事怕思量，昔日戲言意可傷。太息人間情未了，達觀何計學蒙莊。

十七

思君不見意辛酸，檢點遺書反覆看。賸有綢繆千萬語，更誰殘夜話悲歡。

十八

平生不識別離憂，今日懷君始欲愁。道韞有才原未展，王郎心事愧難酬。

十九

重展遺書墨尚新，蘭亭臨寫足傳神。平時手迹餘無幾，兩句梅詩只自珍。

二十

曲院深房鎖綠苔，可憐玉骨已成灰。驚心怕過階前路，曾維經行扶汝來！

二十一

幽明一隔絕音塵，幾度懷君夢未真。寫就哀詩心緒亂，殘春風雨正愁人！

二十二

相期晚歲更南歸，悵望人間願已違。夢裡猶疑君遠別，醒來頓覺事全非。

二十三

蕭齋夜靜況春寒，寂寞愁懷強自寬。欲寄哀斯託青鳥，蓬山路遠到應難。

二十四

去年花發君南去，今日丁香又盛開！爛熳風光誰共賞，他生緣會倘重來。

二十五

生死恩情百感深，幾回惆悵失人琴。可能字字皆成淚，來寫生平未盡心。

二十六

早年喜讀悼亡詩，常怪微之擅鑄詞。今日黔婁同有恨，悲懷難遣與君知。

二十七

人間生死總難論，猛憶遺言有淚痕。寂寞不堪君逝後，更誰遲我在黃昏。

二十八

艱難身世與誰同，往事而今似夢中。君去我留亦何益，人天攜手總成空。

二十九

香消玉殞奈何天，癡想猶尋再世緣。難忘平生相厚意，夢回流涕不成眠。

三十

寶鏡生塵不可窺，音容已渺更何疑？哭君多少辛酸淚，為問芳魂知未知！

（二）

蓮蓮：

一月三日來信，已收到多日，知道你們忙，生活過得愉快，我們都很為你們高興。弘一大師書畫、金石、音樂展，定於一月五日圓滿閉幕，給各界人士的印象看來還好，八日《北京晚報》有簡單報導。

我前一向有點感冒，這是每年的老毛病，到醫院看了一次，好了又不大注意。一月五日紀念展結束，六日收攤又忙了一陣。七、八兩日把借來的展品又送到中國圖片社拍照，一直沒有能夠休息。昨天覺得不好，又去人民醫院看了一次，病症是氣管炎，讓休息兩天，實際也休不了。醫生讓打六次青黴素，今日開始。打後人有點倦，但已做試驗針，應無妨。

易冰心❶給買的大衣，既然買了就行了，顏色不是大問題，人家熱心，只能感謝。

---

❶ 易冰心（一九三四～）：蓮蓮的老同事，印尼歸國華僑，一九七七年全家遷居香港。

新華社田方同志，近日如打電話到佛協找我，恐怕不易聽到，如果寫信，當遵約往取。因我近日仍時往法源寺也。每日往返兩地，很費時間，但也沒法。

趙樸老尚未出院，聞熱已退，已打電話對外聯繫。聞他對弘一大師書法到日本展出，很感興趣，不知能否成功？但《弘一大師紀念集》，是一定要出版的。香港某法師聞已匯港幣萬元至滬轉京，支援《紀念集》印費。這工作又是我不能推辭的，近日得先訂一計劃。

你走後，孫先生給你一信，我們未拆看，茲附寄給你。賀年片已向榮寶齋買到，當另寄。給法宗（Falzone）先生的信，我仍未暇寫，日間當將賀年片寄去。匆復順祝

你們

闔家平安

爸　手書

一九八一年一月十日

（三）

蓮蓮：

十日給你一信，十一日又寄去給美國友人的賀年片，想均收到。我的感冒已基本好了。趙樸老昨天才出院，尚未見面，通過一次電話，據說他將到福建視察一番。我即將送弘一大師展品回泉州，兩人也許約在一處碰頭，讓我陪他參觀一下佛教叢林。估計我可能在福建過春節，但幾時動身尚未能定。現在各方借來展品均將歸還，泉州借的本來約定最遲一月十五日送還，現在只能推遲一些日子了。

Falzone先生的住址和信，我一時找不到，你如回信，可替我先問候一下。我自五日展覽結束後，一直未閒，先是要將所有展品拍照，幾經交涉，總算先拍了一部分。再是要編《弘一大師紀念集》，各方已寄到幾千元，這事又是我的份兒，所以幾無一日之暇。當然佛協也有一些事要做。香港大衣，一直未得到通知，不知一月中旬果到京否？我可能在二十五日左右出門。

《格言別錄》一書，最近有人另寄我一本，你借去的一本，就留作傳家之寶，不必寄還我了。但不要讓小孩們弄髒。匆此即祝

你們春節愉快

繼母很好，囑問你們好。

爸　手書

一九八一年一月十六日夜

（四）

蓮蓮：

一月二十日信，已收到。藉悉近況，甚為喜慰。我這次南行，本想乘火車，但最近春節期間，所有火車的臥鋪一律取消，無法買到臥鋪，而且趙樸老夫婦要同行，所以就決定坐飛機了。飛機票也不好買。我們買到本月三十日的福州加班機票。樸老夫婦和我一共三人，同機赴閩。我很想能在出發之前穿上寄來的新大衣，因為棉製大衣太笨重了。我近日仍來往佛協與法源寺，不大容易取得聯繫。繼母南堂❶是個好聯絡處，她不會出差的。我已告訴她給我留意，希望能在二十八、九日之前接到田方同志的電話。

我們將在福建過舊年，地點還不能定，到福州後才能決定。我到泉州把展品還了，就可以專門陪樸老訪問了。我回來時，恐怕你們已經搬家了❷。祝你們遷居一切順利。

關於用煤油的發熱器，我已請繼母問過寶姨❸。據她說，牌子名稱是：National Kerosene Heater，型式：Model OS-1702RX，價值約港幣二百元云。

黃伯伯❹和德悟❺都有來信，內容和給你的信大致相同。我已去信向德悟道喜，但願他能安度晚年。德寶❻夫婦走了，尉中❼夫婦也帶兒子走了，據黃伯伯說，尉中他們

❶ 繼母南堂：指蓮蓮的繼母鄭麗都女士，時在北京南堂的天主教愛國會工作。
❷ 指蓮蓮夫婦即將由唐山煤研院調往常州自動化研究所工作。
❸ 寶姨：蓮蓮繼母鄭麗都女士的姊姊。
❹ 黃伯伯：指作者的老朋友黃靜安先生。
❺ 德悟：指時任上海靜安寺都監德悟法師，當時剛由玉佛寺重回靜安寺。
❻ 德寶：指蓮蓮生母的外甥朱德寶。
❼ 尉中：德寶次子，黃靜安幼女婿。

想在香港，但香港政府限他們在本月底離港赴加，尉民是否也走，尚無所聞。我想黃伯伯倒是可以親家身分到朱家去小住的。

式梁法師圓寂早在預料之中。在京時看他的精神，我料他維持不久了。願他永久地休息吧。匆匆作復，未及一一，順頌

年安

爸　手書

一九八一年一月二十三日

（五）

蓮蓮：

離京前給你寫了一信，不久尚明又因交涉車皮來京，知道你們忙於準備搬家，不知準備工作已做好未？我在此祝你家春節大小平安、愉快。

我於一月三十日與趙樸老夫婦乘福州班機（八時四十分起飛，十二時二十分到）

到福州。由省宗教處招待，住在華僑大廈，連日參觀訪問、宴會，甚為忙碌。幸而身體還好。這裡近日多霧，時有微雨，但不大冷。我因為棉大衣太笨重，臨行前向人借了一件呢大衣，只穿到機場，到這裡以後就不曾穿過。帶來的絲棉襖還是很適用。這裡大廈設備不錯，有冷熱二水和溫泉浴水晝夜供應。

我們大約二月八日離開福州到莆田地區參觀。十日自莆田到廈門，大約由省宗教處長陪同前往。十五日自廈門到漳州訪問，十七日到泉州，在泉州過元宵，觀看燈節和聽「南音」（古樂），然後再到福州，二十三日乘機回京。趙樸老夫婦則坐火車到杭州、上海等地訪問。你們送我的香港大衣，不知已送到京未？我已託繼母負責聯繫，三、兩天到佛協傳達室看看。

歸途本想到常州看看你們，但既乘飛機回京，只好期之異日了。你們如果能如期遷居常州，在二月十五日以前，可寫信寄廈門轉給我（廈門大同路一九七號二樓蔡吉堂轉）。匆匆順祝

春節愉快

爸　手書

一九八一年二月三日

（六）

蓮蓮：

十四日來信收到，承報導訪問常州天寧寺情況，謝謝。

寺廟最怕掛上博物館和文物管理處這類招牌，這是趙樸老時常關心的問題。因為有了以上單位佔用，廟就不成其為廟了。天寧寺是清代中國四大禪林之一（金山、高旻、天童、天寧），目前情況，要全部修復恐怕不易。去年趙樸老想請宗教局批三十萬給天寧寺修理之用，我問了巨贊法師，他說恐怕有困難。解放前的天寧寺方丈敏智，現在在美國，據說很有錢，聽說有匯款修理的意思，不知他們聯繫了沒有？趙樸老目前仍在北京醫院療養，有活動請假出來一下。這個星期一（十三日）我因事（他請我搞一個對聯的題記送日本臨黃代表團）到過北京醫院一次，探視手續很嚴格，但總算去看過了。

常州和杭州之間既有遊覽船來往，你們能陪奶奶❶去逛一次是很好的。我給你寫一介紹信給靈隱寺介紹一下。

湯小玲❷尚未回來，邵瑜聽說不久要赴美，等小玲回來當問一下。

蘇州除拙政園和留園外，寒山寺似乎可以看一看。匆此順問

近好

爸　手書

一九八一年四月十九日

到杭州時，可以到虎跑去玩玩，那裡有弘一大師的塔。那裡的泉水是很好的，我和你媽曾在那裡吃過藕粉。

今天是耶穌復活節，南堂大約有四、五千人望彌撒，繼母特別忙，但她身體還好。我的健康也正常了。

❶ 奶奶：蓮蓮的婆母，喬尚明的母親。

❷ 湯小玲：繼母鄭麗都的外甥女。

（七）

蓮蓮：

十三日來信已收到。知道你們陪奶奶遊了人間的天堂——蘇杭。匆匆四日之間，看遍了江南的大好景色，我也為你們高興。靈隱寺香火之盛，久有所聞。你們在那兒住了一天，總算也結了勝緣了。三十多年前，我和你與許瑞居士，也是在靈隱住過的，情況無常，使人想念不置。根源法師❶招待你們，有空我再寫信謝謝他。

近來有個弘一法師的剃徒叫寬願的，也在靈隱寺，正和我通信，討論一些有關弘一法師的遺事，可惜來不及給你們介紹了。三十年前（一九五三）他在虎跑，我和你媽曾到那裡吃過藕粉，泉水頂好。六和塔是我曾住過的地方，那時的當家（已寂）是我的老同學，我住在那裡像住在自己的家一樣。這個黃金時代已過去了。一九五三年，我和你媽也去過一次，她也曾上塔去眺望。

❶根源法師：時任杭州靈隱寺監院。

關於佛曆、佛誕的問題，簡單給你答覆一下：

1.佛曆二九四九年，就是公元一九二二年。

舊說佛曆二千九百多年是靠不住的。一九一三年（民國二年），曾在北京法源寺舉行過全國性的二九四〇年佛誕，所以二九四九，是公元一九二二年。現在新的佛曆減少了約五百年。世界佛教徒已經公認一九五六年是佛曆二五〇〇年，所以今年是佛曆的二五二五年了。

2.佛誕日期

我國以每年舊曆四月初八日為佛誕，也稱為「浴佛節」。過去在浴佛節的前後，上海靜安寺有廟會。現在日本改為陽曆四月八日為佛誕，稱為「花祭」（はなまつり）。

東南亞佛教國，在每年五月月圓日（相當於舊四月十五日）舉行慶祝佛生及涅槃節，稱為「衛賽」（衛賽原為印度梵語二月的意思，相當於我國的四月）。新加坡等地這一天政府已定為公共假日。過去，太虛法師稱為「國際佛教節」，日本佛徒稱之為「世界讚佛日」。

3.鐘磬的花紋，沒有一定。有的在磬的上端鑄四五條幾何花紋，下面周圍鑄「法輪常轉」四字及刻一些年月、寺名及住持、施資人姓名等。可參考江南各寺的實物。蘇州西園法幢寺內，可能有參考的實物。

阿英❷還活著，實在不易。你想給她寄十元，建議我也寄十元，我同意。現在就寄給你，一起匯給她罷。寄吃的也好，一切你方便行事吧。她是一個善良而可憐的女性。你的前半生是和她共同生活的。我們的家從南京而蘇州而上海，她一直跟著我們，照顧我們，是應該得到我們的同情的。她的來信，怎麼寫成朱阿燕呢？信上的隊是「建北隊」，有郵戳可證。

你媽的骨灰，我也時常在念。至於做墳做到寧波去，我認為也不太適合，因為寧波我們是不容易去的，雖然那裡我也有許多熟人。我認為還是安置在蘇州靈岩山的海會塔（？）比較好。付一次款（至多一、兩百元）就行了，經常有人照顧燒香念佛，

❷阿英：又名朱阿燕，浙江上虞人。她年輕時便守寡，於蓮蓮出生約十個月時到作者家中幫忙料理家務，前後共歷時約十二、三年之久。一九四七年離開，後返回老家紹興鄉下，蓮蓮仍時與她保持聯繫。一九八五年去世，享年九十歲。

而且地方也清淨，那裡是你也去過的。只要靈岩山還在，骨塔是不會變動的。至少你我這一輩子是可以保證的。我稍空就寫信到靈岩山去問一下，情況如何再商量。蘇州對你來說，來往也較方便（當日可來回），不知你的意見如何？

我和繼母近日身體還好，就是忙。要寫的東西太多。

本光❸有信來，擬中秋前能來京。

趙樸老仍住醫院，據說血壓時高時低。匆匆作復，順祝

你們闔家平安

爸 手書

一九八一年五月十六日

阿英的信附還。

❸ 本光：本光法師，四川人。曾在上海靜安佛學院教書，一九四九年後還俗，在四川某小城市當中學教師，後欲返回靜安寺，由於因緣不成熟而未遂，返回故里而寂。

（八）

蓮蓮：

五月十六日寄去一信及匯上十元（送阿英），想已收到。湯小玲前幾天從美回國，你要問的事，已問過她。她說小華❶赴美讀書，只要那邊有人先給學校聯繫，並有住處，讀英文是不成問題的。她帶來Cassette Head Cleaner一小盒，洗錄音帶用的，她說是送你的。現在已拿到我這裡，有便人可託帶去或另郵寄去。

關於你媽骨灰安放的事，我前寫信給蘇州靈岩山，現在已有回信，說是每穴（應該是龕）二百五十元，永久存放，原信❷附你一看。我的意思前函已說過了。你如同意，我即正式和靈岩山接洽。大概中秋後進塔，最為相宜。費用你量力好了，我可多負擔一些。那裡是我們三人曾到過的地方，我想你媽有知，她一定是高興的。我們都好，只是大家都忙。匆此祝

❶ 小華：蓮蓮的長子喬文華。

你家老小平安

繼母附筆問候。

爸　手書

一九八一年六月三日晚

❷蘇州靈岩山寺住持明學法師及監院淨持法師的「原信」如下——「子青老居士：給淨持之信，已收到。去年大駕來山，招待不周，殊深抱歉。我寺修理殿堂已完工。今年著重修塑菩薩像。四天王像，最近請寧波匠人來做，今天已動工。佛學院沙彌四十四名，明天正式授沙彌戒。日本龍寺花園會客人來山訪問的報導，承您費神翻譯成中文，準備在《法音》上發表，甚為感謝。關於骨灰存塔手續，現在塔位已可開始訂購，隨時可以入塔，每穴價二百五十元，永久安放。謹復，順祝法喜。　明學、淨持　同復　一九八一年五月三十一日」

（九）

蓮蓮：

一月二十五日來信，早已收到。知道今年常州供應好，你們生活大有改善，我們都很高興。尚明於二月七日來京開會，帶來一件大衣，仍然是灰色的，不過比前一件合適多了，好像袖子還覺緊些。那件淺色的就換給他帶給尚哲❶了，謝謝你們。我想將來在京再做一件黑呢的，如果有條件的話。

尚明談了許多香港的見聞，很開眼界。香港我住過兩年，所以聽來比較熟悉。尚明昨天中午已到天津去了。尚明送繼母一新式果盤，繼母送尚明母親一盒桃酥。尚明這次滿載而歸，你們應好好利用。我們也過得很好，只是北京今年雨雪比較少，氣候乾燥而已。我經常服藥以降血壓，目前無甚變化，常覺嘴乾而已。

密迦❷在原單位退休，每月可拿七十多元，生活過得很好，我也很為他們高興。我

❶ 尚哲：喬尚哲，蓮蓮丈夫喬尚明的弟弟，家住遼寧鐵嶺。

編的《弘一大師紀念集》，已決定在京出版，工作更要忙些。希望此事結束後可以做一些自己願做的事。匆匆順問

你家大小好

爸爸　手書

一九八二年二月十二日

（十）

蓮蓮：

上月曾通一信，想早收到。我自本月一日起，奉佛協命，陪同兩位日本外賓（研

---

❷ 密迦：一九四九年前，任靜安寺監院；一九四九年後還俗，名周信之，在上海鋼筆廠工作，直至退休。

修生，大學副教授）調查善導大師有關遺跡及著作等。在京七日，六日乘車至山西太原，訪問了玄中寺及天龍山石窟等處。天龍山為北齊時代古蹟，滿山樹林繁茂，石窟數十，惜佛頭多被人斫去出賣。晉祠僅經過，未細看，另外看了平遙縣的雙林寺泥塑造像美術，回□在太谷（山西最富的縣）午飯。

三月十三日自太原乘車來西安。十四日上午九時到達，現住最近落成的西安賓館（館高十四層，有自動電梯，設備為西安第一，外賓來西安者多住於此）。西安名勝古蹟甚多，與日本佛教關係尤深。近日先參觀博物館、圖書館，查閱有關資料，數日後即開始訪問名勝古蹟。這兩位外賓由中國佛協接待，配備一翻譯，我名義上任顧問。房間設備良好。我對西安懷慕已久，此行機會極好。在此最少住到三月二十八日，也可能延長一週，然後前往洛陽，訪問龍門等處，大約四月初回京，然後再赴盧山東林寺及蘇州靈岩山也說不定，但未能到上海去，實在遺憾。

趙樸老夫婦赴日，接受佛教傳道協會功勞獎及名譽博士學位（見三月十五日及十七日《人民日報》報導，想已看到）。他們此行預定兩週，陳邦織❶同志也可大開眼界（外加一翻譯，一醫生）。

尚明上月來京，轉往東北，想已回常，諸事定多順利。西安古都正煥發青春，大

事建築。旅次匆匆，順問
近好

爸　手書
一九八二年三月二十日

尚明及諸孫統此致意。
通信處：西安市長安路西安賓館三〇四號

（十一）

蓮蓮：

你和小波的來信，已經收到。

❶陳邦織：趙樸初的夫人。

我陪外賓於四月六日自洛陽回到北京，在京仍有數日參觀訪問。外賓本來要到廬山和蘇州，因為在西安多住了幾天，決定把南行計劃取消了，所以蘇州靈岩山也就不去了。兩位日本外賓已於四月十四日乘機回國，我的陪同顧問任務也就告一段落了。我的身體還好，但好像患了一種喉炎，喉嚨老發不出正常的聲音，我想明、後天到醫院（白塔寺我們醫療關係的人民醫院前幾天著火，把三、四樓病房燒了一半，現在停診）去看一下。

上海淦泉法師❶送我的兩瓶麥乳精，我已經吃了幾次，味道不錯，稍空當寫信謝他。

得來信，知道你本月二十七日將出差天津參加會議，會後如有時間，希望來京談談。你媽的骨灰盒我想就安放在蘇州靈岩山吧（最近《人民日報》有通信說，現在靈岩山下生產隊為了錢財，讓人埋葬許多墳墓，搞得非常難看。我前年到蘇州已看到這種情況）。匆復順問

❶ 淦泉法師：時任上海玉佛寺住持，曾是作者的學生。

闔家平安

爸　手書
一九八二年四月十七日晚

（十二）

蓮蓮：

十五日來信，早已收到，你忙我也忙，所以未暇寫信。黃伯伯最近來信說：他們最近曾到杭州去玩，回來生了一場小病，已經好了。繼母身體如常，我的視力日差，血壓久未量過，只是每天服些複方降壓片等，勉強對付而已。每天早晨五時，即自動醒來，到了九、十點鐘，又感體力不支，只好再睡一下。最近北京時有雷陣雨，天氣並不太熱。你的工作任務既如此繁重，也要自己注意身體。

《弘一法師紀念集》，剛剛編好，交給文物出版社出版，圖片共有兩百張左右，真是洋洋大觀。寄贈弘一法師書法複製一紙，以為紀念。匆復即問你們一家大小平安。

爸 手書
一九八二年六月二十七日

「涅槃」即死亡或逝世之意，「毗尼」為戒律之梵語譯音。「般涅槃」，梵語譯音，即入涅槃、入滅之意。

（十三）

蓮蓮：

來信收到。你忙是想得到的事。不過久不見來信，總不免有些想念。今年春節，我什麼地方也沒有去。只有麗都的叔伯哥哥要到美國去探親，大家在她二姊家餞別，歡聚了一次而已。春節前，我偶然在白塔寺買到幾個荷蘭豆（碧綠鮮嫩，真是可遇不可求）。後來又託人在友誼商店買到一條鰣魚和兩包對蝦，都是稀奇的貨，總算不辜負春節了。

李叔同早年撰的〈送別〉歌，聽說成為《城南舊事》的主題歌，我尚未看過。繼母看了也說很好。前幾天上海阿德把《解放日報》所載的歌譜剪寄給了我，其他小報也多談到這支歌。你們分了新房子，幾時喬遷？我們也很想能到你們新房子住幾天，時間難以預定而已。

近來瑣事繁多，妨礙了正業。喉疾雖然好些，但尚未痊癒。普陀山管理處發現一張孫中山先生一九一六年「遊普陀誌奇」墨跡照片，要我作鑑定，是否為中山先生手跡。這張「誌奇」墨跡照片，我三十年前曾得到一張，後來不知丟到哪裡？很費了一些周折才把它打發。

昨天又有一位女同志來訪，是泉州一個作家介紹來的。她說天津文化局要編寫一部《天津話劇史》，曹禺指示，一定要提到李叔同（弘一法師）。所以她們像奉聖旨似的，奉命唯謹，找到了我，不免敷衍介紹一番。

巨贊老的病，看來不容易全好。現在除起坐須人扶助外，說話聲音也很微弱。匆復順祝

闔家春安

爸　手書

一九八三年三月九日

（十四）

蓮蓮：

來信及照片兩張均已收到。知道你工作多忙，精力疲憊，宜隨時自己注意休息，不要弄出毛病。我這次開會後，即接到文物出版社送來《弘一法師紀念集》再校稿，約十八萬字（離初校已經五個多月了）。只得從頭細校一遍，花了一週時間，才鬆了一口氣。但《大百科全書．宗教卷》的上海編輯部又派專任編輯來京坐鎮，只得再趕任務，從事收尾工作。大概在下月可以告一段落。

日前聖誕前夕及正日，南堂大大熱鬧一番，據說當晚有七、八千人入堂望彌撒（可見天主教徒的虔誠，佛教徒是望塵莫及的）。可是忙了你的繼母，她連站幾個鐘頭，累得腳腫身累，當夜就不能回家。只是第二天晚上，愛國會搞了一次宴會，稍稍慰勞而已。

小華、小波、小三❶各有所得，皆大歡喜，總算不負姥姥一番心意。你給肯堂的信，我當即照轉。王維友❷給你的信，我找出來了，茲隨函寄給你。彩電，你告訴尚明了沒有？早點送去，讓老太太開了眼界吧。匆復順問

尚明及諸孫好

我現在寫字，手已發顫了。不知老之將至！

爸 手書
一九八三年十二月二十六日

（十五）

蓮蓮：

來信（附《大公報》）及百元匯款，均已收到。肯堂的十五元，我已於十日寄去，當可收到。北京至今未雪，天氣非常寒冷。我們身體還好。但我近一周來身上（肚皮、腳上）奇癢，發現有小粒類似風疹塊的東西，實在不好受。正服中藥「防

❶ 小華、小波、小三：蓮蓮的三個孩子，依次為喬文華（男）、喬清波（女）、喬清汶（女）。

❷ 王維友：時在解放軍浙江省軍區政治部工作，是作者的朋友。

風通聖丸」，尚未赴醫院就診。

一九八四年的《法音》已代訂一年，茲將收據寄上，有問題可以直接函問。到現在為止，《法音》據說已有訂戶八千多，每天還不斷有訂款寄到，可見讀者的趣味。

宏德法師❶為藏經事，想請樸老協助（我見樸老時當代陳說）。此事恐怕有些困難。他們要的是《龍藏》，即清代雍正年間刻的大字《大藏經》，共有七、八千卷。但此《龍藏》完本無多，各處都不肯讓。前幾年向蘇州要來了一部，是為了送給香港的，有政治作用。現在再找第二部就難了。匆復順候

你們全家平安！

爸　手書

一九八四年一月十七日

❶ 宏德法師：當時常州天寧禪寺的住持，欲請一部《龍藏》至正在恢復中的天寧寺。

（十六）

蓮蓮：

別來不覺旬日，想諸事甚忙，不知曾到蘇州靈岩山去過嗎？我們生活如常，彼此忙碌如故。

你出國之期，已無多日，不知何時來京？日前寶姨❶自昆明回京，送來少量荷蘭豆和蠶豆。我覺得很好吃。因此想到荷蘭豆常州是沒有的，蠶豆也許會有。又毛竹筍現在大概正是上市時節。所以你來京時，請給我帶些毛竹筍和蠶豆，別的什麼都不要。份量數斤即可。

小蒙❷和那個司機小王，結婚不到數月，聽說已經吵架幾次，可見知人之難。

近日上海龍華寺明暘法師❸要請趙樸老撰寫〈重興龍華寺碑記〉，樸老要我代撰，

❶ 寶姨：蓮蓮繼母鄭麗都的十姐鄭襄。

❷ 小蒙：應是「小萌」，即姜萌，鄭麗都的姪女。

❸ 明暘法師：時為上海龍華寺及圓明講堂的住持。

義不容辭，不得不參考一些史料，以便下筆。匆此順問
尚明及諸外孫好

爸 手書
一九八四年三月十六日

（十七）

蓮蓮：

昨天剛給你一信，即接到上海阿德❶來信，知道他已遵領導上安排，回到了靜安寺。靜安寺已經收回，正在大興土木，不久即可開放（你到上海就可再住那裡了）。他說你聽了也會為他高興，叫我寫信告訴你。密迦也已參加靜安寺修建委員會（成員

❶ 阿德：即上海靜安寺的德悟法師。

之一）工作，看來都是原班人馬。

巨贊法師逝世，大概你也知道了。四月二十七日在八寶山開追悼會，頗極哀榮（見五月六日《人民日報》報導）。

其次關於你當「月下老人」的事，即小郭和小姜搞對象的事。據說他們見面過幾次，似乎還投機。但後來因為彼此學習，斷了線（彼此不知住處），看來小姜還想繼續瞭解，進一步聯繫。不知小郭的父親叫什麼？住在哪裡？你近日如不能來京，請來一信通知，同時也可給他父母親去信，詢問一下意見。但願有情人都成眷屬吧。匆此

順祝

近好

爸　手書

一九八四年六月九日晨

我擬再買一小鐵床，供你臨時下榻。弟弟說，你來了，他願睏地鋪。繼母說，小郭如無意見，可請他到我們家來談談。又及

（十八）

蓮蓮：

上月來信，早已收到，諸事栗六❶，致稽❷作復。想近日諸緣如意。肯堂近兩月來，在東郊動物養殖場，聽說有時也弄一些水果蔬菜買賣，略有甜頭。近來數日回家一宿，多半在東壩（東郊一公社名）。找正當工作不容易，只好暫時聽其自然。

彩電經辦處，仍未來通知，已託人去問，也無消息。據說要過十月才能辦理。你借的五百元，我不急用，等彩電解決再說吧，請勿介意。

前晚你的老同事王小樾來談。她說最近有出差機會到南京、蘇州去一趟，也許能到常州來看你們，順此通知。我定大後天（九月二十四日）飛廈門、轉泉州，參加弘一法師紀念館開幕及布置工作，順便一訪老家及諸親友，約一個月回京。歸途也許到

❶ 栗六：俗稱忙碌為栗六，也作「栗陸」。

❷ 稽：延滯、耽誤之意。

杭州、上海等處看看，時間許可，也許到常州來看看你們。我們一切如常，勿念。匆此順問

大小安好

爸　手書

一九八四年九月二十一日夜

繼母附筆問你們好。

（十九）

蓮蓮：

接到你繼母的信附來你的一箋，知道她有意南行，你又代表全家歡迎她，我也很高興。我本來打算自福州先到杭州，再到上海，然後到汝家住一、二日。現在她既願南來，我已去信請她先到你家等我，我決定自福州先到常州接她，然後同遊杭州和上海各地。但不知她能否按照計劃於本月十三日或十五日買到車票。

我在此甚忙，連日往遊閩南各地名勝古蹟，如同安梵天寺、漳州三坪寺、漳浦宋

城——趙家城，角美龍池岩，都已去過（我老鄉的老姊姊也已見過，精神還好）。南普陀是我曾住之地，大家對我都很客氣。這裡的香火香客，非北方可比。明天觀音生日，聽說更是人山人海。今日有一華僑婦女布施白米十三擔、麵三百斤、油一百斤，大家都吃上羅漢麵。

我定於十四日離此赴莆田，住兩、三天，赴福州，再住三、四天即赴常州。大約本月二十日以後當可相見。我身體還好，廈門天氣很熱，我在房間穿汗衫，出外加穿短袖襯衫而已。匆匆順問

你們全家好

爸 手書

一九八四年十月十二日晚

（二十）

蓮蓮：

自廈門寄你一信，不知已到達否？

我於昨（十四）日，已離廈門到莆田（車行四小時），暫住名剎廣化寺。廣化寺數年來修建工程，費去二百餘萬元，尚未完工（由僑僧施資），其規模之大，以我所見，可算全國第一，寺後高山屏障，林木繁茂，流水潺潺，實人間勝境。

接你繼母來信後，我即回信歡迎她南來。她說十三日或十五日南來，先到常州小住。我約十七日後到福州，住三、四天，即乘火車赴常州，或搭飛機到上海再轉常州（約本月二十三日左右可到常州）。不知你繼母已到常州否？如已到，請即寄我一信，寄「福建福州市北郊崇福寺夢參法師轉（當可及時收到）」，必要時亦可打電報。匆此以聞，即祝

日安

爸　手書

一九八四年十月十五日晨於莆田

（二十一）

蓮蓮：

蘇州別後，不覺旬日。

我們於十一月四日，自玉佛寺來杭，住靈隱寺，連日遍覽湖山之勝，又與老友樂談往事，至為欣喜。

我們定於今日午前九時許，自杭返滬，仍居玉佛寺。玉佛寺一片繁榮景象，客多房少，故起居頗不方便，但主人情誼殷殷，以為慰耳。

我們到上海後，即擬請上海佛協代購回京機票，希望最遲在十五日以前回京。前在上海玉佛寺，已為上海佛學院學僧講「近代佛教」三次，回滬後擬再講兩次，以結法緣。

你如有要事，可來信見告。信寄「上海安遠路玉佛寺淦泉法師轉」可也。匆此順祝

你們大小平安

爸媽　同此

一九八四年十一月九日

（二十二）

蓮蓮：

我和繼母已於十八日乘機返京，下機後知昨日中雪，尚未全消。佛協以車來接，至家後，知你已於星期二南歸，還留下兩盆熟麵，我們燒粥吃麵，頗為省事。家中近日正在裝煤氣管，甚為凌亂。

你寄上海阿德轉我的信，早已收到。

我在玉佛寺上海佛學院，講了幾次「近代佛教」，尚受歡迎。今早臨別時，全體學僧列於寺門相送，為此生所未遇。

這次在你家住了幾天，感到很舒適。小波、小三都很熱情，我們都很高興，可惜未能多住。我們在杭州住了五天，下榻靈隱寺，出遊時有專車相送，頗為便利。匆此，順問

全家平安

爸　手書

一九八四年十一月十八日夜

繼母同此

在上海時，黃伯伯請我們在綠楊村吃過一次飯。後來小舅媽❶也請了一次，很是熱情。靜安寺也請過一次。

（二十三）

蓮蓮：

元旦來信，今晚由你繼母帶回，知道你在上月曾到上海出差，在靜安寺住了幾天，受到許多親友的熱情接待，我也很高興。

新年一、二兩天，我也沒有出門，只在家裡看書，繼母忙著做菜，肯堂仍舊早出晚歸，大家都平安，生活如常。我因為《弘一法師紀念集》一書已經出版（先交來三百本），不免稍忙一陣。

❶ 小舅媽：蓮蓮生母的嫂子，名洪芳範。

又悉，你在元旦為我們買了一台日本Sharp雙缸洗衣機（僑匯券一百三十張，人民幣四百七十八元），謝謝你們的關懷；但巧得很，我們在上月初也已經買了一部日立（Hitachi）的雙缸洗衣機了（僑匯券一百二十張，人民幣三百九十五元）。只是因為這洗衣機的「插梢」是三個圓（一大二小）的（大號），而北京又沒有圓的「插梢座」，所以至今未用。

我們的意思是，既然你給代買了，當然是很好的事，想來常州是不愁沒人要的，我想就不必運到北京來了。在常州還可多賣些錢。這個月尚明如來北京出差，是否能給帶個「插梢座」來，雖然已託繼母的外甥代辦，但還未見送來。

據玉佛寺淦泉法師來信，上海佛協成立三十週年紀念，定於本月十日舉行；而參加《百科全書》定稿會議的北京代表，聽說要到中旬十八日才能赴滬，恐怕是趕不上紀念了。匆復順祝

闔家新年幸福

爸媽　同具

九八五年一月四日夜

肯堂問你們新年好。

順祝小華出國留學成功！鵬程萬里！

（二十四）

蓮蓮：

上月來信，收到已久。玉佛寺佛學院想請你講學，以結法緣，這是很有意義的。我對佛教只是自己研究，並不對人宣傳，所以你幼年時雖跟我時常往來寺院，對佛教也不甚瞭解。

談到英文和佛教的關係，實在太大了，不是三言兩語說得完的。姑且隨便談談。

英文從教理上，分為大乘（mahayana）和小乘（hinayana），從地域上分為南傳和北傳。從原語分為梵語（Sanskrit）和巴利語（Pali）。中國古代的佛經、大乘經典，主要譯自梵語；小乘經典，譯自巴利語。

十九世紀以來，歐洲學者對佛教感到興趣，他們有的從漢文佛經譯成英文。如英人比爾氏的《中國佛典的連鎖》（*Catena of Buddhist Scriptures from the Chinese*, By Samuel Beal, London 1871）。此書從中國二十部佛書中譯出一部或全部。他又有《中國佛教文學四講》（*Abstract of Four Lectures on Buddhist Literature in China*, Delivered at University College, London 1882）。最有名的是十九世紀末美國喀拉士的《佛陀的福音》（*The Gospel of Buddha*, By Paul Carus, Chicago 1895），此書對佛教初學者極為適用，已譯成德、法、意、匈、日諸國文字。

總之，要徹底研究佛學，就得研究梵語和巴利語（二者已收入英語字典），而梵語和巴利語的佛教經典，大部已譯成英語（有的譯成法語和德語）。巴利語有《巴利聖典》（巴利聖典協會出版），梵語有英著名梵語學者馬格斯・牟勒（Max Miller）博士的《東方聖書》（*The Sacred Book of East*）。現在用英文寫成的佛書，已多至汗牛充棟。我國如北大的季羨林教授，也精通梵語。幾十年前有紹興的慧道法師和美國高智安（Drigte Goddard）博士合譯過幾部佛經。高智安居士原是美國一基督教牧師，他改信佛教後，曾寫過一本書，名為《*Was Jesus Influenced by Buddhism?*》，是很有名的。

所以要成為第一流的佛教學者，懂英文是很必要的。從前楊仁山居士和英國牧師李提摩太合譯《大乘起信論》，因為楊不懂英語，李提摩太不懂漢文，據說譯得不好。

所以楊仁山居士為復興佛教，最初辦的梵文學堂（即祇洹精舍），就把英文（請蘇曼殊教英文）作為必修科。日本著名佛教學者如南條文雄、高楠順次郎博士等，為了學習梵語，也到英國去學習。近日事忙，兼血壓高，就寫這些，以供參考。匆此順問

年安

爸　手書

一九八五年三月二日

託尚明帶去《弘一法師紀念集》一冊及趙樸老《佛教常識答問》等，想都收到。

（二十五）

蓮蓮：

前寄一函，想早收到。

我春節後稍患感冒，精神不佳，血壓偏高，服藥後已穩定。

昨接美國寄到我這裡轉交給你的信，看來你似有來京出差的可能。

發信處的英文是：

Stanley W. Hsu

985 San Ramon Court

Mountain View CA 94043

你如暫時不來，即給你轉去，特此函詢。

我本月底（下星期）前又將赴福建一行，講學一月，其他事務約須一月，大概要兩個月後才經上海回京。

近來我的視力更差，字寫不好，小字也不能看。匆此順祝

你們全家安好

爸　手書

一九八五年四月十九日

近月趕寫〈房山石經刊行緣起〉一文，約萬餘字，更費精神。趙樸老夫婦一行五人，

本月五日赴日本接受「庭野和平獎」，八日中曾根首相接見，想已見報導。他們在日約逗留三週云。

（二十六）

蓮蓮：

京中別後，我於四月二十七日，自京飛廈，途中平安，至廈後暫住南普陀，友人招待甚為周到，但住宿條件並不太好。前約我陪遊閩南之友人，因事恐不能前來。而閩南佛學院恢復，本擬為講《釋迦傳》，但因近日喉嚨又告失聲，說話只能自己聽到，故「講學」恐不能如願。但既遠道而來，只好安心小住。

此間遊人極多，氣象繁榮，為一般內地所不及，寺廟已恢復五、六處，還有一處女眾佛學院，約有四十餘人（有青年尼僧二十餘人，來自各方，文化程度在高中以上），正孜孜於學，亦今日所難得也。

我原定六月底回京，現在情況如此，或提前亦未可知。但最近得一治白內障機會，即有上海夫婦二人（佛教徒）來廈，以針灸治人疑難諸病，並說能治白內障，不必挑撥或開刀，只須每日扎針並點眼藥（每次約費時間三十分鐘），已試過五、六次，尚未見特效，擬試一段時間（十日一療程）再說，身體還好。匆此順問

近安

爸　手書

一九八五年五月七日夜

通信可寄：「廈門市南普陀寺轉」

（二十七）

蓮蓮：

來信早已收到，知你五月初曾出差到京，並將於七月間赴澳洲訪問，又可大開眼界，甚為喜慰。我來廈身體很好，眼疾曾經針灸擦藥多次，似無大效，近已停止，只

好回京時動手術了。近來五號小字報刊已不能看，勉強閱看還要戴花鏡加放大鏡才能看清。你和繼母建議我到醫院動手術，我今已接受，三〇一醫院不妨問問，如有好醫生當然最好，否則人民醫院，想來也可以。淦泉法師靜安寺陞座，也有請帖寄來，惜一時不能分身去賀，只好歸途補禮了。

廈門為經濟特區，市面日趨繁榮，南普陀寺為遊人必到之處，日夜甚忙。我在此生活頗好，勿念。匆復順祝

你家大小平安

爸爸 手書

一九八五年五月二十四日於廈門

（二十八）

蓮蓮：

寄郝家灣二信，均已收到。你再度到上海，你來信報導，小錢也是你師❶徒弟，由

於他的介紹，認我做乾爹，我見她秉性善良，遇人不善，終於仳離，身世坎坷，也就同情她。你有出國機會，自然不可放棄。

我的視力，有如霧裡看花。白內障已成熟。三〇一醫院眼科尹大夫，自患肺炎，住院。由姜院長介紹給中國研究院唐由之院長治療。十一月四日，檢查一次，答應由唐院長親自動手術，即日向住院處登記，住單人病房。但至今尚未得通知，看來只有等到過年了。我和繼母身體都好，但她忙我眼病。

我祝賀你買到新的「披亞娜」❷，但願將來有機會時，到你家聽聽。

近來有人送了一個鋁製的火鍋，很想吃它一次，對蝦已經買到，繼母說想請你吃「天婦羅」（TENPURA，即炸蝦、炸魚之類）。你如果下月能來，請給我買些冬筍和芋奶。錢歸我付。

淦法師❸出我門下，他到閩院是我介紹的。這幾年他待我很好。他現在掌握兩寺

---

❶ 你師：指德悟法師。

❷ 披亞娜：piano的譯音，意即鋼琴。

大權：玉佛寺的都監，並兼上海佛學院（在玉佛寺內）教務長；靜安寺的住持，很有抱負，也得組織上信任，是目前佛教不可多得的人才。北京昨日有雪意（天氣預報有雪），但不曾下，天氣回暖，甚為奇怪。《法音》今年第六期，有我一文，但郵局積累很多，今年未能運出去。

我現在報紙大小的字，已全不能看，寫信則用藍色彩色筆，勉強應付。匆此順祝

冬安

爸爸　手書

一九八五年十二月二十九日

❸ 淦法師：即淦泉法師。

（二十九）

蓮蓮：

你寄來的長信，早已收到。知道你帶小波到蘇州靈岩山去掃姥姥的靈龕，又遊西園、寒山寺，受到種種優遇，我很高興。因為視力未復，寫信須戴老花鏡和左手拿放大鏡，才能夠勉強書寫，很覺吃力。茲先略復如下：

1.上次你來信附二月底朱喬森同志一箋，我早收到，因尚明當時來家，已經知道，我以為他回常定會談及，故未說到。我遵朱同志再過一月電話聯繫的囑咐，於四月四日寄了一信給他，另掛號寄贈《弘一法師紀念集》一冊。信裡說既然沒有弘一法師的遺札，請將他寫贈自清先生的字幅照抄一張惠贈，待我視力恢復後再去照相。但書信去後已將兩旬，至今未見回音，想來他也許又出差了。

2.關於小錢的事，你們在滬相見，談得很多。關於她想落髮的事，我給你德師的信，對反覆啟導，你也看見了。我的意思，果與佛法有緣，要先發心學些必要知識，以她的文化程度，是可以有所成就的。應有積極的精神，不可抱削掉青絲、青磬紅魚、了此殘生的態度。你贊成她請假到北京來小住，跟我學些佛學知識和照顧我們，我很歡迎。但居住條件差些，還可以對付。肯堂近日去搞推銷手工業，到縣已十餘日未回。

昨日接小錢來信，說要乘二十二日十四次車來京，今日又接她電報，說改二十三日出發，大概後日可到。到京後再讓她給你寫信吧。我白內障摘除後，病況日有起色。昨日再去檢查，說再等一個月可以驗光配眼鏡。目前你繼母上半天班，中午一時左右回家，為我做飯，今後小錢來了再做安排。但她腿部關節炎很嚴重，她辦事又認真，我勸她要徹底就醫，她還猶豫不決。

你們陪奶奶遊無錫，想很滿意。無錫梅園開元寺佛教協會的會長隆賢法師，是我靜安佛學院的學生，祕書長陳文林也熟悉，今後再去，可以找他，一定會接待你們。請代我向小波的奶奶問好！

你工作太忙，身體也不太好，要多注意休息，究竟是年過半百的人了。蘇州各寺法師，有暇我會寫信向他們致謝的，勿念。匆復順問

你家老小平安

爸　手書

一九八六年四月二十二日

（三十）

蓮蓮：

你所莊國容❶同志來京，帶來的信和竹黃都已收到，我們近來生活都好。小錢在這裡也很愉快，幫我們做了許多事情，繼母近日已全日上班，請她半日休息，她是不肯聽的。

我的白內障動手術後，已驗光配戴眼鏡，但一時尚未配來，所以寫信還需小錢幫忙。奶奶對我們的關心，我很感謝。上次你們到金山寺那是鎮江，平山堂是在揚州那裡都是我舊遊之地，有很多人認識我，但我已忘記他們了。

現在趁莊同志回常之便，託她帶去尚明存京的磁帶一盒，並送你們冰淇淋粉兩包，紅果子露一瓶。

來信知道小華將於七月十五日回國❷，你們家裡可以大團圓了。我們祝你們歡樂。

❶ 莊國容：蓮蓮在煤科院常州自動化研究所的女同事。

匆匆順問

闔家平安

爸　啟

一九八六年五月二十日

給小錢的信，已代轉，她問候你。

（三十一）

蓮蓮：

你給媽媽的信，已由京轉來，知道小華在七月十日將到上海，很是歡喜。我於七

❷小華……回國：蓮蓮的長子喬文華於一九八四年赴日留學，就讀東京亞細亞大學，這是他第一次回來探親。

月二日自福州飛滬，住靜安寺。本擬十日左右回京，今你既然將來滬接小華，我當留二、三日再回北京。今日起我將至玉佛寺講學一、二日，以結法緣。

小華想到北京，我回京後，隨時可以來家裡住。這次福建之行，是小錢陪同的。她因上海佛協催促，已在昨日開始上班。

我的視力，尚不大好，寫字還有困難。

本光法師已來靜安寺，他視力也不大好，且不良於行，生活需人照顧，但思路尚佳，談吐如常。匆復即訊

近好

爸　手書

一九八六年七月八日晨

（三十二）

蓮蓮：

九月二十三日信，二十五日收到，知你於十五日回滬，在靜安寺小住二日，回常

州後又忙於為別單位搞口譯，忙碌可想。趁此年富力強之時，能以所學為國家多做些事，是很好的事。尚明還沒有來，大概明（星期六）晚也許會來。日本東西，用人民幣計算是很貴的。我們單位最近也有人去日本，大家都這麼說。兌換券有一些，已託人去換，如辦不到，再麻煩尚明。我的視力不佳，遠視可以，近視（如看報寫字）就不大清楚。已託友人在國外配近視鏡，尚未配來。

我和繼母身體如常。肯堂有時也回來，他最近又搞什麼柳編手工業，據說這次有成功把握，只有拭目視之。

我近來也很忙，整天為校註《弘一法師書信》，沒有幫手。小錢說願再來京幫我，不知能否如願？

小錢將於二十八日到常州你家度國慶節，你家可以鬧忙❶一些。她給我的信，我就暫不回了。你回上海消息，你阿德師父在赴川朝山以前，已來信道及。

趙樸老夫婦等，近應北朝鮮佛教方面邀請，正在北朝鮮訪問，大概下月初回國。

❶ 鬧忙：係上海方言，即熱鬧的意思。

家中一切如常。請代向奶奶、小錢和小波、小三問好。

爸 字

一九八六年九月二十六日下午

藍色彩色筆出水不好，不知看得清嗎？

（三十三）

蓮蓮入覽：

寄南堂信及彩色照片多張，早已收到。因編《弘一法師書信》（已有書店願意出版）甚忙，且每日午餐須自料理（還要出去買菜），故尤忙碌。小錢說來又不來（當然也不容易），已去信催促，尚未回音。最近《人民日報》離休編輯夏君❶（豐子愷之

❶ 夏君：指夏宗禹先生。

友），欲編《弘一大師遺墨》（著重書法），蒐集至勤，曾來徵求意見。我告以朱自清及魯迅生前存有弘一法師手跡。他即設法，都照了相，甚為難得。尚明帶來日本點心及烤箱都已收到，謝謝。新加坡友人定製「近視鏡」（白內障開刀後用的）相送，尚未收到，故寫字甚覺不便。家中生活如常，勿以為念。小錢鄰居阿婆親如生母，今患癌病，想多勞心。人生多苦，誰能獲免？匆復順問

你家老小平安

爸　手書

一九八六年十月十六日晨

（三十四）

蓮蓮：

來信已收到多日，知道你近來多忙。月前尚明來京，曾到家兩次，知道小波❶自滬自京赴澳未定，我給尚明百元，請他交給小波買點應用東西。並悉澳洲大學定於二月

二日開學，小波須於一月二十日啟程，想來是已從上海出發了。小波赴澳洲求學，你家老少花了很大力量，這不是普通人家做得到的。

你自己已年過半百，又有幾種疾病，應該好生診治，不要像你繼母這樣頑固，我看她上班實在吃力，有病不醫；我看她總有一天會累垮的。我自己白內障開刀後，配了兩副眼鏡，一看遠的，一千一百度；一看近的，一千四百度，視力大不如前。加以牙齒已全拔了，目前下顎尚未能做假牙，所以吃東西很不方便。

月初小錢自滬來京相探，住了半個月，已經於十六日回滬。她近來從性堯❷專學日語，頗有興趣，聽說是全班的佼佼者。她很有學語言的天才，學得很快。但外語不是一、兩年工夫就能成功的。她目前似不考慮落髮問題，等將來再說。她吃素很堅

❶ 小波：即喬清波，一九八七年自費赴澳洲留學。

❷ 性堯：一九四九年前，從上海吉祥寺住持雪悟法師為師，法名性堯，常住吉祥寺。當時作者經常攜蓮蓮去吉祥寺與唐雲、若瓢等文人雅士聚會，因而與性堯熟悉。一九四九年後，性堯還俗，俗名周逸人，一九八七年前後在上海虹口區教師進修學院教日語。

決，這一點很難得。有些過去吃素的人，現在大魚大肉，實在不可同日而語。佛教是講「業力」的，業像一股風，叫做「業風」，人們都是隨風飄來飄去的，誰也做不得主。

今年二月底佛協要開佛代會，開會以後，我想再出門走走，方向未定。聽說你有些假期，如果有緣的話，可以一道出來走走。繼母想到福建走一趟，也許能滿她的願。但我卻想到九華、峨嵋去看看。趁目前視力雖差腳力尚健之時，再不出去，以後更難有機會了。但今年有兩件不湊巧的事：一個是新加坡友人要到北京；一個是檳城的友人想到廈門，都要我作陪。只好一切隨緣看機會了。草草作復，順問

近好

爸　手書

一九八七年一月二十一日

（三十五）

蓮蓮：

上次尚明來京，帶來魚、菜、糯米粉等，均已收到，我和繼母都很感謝。尚明後來大概因事忙，沒有再來，所以沒有回禮。我們近來身體還好，肯堂前數日回來一次，據說在良鄉地方柳編工作搞得還好，真相不知如何？匆匆住了一宿又回去了。

小波赴澳，想已來信，不知情況如何？初次單身遠行，恐怕要有一個適應階段。

日前我接一個法師❶自新加坡來信，說在舊曆二月二十六日（即明日）要回廈門，大約住四十日，希望我回廈一談，也許是商量修建寺廟或寫碑銘的事。他已回國多次，遍禮名山，前年我已在閩見到。你從未跟我遠行，如果能抽空利用假期，我想這是一次福建旅行很好的機會。我和你繼母大概四月三、四日乘機飛廈，請你在本月三十日以前給我回音，以便好訂機票（由常到京旅費均由我負擔）。希望收到信後，

❶ 這位「法師」，係指新加坡的廣洽法師或廣淨法師。

和尚明及組織商量一下，即回信告知。匆此順問

尚明、小三好

爸　手書

一九八七年三月二十四日

如來不及，則另待機會，不要過於緊張。我還有幾處名山未遊呢！

寄郝家灣的信，看來一般都能收到。佛協我隔一、兩天才去一次。

（三十六）

蓮蓮：

五月二十一日來信，讀悉。知平安回常，至慰。小錢來北京，對我們確有很大幫助，一日三餐她安排得很好，從不耽誤。你對她的工作、學習的幾點希望，都很正確，但計劃是難全面實現的。我希望今後能逐步走向正軌，有計劃地教她。這幾天我

在寫出國用的講話稿，這種稿子我是不擅於寫的。我打算讓小錢上午讀日語，課本由她自己讀，我只當輔導；晚間為她正式講授佛教知識，但媽媽要看電視，實在有點衝突。有一本東京大學教授鎌田茂雄寫的《中國佛教的寺と歷史》，寫得很生動流暢，她很想把它作為佛教課本來讀。其他的書太專門了，一時不易理解。

關於江米運搬的事，如果送到煤研院招待所❶，請打電話通知媽媽一下，如果肯堂在京（這幾天他到琉璃河去辦事），就叫他去取；如不在京，我可帶一米袋到招待所分裝一下和小錢一道去取回來。請告訴我怎樣坐車去找招待所。

毅然法師❷我去信道謝，只寄了一張有「南山廣化寺」門額題字的照片，在觀音閣下照的照片，等寄到時，再寄送給他。匆復順問

你們闔家安好

❶ 煤研院招待所：在北京和平里，煤研院是蓮蓮當時工作所在的常州自動化研究所的上級機關，全稱為「煤炭工業部北京煤炭科學研究院」，其招待所設在辦公大樓旁的一幢樓內。

❷ 毅然法師：東北人，時為福建莆田廣化寺監院。

我們和小錢都生活得很好，只是我這幾天喉嚨又有些嘶啞。小錢謝謝你的關心，叫我附筆致意。又及

爸　手書

一九八七年五月二十五日

回信直接寄郝家灣家裡也行。

（三十七）

蓮蓮：

月初你給我和小錢的信，早已收到。你給尚明的信，依你關照，即命小錢給煤院招待所打電話，讓他來家取信。電話是打通了，不巧他不在，託了服務員通知他，結果一直沒有來，大概是到上海去了（在接信之前的星期六和星期日，尚明都於晚間來過）。這信雖然已成明日黃花，現在我仍然寄還你。

來信知道你帶小三到上虞鄉下去看阿英，飽吃楊梅和欣賞了山村的風物，我們都為你高興。過了幾天，得上海的信，知道小華回到上海，旋即回常州去，你們又得團圓幾日，歡樂是可想見的。

近來我為房山石經和《契丹經》的事，自己寫了文章，改了又改；同時又看別人有關《契丹藏》（《契丹藏》亦稱《遼藏》），是遼代所刻的《大藏經》，過去片紙無存，學者只能想像，最近在山西應縣木塔發現了若干《契丹經》殘卷，引起中外學者的注意，因此發表了許多文章）的文章，要提意見，就得看參考書和舊筆記，而我對寫文章又死腦筋，認真思考，所以弄得很不安寧。

我們生活如常，小錢十月間大概要回上海，說是為了分房和學日語。一切只能隨緣。溽暑天氣，不能多寫。祝你們

闔家平安

爸　手書
一九八七年七月二十二日

媽媽和我都有機會到大連休假，她因走不動，我因天熱，都不想出門，所以都不能去。

（三十八）

蓮蓮：

前後寄南堂和家裡的信，都已收到。知道你們家裡情況，至為喜慰。我們節日過得很好。我按照你的說法，拿到簽證的護照後，即赴中行取出一些美元（買一大件大概夠了），果然照辦。我們手續一切都已辦妥，機票也拿來了，大概準定十九日中午飛日❶。到京都後當設法和小華通一次電話。

今晚陳俊芳❷來訪，帶來你託她的美式圓珠筆，並知你遺失的皮夾已經找到。她說已將車票等票據寄給你了。我們也放心了。

❶ 一九八七年，中國佛教協會與日本京都佛教大學共同在該校舉辦「中國房山石經拓本展」，作者亦應邀出席，並於活動會議中作了題為〈房山石經概況及其意義〉的報告。

❷ 陳俊芳：蓮蓮在外語學院時的同學，當時陳在北京煤炭科學研究院外事科工作，是老同學，又是上級機關的同事。

小錢已定本月十五日回滬，各項都已準備就緒。大概此信到時，她也可到上海了。媽媽退休問題，她們領導上大體同意，據說領導通過南堂祕書長告訴她，以後可以不上班，只有每星期一、三上午到南堂學習開會，有車來接，另外星期日上午到北堂去望彌撒一次，大概是怕有外賓來訪❸吧。她從本月十三日起即預備不去上班。我的身體還好，媽媽背脊時感到微痛，不知是什麼毛病？她服藥沒有恆心，是一大忌。小錢囑附筆致謝並問候，待回上海再給你寫信。近日瑣事甚忙，不能多及。匆此順問

你們好

爸　手書

一九八七年十月十二日夜

❸ 蓮蓮繼母鄭麗都是天主教徒，當時她在中國北京天主教愛國會所轄的南堂工作，偶爾也去北堂。由於她精通英、法、日語，所以每有外賓來堂望彌撒時，經常要她出席接待。

（三十九）

蓮蓮：

我於十月十九日訪日，二十八日回京，旅中一切平安，堪以告慰。我在京都（住京都飯店）約住十日，除參加房山石經拓片展及學術演講外，餘暇由東道主佛教大學派員陪同遊覽京都、奈良諸名勝古寺。京都、奈良為日本古都，是我舊遊之地，不知你曾遊過否？在京都時曾與小華通過兩次電話。承他爺爺❶送我皮包及皮帶各一，小華送我二萬日元，可惜我未帶おみやげ（禮品），殊感失禮。我囑小華向他爺爺致謝。小華說冬天寒假，將回國一行，會到北京。在日本時，因展出工作繁忙，無暇外出購物，只到舊書店一次，購得數冊舊書（《禪學思想史》一部，價八千五百日元）而已。此行來往僅十日，恨未能一至東京為憾，歸來身體尚好，堪慰遠念。

近日佛協總算決定分房給我了，三居室，在塔院。大概下月可以遷入。但聞煤氣

❶ 他爺爺：即喬鍾洲，蓮蓮的公公，喬尚明的父親，時任台灣駐橫濱「亞東貿易協會」主任。

管尚未裝好，而媽媽則迫不及待要去看看。匆此順聞，即祝
闔家安好

爸 手書
一九八七年十月三十一日夜

聞新房為三角樓，共十八層，分給我的是十一層❷，有電梯，周圍環境尚未綠化，但相信將來會逐步完善的。

（四十）

蓮蓮：

上月初接你來信，因為從日本回來，我已給你去過一信，故未再復。後來尚明

❷ 實際上後來分到了晴冬園三號樓的八層八〇一室，此後作者夫婦一直住在那裡。

出差來京，說你為了評定職稱，仍要來京（或太原）應考，但一直等了好久，未見來京，不知有何變卦？小錢前來信說，已在玉佛寺代買香菇三斤，兩斤寄我，一斤寄你（也許尚未寄），不知是否已經寄到？德悟上月陪一台僧朝拜九華、峨嵋和五台山，十二月三日到京，在家裡住了兩夜三天，已於五日回滬。我曾陪他去看了新居。

這次我分到「大三居」，說來也不容易。但房屋是十八樓，我住八樓（具體地名是塔院新村，晴冬園十二樓八〇一號），內部粗糙，須好好打掃布置。如果你能出差來京，當當參謀，那就好了。我準備將法源寺的書物搬去，然後再解決郝家灣問題❶。聽說新房子五樓以下已有水，六樓以上尚無水電，要臨時安裝。

我近日血壓稍高，已服藥，尚無大礙。匆匆順祝

❶ 長期以來，北京中國佛協沒有為職工建造宿舍，許多人或自租民房，或安排住在北京的一些寺院內。如作者一九五六年調至北京時，被安排在法源寺內居住，直到一九八七年底才分到居所。作者續弦後不久便遷入妻鄭麗都一位姪女位在郝家灣的五樓頂層臨時居住，故搬遷時須兩邊都作安排。

你闔家平安

爸 手書

一九八七年十二月七日夜

新居暖氣已有，尚無煤氣管，我已將煤氣罐搬去。

尚明上次說，搬家時需不需要你家小董❷來幫助，我想路途太遠，就不必了。好在這裡幫忙的人也容易找。又及

（四十一）

蓮蓮：

十九日來信收到。這次分到的房子也不是容易的。繼母得到消息，尚未簽訂租賃

❷ 小董：為蓮蓮家中的小褓母，主要照料其婆母並幫忙家務。

契約，就急得要看那幢大樓。拿到鑰匙以後，她特別來勁。目前水電總算有了，只有少數人搬去，房間內部太粗糙，講究的人真要大弄一番，我是主張中庸之道的。你答應三、四月間才能來幫忙，恐怕遠水不能救近火了。

歸國後的免稅權，想買一件好冰箱，據說目前有許多新規定，好在經賣地方，繼母親戚有人在那裡，可以想法買到。

關於我搬家事，研究部已經通知，到時派幾個小伙子來幫助，我的意思也是先搬法源寺的東西，已經去整理了幾次。我準備搬後，把郝家灣的房子暫時給肯堂住，繼母時來時去，以後再說。

房子的具體情況，介紹如下：地點在（海淀區）塔院新村（北醫三院對面）的一幢十八層大樓，我住八〇一室（八樓），名稱是「大三居」，約四十平方米。圖示（略）。

目前室內地已磨平，兩間前後房鋪上塑料地板，廁所廚房大致也弄好了，廁所是蹲式，繼母用不慣，想改成坐式，正在交涉中。室內牆圍已油好，是淺綠色（豆青），一切由繼母包辦。大概新年後可以搬了。

最近我的朋友夏宗禹（《人民日報》退休編輯）編了一部《弘一大師遺墨》，由華夏出版社（中國殘疾人福利基金會辦的）出版，內容豐富，裝訂華麗（精裝本三十元，平裝本二十三元），新年可以發行，裡面有我的三篇文章。所以他要我寫文章介紹捧場，我寫了〈喜讀弘一大師遺墨〉一文給他（約千餘字），發表於十二月十七日《人民日報》第八版，十二月十八日該報海外版也發表了同文，比較詳細，不知你看到了沒有？茲寄《人民日報》（十二．十七）所載的給你看，十二月十八日海外版你所如有，也可以借來看看。匆復順候

全家平安

爸　手書

一九八七年十二月二十四日

（四十二）

蓮蓮：你好！

二十四日來信收到，我也在那天給你一信，想亦可收到。關於新房子的修理問

題，大體已經完成，只是一些零碎的事還沒有辦好，問題不大。前天（星期天）我們又到護國寺家具店買了一套沙發（一大二小）搬去，有繼母的親戚兩個小伙子幫搬捆運，據說佔了房間三分之一以上（雖說是大三居，房間並不大，恐怕還沒有你們家那樣大）。現在只差一隻寫字枱和幾個書架而已。寫字枱我主張把舊的改造修整一下，繼母堅持要買新的，說舊寫字枱與新房間不相稱，現在還未定。

新年就要到了，尚明又在出差，他回家時正好新年，你是走不開的。你要請旅遊假來京幫忙搬家，我和繼母商量，用不著了，謝謝你的好意。（春節後再來看吧！）搬家事我們的研究部已答應派幾個小青年幫忙，問題不大。大概過了幾天就新年了，待新年後天晴時（此刻北京正在下雪）再搬，先搬法源寺的。

匆復順祝

新年闔家如意

爸　手書

一九八七年十二月二十九日上午

大雪紛飛中

小波來信了嗎？我們也很牽記她。

《弘一大師遺墨》一書出版消息傳出後，大家都已先睹為快；聽說〈喜讀《弘一大師遺墨》〉同是一文，而《人民日報》和海外版都各有稿費（兩報各有取捨而已），不知夠買一隻書架否？

（四十三）

蓮蓮：

來信及小波英文信複印，均早已收讀。學如逆水行舟，不進則退，小波努力不懈，有此成績，殊為可喜。又悉小華將來京，要在家裡小住，我們都很歡迎。

尚明來京，曾到我的新居看過，他也感到滿意。我前後把書物搬運數次，又添置一些家具，大體還過得去。尚明二日赴滬，據說小華將於四日到滬，六、七日到常州，北京是肯定要來的，但他又希望小華到東北去看看奶奶，不知究竟日程怎樣安排？是在常州過春節，然後到京再赴東北？還是到東北過年再來北京，據說要小華自己決定。

我們已於二月十日（星期三）全部搬離郝家灣，正式遷入新居（屬海淀區，塔院小區，晴冬園十二號八〇一室），今夜是第三夜了。舊居留給肯堂去住，我們留下一些東西給他。小趙於一月二十六日回家，至今已十餘日，尚未得來信，不知情況如何？這次搬家，肯堂及其友小薄頗盡大力，一切總算順利。這裡交通沒有郝家灣方便，但住處寬敞多了，小華如來此晤其女友，想來也方便的。

匆復順祝

年禧！

爸　手書

一九八八年二月十二日夜

自北京站到這裡，可坐一〇三路電車到西四，換乘二二路公共汽車或一〇五路電車到平安里（只有兩站），在平安里換乘三三一路公共汽車到「北醫三院」（共八站）下車，約走三百步即到我住的大樓（共有十八層），即晴冬園十二號樓（現已改為晴冬園三號樓）。順告。

（四十四）

蓮蓮：

今日下午小華與其女友康寧❶，於四時許到家，據說係自北京站來，因我前函對於來此路線已說明白，所以他們很快就找到了。康寧給我們的印象是樸素活潑，和小華個兒一般高，我看再適合沒有了。在家小坐，她說她的父親今晚要出差去四川，所以不在我這裡吃飯，兩人就出門上她家去了。小華在夜裡再回來，繼母已收拾一個小房間給小華住，還算雅潔。

這次搬家，包括粉刷牆壁、鋪塑料地板格、添置家具，如組合書櫃、沙發、寫字枱等，一共用了幾千。有人說錢要用了，才算是自己的。我也體會了這個意思。書是太多了，但也不忍割愛，雖然有許多書明知這輩子是看不完的，但也只好保留。有人說房裡有書，就像人有靈魂一樣。

❶康寧：當時在北京大學念書，為喬文華的女友，兩人於一九九〇年結婚。

肯堂過了春節，又下鄉去了。據說工廠又要開工，不知究竟怎樣？《弘一大師全集》推我為主編，泉州方面要我赴閩一行，商量編輯方針，我準備舊正月半後到廈門去一趟。已請小錢來陪我去，以便途中照顧。匆此順問

近安

爸　手書

一九八八年二月二十二日燈下

此刻小華尚未回來，大概未來的泰山請客吧！

（四十五）

蓮蓮入覽：

三月二十日在昭明家話別，二十二日你回常州，我和小錢也同日自滬至廈。飛機誤點達十餘小時，到廈門時已近午夜二時。下機時又遇大雨，到南普陀已近三時了。

幸虧小李❶等來接，總算平安無事。南普陀妙湛法師❷近又兼鼓山方丈，於三月十八日（舊二月初一）陞座。我們住兩、三天，莆田廣化寺即派車到廈迎接，遂於二十五日到泉州，住開元寺新建樓房，房間有新式設備，我和小錢各住一室，尚稱安適。

近來閩南春雨連綿，氣候較北京寒冷，幸而我們身體還好。連日與編委會討論《全集》事宜，我把帶來有關弘一大師資料，都交他們複印。陳珍珍居士等對我期望極大，我恐力不勝任。我在此本想勾留二月，但近接媽媽來信，謂身患疱瘡（尚未確疹），需人照顧，很不放心。前日小錢特赴福州找一有名中醫（我熟悉的），能治疑難等症，想寄些中藥給她試服。因醫者不在，藥尚未來，故需稍待數日。你四月間是否有赴京出差的機會？請觀察一下，寫信告訴我（簡單電報亦可）。客中草草，未能盡意。即祝

闔家平安如意

❶ 小李：當時廈門市佛教協會的工作人員。

❷ 妙湛法師：時為廈門南普陀寺住持。

小錢囑代問好！

來信寄「福建泉州市開元寺內《弘一大師全集》編委會」我收即可。

爸 手書

一九八八年四月四日晨

（四十六）

尚明、蓮蓮同鑒：

你倆的來信已收到，並轉給媽媽看了，讓她親自回信，你們看了，當可放心。

媽媽入院以來，已經兩旬，病狀日日見好，這是大家都高興的。她人緣好，有一天探她病的人，竟達五、六波。她有時也同病友到樓下園林散步。激素已停止注射，開始改服藥片，病逐漸減少份量。

近來多虧小錢奔走。她每隔一天就到醫院去一趟，每週大約四次，吃的用的都由她帶。醫院外面攤頭的西瓜，每斤三元，她也買了幾次供養媽媽，同時還讓她吃了不少梨子。

最難得的是三院的沈力大夫❶，還抽空去探望她，「五一」那天我正在醫院，也遇見了。真是熱心的好大夫！我每週只去一次，成了「看家公」。「五一」前去看過樸老，他實在忙，我替他代擬的《弘一大師全集．序》，已經寄去多時，他還沒有看。他說這次宗教界學者評定職稱，總數只二十人，把我也提出來了。前天到佛協，辦公室又讓我填了表，問有什麼著作和專長？並要附著作實物，我把台灣翻印的四十四年前的《弘一大師年譜》一冊附去，看看夠不夠格？我為人凡事只隨緣，並不熱衷。

泉州《弘一大師全集》編委會，對我期望極大，我僅住了一月不到，就離泉北返，此心常覺炯炯❷。圓拙法師（閩省大長老）對小錢說：「好事多磨！」真是慨乎

❶沈力大夫：時為北醫三院皮膚科醫生，作者之妻鄭麗都患病初期至她那裡治療；後來日趨嚴重而轉進中日友好醫院。期間，沈大夫曾遠途赴中日友好醫院探視。

❷炯炯：此處形容有心事，猶耿耿也。

言之。我希望媽媽的病早日康復，生活稍能自理，再到泉州去一趟。媽媽也勸我這樣做，但一切都得看因緣吧。

北京氣候乾燥，一春無雨，想起閩南春雨連綿，好像是兩個國度。我的身體尚好，兩腿行走還有勁，只是眼力不濟，且睡眠時間太少，於健康也很不利。總之，別的毛病也未發覺。匆匆復此，不知你出差北行已完成否？順祝

闔家平安

爸　手書

一九八八年五月十二日

（四十七）

蓮蓮：

七月二十五日來信和兩份照片，都已收到。知道你陪康寧姊妹❶，漫遊蘇錫情況，至為高興。安上法師❷、德濟法師❸熱情招待你們，又派車送你們各處遊玩，我已寫信

謝謝安上法師，說「感同身受」了。

康寧回京，即到家裡看我，說常州天氣很熱，你託她帶來二十元，讓我買西瓜，我們都買來吃了，謝謝。北京今夏雨水很多，並不太熱，早晚很風涼，特別是住在八樓。

我雖然不在泉州，但那裡《全集》的稿都要寄來給我過目，所以很忙，有許多文字還要我動手。佛協我不常去，終日只是寫信忙。上月我和小錢還到天津去一趟，到天津社會科學院買了三本《李叔同傳記資料》，價二八八・四〇元，實在是粗製濫造。

小華說要回來，康寧準備到上海去接他。

姥姥❹的病情一直很穩定，前曾回家兩次，有次住了四天三夜。現在「激素」已降

❶ 康寧姊妹：指康寧（後來成為蓮蓮的長媳，即小華的妻子）和她的妹妹康勤。
❷ 安上法師：東北人，時任蘇州西園戒幢律寺監院。
❸ 德濟法師：時任蘇州西園寺知客，後來去了美國。
❹ 姥姥：此處的「姥姥」係指蓮蓮的繼母鄭麗都，是隨蓮蓮的子女而稱呼的。

到每日五片，中藥已製成藥丸，可以帶回家來服用。她大概本月八、九日可以回家。

我看來八月底須到上海，九月初在上海佛學院講學（介紹房山石經）約半月，然後再到泉州。南安雪峰寺今年舊九月初八日要舉行落成典禮，南洋各地有關的法師要回來參加慶賀，我大概也須參加。

小東❺機會很好，能到西德去一趟，當可增廣見聞，實在是難得的機會。

我家大樓後面的新蓋大樓，已高至十四、五層，常日夜施工，很不安寧。

匆此順問

闔家平安

爸　手書

一九八八年八月一日夜

❺ 小東：為蓮蓮外甥莊偉的小名，當時在上海讀高中。該中學與西德（當時東西德尚未統一）漢堡一中學作短期雙向交流，各派數名學生到對方的學校，並住在對方學生的家，時間為期三週到一個月，小東為入選交流學生之一。

下午康寧來，照片已交給她。順聞。

小錢附筆問候。

來信知道你們曾到靈岩山看了姥姥❻的靈骸，打掃了一下，我很安慰。

日本東西很貴，用不著小華帶東西了。又及

（四十八）

蓮蓮：

前寄一信，想早收到。

媽媽已於十九日出院，一切頗為順利。每日仍依醫生關照服藥，隔數日打針一

❻ 姥姥：此處係指蓮蓮的已故生母周梅生，亦隨蓮蓮的子女而稱呼。

次。現精神良好，請勿念。

康寧赴常轉滬，不知小華已接回常否？尚明兄弟想已到港與老父會晤❶，願一切如意吉祥。

我為主編弘一《全集》，並增補《年譜》，晝夜非常忙碌。

小錢因為她女兒要趕九月一日到校，所以定於本月二十九日離京，三十日到滬。我本來想同她們一起走，但因媽媽剛出院，許多事尚未習慣，我有點不放心，所以打算九月半前後自行赴滬，在滬會講學十天左右，再赴福建一行。匆此致意，順問

近好

爸　手書

一九八八年八月二十三日

❶ 喬尚明與其弟喬尚哲二人赴香港，與闊別近四十年的老父喬鍾洲會面。時喬鍾洲剛退休，由於曾任台灣當局駐日本橫濱辦事處主任，對當時大陸的開放政策不甚瞭解，不敢直接回大陸探親，故約二子赴港會面。

（四十九）

蓮蓮入覽：

前後兩函，均已收到，知道你們一家近日情況，至為高興。姥姥健康情況，已趨穩定，但仍須服藥（中西藥）打針。

小華、康寧，聞於三十一日回京，九月二日來家一宿，昨日午後大雨，聞莊臨之❶請他們吃飯。今日又替我們買了大米和油送來，因另有活動及購物，又出門去。他大約十五日左右赴常，聽說莊臨之將出差上海，將和小華到常州小住數日云。

我預定十五日前後赴滬（小錢及其女已於八月二十九日離京返滬），講學旬日，參加十月五日真禪法師靜安寺陞座後，即赴廈轉泉。但目前因《弘一大師全集》出版

❶ 莊臨之：蓮蓮在蘇州念高小五、六年級時的女同學，時在北京中國科學院動物研究所任研究員。小華於一九八五年赴日留學期間，莊曾在東京與某一研究所合作，當時二人交往甚密，後來成為小華與康寧的介紹人。

地點有問題（物價飛漲，原有出版費用不符甚鉅），故待福建來信再作決定。匆此先復，順問
闔家平安

爸 手書
一九八八年九月四日

（五十）

蓮蓮入覽：

四日剛發一信，昨日又接八月三十一日來信，附康寧母親的信及給小華的信，均已收到，當照轉。小華前昨兩日未來，想應酬忙碌。

媽媽激素每日仍吃三片，兼吃中藥丸，此外又服英國進口的「硫唑嘌呤」（每瓶百片，一百二十餘元）。此病實在頑固。我出門，九姨❶答應來陪住，我可放心。媽媽現在每天早上堅持出去「溜彎」一次（媽媽說兼買菜），精神狀態尚好。

莊臨之九月中旬將到上海出差，順路到常州和你小聚，小華陪往，我就不一定去常了。或坐飛機赴滬亦說不定。小華說他爺爺本年不打算回國，今改變計劃，定於九月下旬要回來看看，可見思鄉心切❷。可惜我那時已不在北京，未能一晤暢談了。小華要了我幾張名片，說是爺爺想和台灣幾位大德相識，讓我介紹。可見也是與佛有緣的。

你不知訂了《法音》沒有？九月份有我寫的一篇〈懷常惺法師〉（我的老師）文章，可以略見我一生治學的情況。匆復順問

近好

尚明不知已回常否？

爸　手書

一九八八年九月六日

❶ 九姨：蓮蓮繼母鄭麗都的嫡親九姊。

❷ 小華的爺爺喬鍾洲，於一九八八年九月下旬返回大陸探親。這是他一九四八年離天津赴台轉日後首次回大陸，此後時常往返，但仍定居日本。

（五十一）

蓮蓮：

你給師父的信問我住址（原信轉來），我已知道。我出門已經月餘，在上海玉佛寺住了近兩旬（為上海講學多次）。本應照你願望在滬多住兩日，以便和尚明的父親❶相見，因赴廈機票已定，且泉州又有電來催，故未能如願。已於十月六日飛廈，八日到泉。

到閩南後，因小雪峰重建落成典禮前後三日，海內外緇素參加者約兩千人。其中有多年未見師友，酬酢甚忙，近日已陸續回去。《全集》工作即將開始。

小錢在閩，因緣殊勝，泉州佛學院聘她擔任事務工作，她已辭去上海佛協職務。等我回京，她即留此服務，她和閩地有緣，學話也快。上海親事已作罷，順聞。

我在泉州恐有一、二月勾留。通信地址是：「福建泉州市開元寺《弘一大師全

❶ 尚明的父親：蓮蓮的公公喬鍾洲。

集》編委會（郵編三六二〇〇〇）」。我的身體很好，繼母也常有信來。匆復順問

闔家平安

爸爸　手書

一九八八年十月二十四日

（五十二）

蓮女慧鑒：

上月二十二日來信，早已收到。客中諸事頗忙，致未及時作復，然無時不馳念。上月及本月曾往漳州及廈門各住數日。到漳州為了解決故劉綿松收藏弘一法師遺稿問題（劉故後由其姪劉少偉繼承）。其姪為一工廠採購員，唯利是圖，知《全集》急須其所藏書札等文件，彼以奇貨可居，索價一漲再漲。我們最後忍痛如其所欲，給他一萬元才算成交。

到廈門是因為仙洞（前年你和我與媽曾同遊）修建近告落成，我去祝賀，在廈門

住了幾天。仙洞殿宇，煥然一新，結構精麗，為廈門第一。你如有機會，可以再到仙洞看看。

讀來信，知你和尚明陪伴親家，往來東北京陜、上海各地情況，一家團聚之樂，可以想見。可惜我不在京，未能稍盡東道之誼，至以為憾。便中通信，請代致歉意。親家此次回國，受到鐵嶺、常州❶政府部門接待，時節因緣，不可思議。又知親家至滬時患病及你們侍疾經過，幸吉人天相，終於平安回至東京，我也就放心了。

小錢這次下了決心，總算如願以償。閩中善信對她都特別好，看來她的因緣在此（泉州話已學得很好）。機會很好，這次小雪峰落成典禮，南洋各地緇素回國致賀的不少。其中菲律賓信願寺住持瑞金老法師（我的老同學）和高足廣範（當家）法師等一行二十八人同來。小錢看廣範法師學德俱佳，有禮他為師之意。經過我介紹，他也有意接受。過了一天，即在泉州鑰佛寺舉行皈依儀式（儀式頗為隆重），就算出家了（泉州風俗，不落髮，叫帶髮修行）。不久她將擔任佛學院監學（院長陳珍珍女居

❶ 鐵嶺、常州：鐵嶺為蓮蓮的公公喬鍾洲的故鄉，常州為喬尚明工作所在地。

士，為泉州人大常委，是《全集》發行人，很器重她）。

你有機會到美國走一趟，也就不虛度此生了。祝願你能成功。你如果能到美國去，我可寫幾張名片讓你帶去，那邊有許多法師居士，大概知道我的。我想他們會熱烈地招待你的。有個聖嚴法師，是日本立正大學博士，著作等身，時常來往台灣、日本、美國之間。他從前是靜安寺的學僧（大你不過三歲），今年回國到京，曾到佛協看我，不巧我正在福建未遇。他還記得我這個老師，曾贈我一隻手錶作紀念。舊金山附近，有座萬佛城，辦有「法界大學」，收了不少美國弟子，僧尼都有。他們大概也知道我。

近日江蘇佛教訪問團來訪福建，主要是蘇南各大寺的住持、僧人和幹部各九人，在廈門和泉州，都曾和我相會。其中有慈舟（金山寺）、松純（天寧寺）、楚光（寒山寺）、悟心（靈岩山）等，他們都說福建的佛教不錯。他們將於十二月二十三日自福州乘機回南京。我等圓拙法師（他與圓湛曾赴美傳戒，舊一月十七日圓滿）自美國回國後，大概一月中旬可以回京。匆復順問闔家平安。

爸　手書

一九八八年十二月二十一日夜

德悟師已取得聯繫，勿念。

傳芬附筆奉候。

（五十三）

蓮女：

我於一月二十二日自廈門回到北京，第二天即收到你十八日的來信，知道你們大家都很忙。這次我離家已有四月，《弘一大師全集》因為印刷問題，拖了數月，最後還要協調解決（目前紙張大漲，出版事業很難發展）。目前我將盡全力撰寫《弘一法師新譜》，估計七、八月間可以寫就。

你赴美有期，我為你慶賀。我有許多學生朋友在美國，但從未通過信。你如到美國提起我的關係，一定會歡迎你的。張璐璐已經二十多年不見了，她的形象我還記得。當然你會受她歡迎的。美國華人據說多集住於舊金山、洛杉磯和紐約三處。

洛市的佛光山西來寺最大，住持是星雲法師（江蘇揚州人，是元湛和德在的學生，兩人剛從美回），去年剛舉行過落成典禮。圓拙法師去了近兩月，他不懂英語，有萬佛城的地址也沒有留下。

萬佛城在舊金山郊區，住持宣化法師（東北人，實際活動在金山聖寺，三藩市內）未曾見過，但曾有意請我去講弘一法師的事蹟。

聖嚴法師是靜安寺學生，解放前到台灣去的（大概你可能認得，他是日本立正大學博士）。他時常來往於台灣、美國之間（各住一半）。大概位在美東，到洛市西來寺一問便知。另外還有一位妙因法師，過去叫二埋，是圓拙法師好友，但他的廟很小。

西來寺和萬佛城，我已找到它的英文地址，你到京後，可以來抄。說起我的名大概沒有不知道的。我和媽媽身體還好，尚明到今日尚未來京（家），不知已回常未？

匆復即問近好

爸　手書

一九八九年一月二十六日

聖嚴法師的著作很多（今年約六十歲），他有文集名為《牧牛與尋劍》，其中有一九八七年與台灣李登輝總統合影，和俞國華行政院長合影。還有一冊叫《從東洋到西洋》，記載他留學日本和到美國弘法的情況，文字相當流利。

廈門的夢參法師，你見過的。他現在洛杉磯妙法院，在美國住一年（可能是黑人區）聞緣法頗好。還有一處叫雪峰精舍，是女眾道場。據說是小錢師父的地方，也可以去觀光。白聖法師也在洛杉磯，聽說今年要回上海龍華寺傳戒，但已老態龍鍾了。

（五十四）

蓮蓮：

三月八日來信，已收到多日。知你自美回國，一路平安，至為喜慰。承告小娘舅❶

❶ 小娘舅：蓮蓮生母周梅生的胞兄周秉衡。

病故，深為哀悼。你為我們代送了禮，謝謝。你在紐約見到了法雲法師、東初禪寺的聖嚴法師弟子，及觀音寺的敏智老和尚（原常州天寧寺住持）等，深為喜慰。星雲法師於三月二十七日率團二百餘人回國訪問，名稱是「國際弘法探親團」（聞將自上海出境），現在正在各地旅遊。我希望你稍暇更詳細地報導一下關於美國佛教觀感。筆芯買到，我很高興。

小舅媽洪芳範❷，我已寫了一信慰唁（感謝你媽在滬得病時的照顧）。西洋蔘我有人送，你自己留下營養吧。果元師不知送我一些什麼書？（聖嚴法師的著作吧?!）有空先見告。

我和繼母都很好（康寧也常來），只是找不到褓母，她得為三餐操心。你家爺爺❸下月再度回國與奶奶團聚，想旅遊江南，我當再作介紹。你出國多累，回來應好好休息一下。草草順問

❷ 小舅媽：周秉衡的妻子。

❸ 你家爺爺：蓮蓮的公公喬鍾洲。

闔家平安

聽康寧說：小華來信說，他爺爺下月回國，打算再到北京一次，我們歡迎。希望你家奶奶能再到北京我家做幾天客。

爸　手書

一九八九年四月五日

（五十五）

蓮蓮：

五月二日來信昨日收到（常州郵戳五月四日），藉悉鍾老親家將於十四日到滬，小住兩天，及二十一日至二十三日到南京參觀訪問。我已於今日分別寫了兩信，給上海的真禪法師和南京棲霞山的元湛法師介紹了。大概當能照顧。

台灣的白聖法師四月三日在台北去世，成立了一個龐大的包括海外各地僧伽組織的

「白聖長老圓寂讚頌委員會」，定於本月二十二日在台北舉行隆重追悼會。聽說上海的明暘（龍華寺住持）和德悟（靜安寺都監）正聯繫赴台奔喪，不知能否批准入境？

唐奇❶同志的聯誼會簡介及信與名片也已看到。趙樸老很忙，聽說最近又要陪日本外賓到杭州、天台山去參禮，不知什麼時候回來？樸老有個祕書，住在我的鄰樓（十號樓），必要時可以和他聯繫一下，不過樸老是忙人，時常有臨時外事活動。

媽媽的病，尚未完全復元，皮膚時常發癢，一抓就起疙瘩，現仍打針服藥（打針的藥已買到）。我每日很忙，趕寫增補《年譜》，有時寫到深夜。

親家二老到京，當然要好好招待一下，地點「仿膳」也很好，等康寧這個禮拜來商量商量一下。

電話，單位雖已申請，但尚遙遙無期。上兩個星期，居委會的女主任說有電話（程控）可以讓出，只要千五百元就可辦了。約定隔日來拿錢，我們也準備了錢，但過一天又來通知說又變卦，後來知道是吹了。擠公共汽車的確是苦事。北京有流動

❶唐奇：蓮蓮在唐山煤炭科學研究院（一九五七至一九八〇年）工作期間的同事。

人口百餘萬，人多車少，怎麼不擠？我大概每星期出門到佛協一、兩次，報紙信件託人代取，總算方便。

美國的果元法師和西來寺的滿亞法師❷，我已去信道謝，並且寄了幾張照片給果元法師。附了一箋給聖嚴法師，表示久別思念之意。

現在的小褓母是小尤❸的妹妹，每星期來一、兩次，每次搞衛生三、四小時，總算比較乾淨了。

你家的修建工程，大概快完工了吧？現在交通太不方便，第一是車票難買，否則我們也可到江南去玩一趟。

康寧前些時也很忙，學生遊行，她雖未參加，但打聽消息也夠忙的。

隨函附去我的名片四張，該怎麼寫你們斟酌吧。蘇州西園安上法師❹、靈岩山明學

❷ 滿亞法師：比丘尼，時為美國洛杉磯西來寺的監院，星雲法師的弟子。

❸ 小尤：作者家中請的鐘點工，安徽人，時因老家有事，由她的妹妹代理一段時間。

❹ 安上法師：時任蘇州西園寺的監院。

法師❺、無錫梅園開原寺陳文銀祕書長（佛協）、鎮江金山寺慈舟法師❻都是熟人，當會熱情接待。拉雜書此，順問

近好

爸爸　手書

一九八九年五月九日夜

（五十六）

蓮蓮清覽：

五日來信已收到。前接棲霞山元湛來信，知你們家因動亂沒有北行，不能招待你

❺ 明學法師：時任蘇州靈岩山寺住持。

❻ 慈舟法師：時任鎮江金山寺住持。

們。而我和親家喬老也就失去見面機會，說來真是緣慳。

媽媽身體還好，她能管我三餐飲食，不過「激素」仍在服用，中藥已經停了，醫囑不能出門遠行。所以什麼地方也沒有去。小華和康寧的事，能先登一下記，取得合法關係，我們同意這個意見。她現在每週來家一次，談談笑笑，大家都很自然。她實在幫了我們不少的忙（如買大米等）。

廈門金雞亭普光寺重建工程，花費幾百萬，今年大概要完成，他們想在那裡辦個高級佛教研究所，要請我負責籌備兼當院長，且擬買一層房子讓我居住，我以年老謝之，允為隨喜講學。

美國聖嚴法師最近來了一信，頗有念舊之情，他知道你到他地方訪問，可惜無緣招待你，但看到你的照片，彷彿想見當年志明的神態。

我近來仍舊很忙，增補《弘一大師年譜》是從頭寫起，大約有三十萬字，四十多年來積累材料很多，前後安排，很費苦心。這件事只有我來做，旁人是不肯做也不能做的。《弘一大師全集》等它編在最後一冊，所以不能不及時寫好。小錢說要到京度假，一來幫我抄寫《年譜》，二來為她提高佛學水平（她已當了老師，感到佛學知識不夠）。她因緣很好，最近美國來了一位尼僧（廈門人，在美國，和她師父共住一寺）。特地來泉看她，將來為她辦移民手續。

秋後我也許仍須入閩一次，小華和康寧如果有緣能一道南行，的確是一個機會。

匆復順問

尚明的老太太好。小三好！

爸爸　手書

一九八九年七月十二日

現在安徽小褓母小尤每週來兩次，搞衛生，一切如常，勿念！電話是由佛協辦的，已催問過幾次，聽說要等到我們後面的大樓完工後才能辦，只好聽其自然了。

（五十七）

蓮蓮入覽：

前夜尚明來，齎到來函並人民幣百元，俱已收到。承祝八秩誕辰，深以為感，惜碌碌一生，垂老無成，實無足賀耳。

我已決定於八月二十六日乘機赴廈，康寧、傳芬同行。康寧定下月初到福州與其師會合，然後同赴武夷山，取次經杭州、諸暨，研究「香榧子」❶後返京。

今晚康寧要來家，尚明約定還要來，他們可以晤面詳談了。廈門我本不想多待，因為康寧，我打算多住兩日，帶她各處看看，好在也有傳芬陪她。

倚裝匆匆，順問

近好

順問老太太及小三好。

爸　手書

一九八九年八月二十二日

❶ 康寧當時就讀中國科學院植物研究所，「香榧子」是她的研究課題之一。

（五十八）

蓮蓮：

前後寄來兩信，均已收到。知道你們一家有關成員的升學、出國等情況，都很順利，值得為你們慶幸。同時知道你已退休，這也是很好的事，可以擺脫日常事務的牽纏。

楊鴻飛❶（圓明法師）到日本情況，我三十年前就知道了。但他的俗名前幾年才知道。據說他和玉佛寺的陶大壯常有書信往來。這次他能回國探親，可謂衣錦還鄉。他的形狀，我記得很清楚，我們的家他也來過，當時夜間也改裝在補習英文，職務好像是副寺。

❶ 楊鴻飛：四十年代曾在上海靜安寺任副寺，法名圓明，後來去了日本，並娶妻生子。一九八九年八、九月間，他攜其一女回大陸，適逢靜安寺都監德悟法師接待，因德悟是蓮蓮的師父，便將蓮蓮介紹與他認識。多年不見，他還記得蓮蓮年幼時常隨父出入靜安寺的情景。

你跑來跑去，時患感冒，年紀漸大，也要當心。我今日步履已然比去年差了，但身體還好。有人送我一瓶瑞士製的**Pharmaton**（綜合維他命？），日食一顆，好像很有保健作用。近月這裡接待過南洋幾批僑僧，我也參與其會，見到多年不見的人。

我現全力趕寫《弘一大師新譜》，寫後交傳芬抄寫。早晚食事也由她料理。估計一兩個月可以脫稿，就可以回京了。這裡氣候還熱，夜裡我只蓋一件毛巾被而已。

這次康寧跟我到福建來，她一切都感到新鮮稀奇。我們在廈門住四日，她在泉州住七日，正趕龍眼成熟季節，她很高興。傳芬一路陪她，也無生疏之感。我們在廈在泉，住的地方和你們那次來的大不相同。一切情況想來康寧會告訴你們的。她於九月七日離泉赴福州，聽說十三日要赴武夷山，其間只來一信，後來便無消息。據說她跟老師將取道杭州、諸暨等處，然後到常州小住，現在大概該到常州了。

十月八日（舊九月初九日），南普陀妙湛法師陞座（正式為住持）典禮，我和圓拙法師等要去道賀（圓拙法師現已自莆田移居到開元寺，早晚共同生活在一起），開元寺大殿已全部拆除重建，大概需二、三百萬。是新加坡僑僧施資獨建的。

你是不好閒的人，停了工作，家務也許更要忙些。我希望你抽空看些有關佛學的書，何澤霖居士是否經常寄些香港出版的雜誌，如《內明》、《香港佛教》等給你？

李榮熙居士現在從事英譯漢文佛經，稿費以美金計，如果你想改善經濟，可從這一方面著手。匆匆寫了許多，即祝

你們全家歡樂

爸 手書

一九八九年十月五日

傳芬囑附筆問安！

紀念常惺法師的文字，我在去年就寫了，登在《法音》第九號，題為〈懷常惺法師——紀念常惺法師圓寂五十週年〉（約一萬字），如果有空，當再寫一篇湊熱鬧。

（五十九）

蓮蓮：您好！

十一月二十九日寄開元寺的信，已由泉州轉到。知道你們一家大小都好，我很高

興。我的《弘一大師新譜》，只完成了三分之二，尚未寫好。因為秋天到廈時，就約我於返京前到南普陀小住，為他們新修的《南普陀寺誌》審稿，因為關係特深，所以不便推辭。只得勉為其難。

我於十二月三日和傅芬等到廈門，她住市內妙清寺（康寧曾去過，修得很好），我住南普陀，已經快十天了。九日上午，尚明飄然而來，說是到廈門開會的，住在一個賓館。他以為我在泉州開元寺，想到南普陀借打電話聯繫，不意我已到廈門，竟在方丈樓看到我和方興。第二天因為妙清寺有人請我吃「薄餅」（該寺特種素食），我便請尚明一道赴請（另外有兩位有名中醫），他吃得很滿意。尚明本要我託廈門佛協打電話託福州佛協給代買一張十七、八日到常州的軟臥，我已辦了，後來他又來電話說，煤炭部頭頭已答應代辦，所以作罷。

何澤霖居士（秋間曾在廈門一晤）寄贈你的《內明》、《香港佛教》等，可以看看，另外再訂一份《法音》，挑喜歡的翻翻就行了。聽說近來《法音》的英文目錄（《法音》只譯目錄）英譯不太好，你如有時間，可以對照看看，將來或請你擔任英譯。李榮熙居士現在為日本漢譯佛經，再譯英文，很受歡迎。從前呂碧城女居士（曾留學美國）譯過一部《觀無量壽經》，受到好評。你的英文大概也是能勝任的。

小波很愛好文學，特別是詩詞，好好學習，爭取為女子吐一口氣。我在這裡偶然認識一位日本女士，名叫足羽與志子（Ashiba Yoshiko），博士科修了，她的家庭是佛教徒，她嫁給一位美國哈佛大學的教授（最近回日本結婚），她在廈大教日語，她的丈夫（華名王偉達）在鷺江大學教「人類文化」。他們常來南普陀和幾位老師有往來，聽說我略懂日語和佛教，相見甚喜，到福州也曾見過面。

我前月到過福州，遊過武夷山，歸途到莆田遊過湄州島媽祖廟（台灣人最信仰。一九八九年媽祖千年誕辰紀念，聽說台灣來了幾萬人，漁船百餘艘直開湄州灣），又遊仙遊縣的九鯉湖、福清黃檗山以及泉州弘一法師住過的地方，都修得很好。此次來閩收穫最多。

我打算元旦後回京過春節。在這裡大概還有一月左右。尚明也請我歸途到常州小住幾日，看來沒有時間了。匆後　順祝

安樂！

爸爸　手書

一九八九年十二月十二日

（六十）

蓮蓮：

我已於一月十日自廈回京，瑣事忙碌，至今始能執筆寫信，這次赴閩四月有餘，看了不少山水，為前此數年所未見，南普陀許多人多懷念你。

聽說小華二月間要回國，辦理結婚，這是喜事。前天康寧來看我，回憶閩遊的事，很是高興，媽媽很喜歡她。我不在京時，她照顧備至。昨天莊臨之阿姨陪康寧上街買新娘衣料，走了一天，傍晚來家展示，大家看了都很歡喜。我回京時，聽說你要讓康寧去機場接我，但我已打電報給佛協，他們派人去了機場（原訂一時五十五分起飛，四時能到京），結果飛機延誤約四小時，到北京已快九點了。事後知道，接我的人以為我不來，就回去了。我看無人來接，只得自力更生，在出口處坐了小麵包車，還是把我送到了晴冬園。

《弘一大師全集》的工作尚未完成，而南普陀要編「寺誌」，又要我審稿，不便固拒，只得在京忙碌了。匆匆順祝

春節愉快

並問尚明、小三近好。

上月寄泉州開元寺信，附聖嚴法師給你的信複印本，早已收到。

爸　手書

一九九〇年一月十五日

（六十一）

蓮蓮：

前接來信，諸承護念，情見乎詞，感謝無已。致小錢兩箋，早已轉去，想已有回音。

此次小華與康寧在常婚禮，你家的歡樂，可以想見。特別是你忙得高興，緊張一陣之後，想來有點疲倦吧！不知近日身體可好？

我的增補《年譜》還沒有完成，雖然著急，也沒法子。《年譜》的最後幾年，材料特多，重新安排，幾乎全部重寫。

聽說你陪小嬸❶去遊杭州，不知曾到靈隱寺去否？我已四年不到杭州，不知靈隱近來情況怎樣？

媽媽仍在打針服藥，左手指有點麻木，動作不甚利索，身體常覺有些疼痛，精神尚佳。我的身體大體還好，但已老了，精神大不如前，視力也覺不甚濟事。但是許多文字還不得不寫，近來我已不大出門，甚至大樓也少下去。盡日「案牘勞形」。聽說《弘一大師全集》已交香港某印刷廠用激光印刷，今年可以出版（七、八冊），但我的工作還多哩！

常州的照片，康寧帶回來的已看過。一切都很美滿，我也為你們高興。

事情很多，抽空給你寫這封信，有空請來信報告一些情況。你現在還上所裡工作嗎？匆匆順問

❶ 小嬸：指蓮蓮丈夫喬尚明的弟媳婦賈寶豐，遼寧鐵嶺人。過去從未到過江南，故在參加小華的婚禮後，蓮蓮陪她同遊南京、蘇州等地名勝古蹟。

近好

尚明和小三都代問好。

爸　手書

一九九〇年三月三十日

（六十二）

蓮蓮：

你好。四月十日來信及小華、康寧婚禮照片，均已收到。知你近一、兩月來生活情況和旅遊江南行蹤，疲勞是可以想見的。然而，人逢喜事精神爽，也是可以抵銷疲勞的。康寧回來以後，報告在上海龍華和靜安寺受到熱情接待，我也很高興。和王永平一起拍的照片已看到，他和我也不錯。龍華的當家蔭遠，我們去年還同遊過武夷山。靈隱和西園以及梅園開原寺對你們妯娌的款待，固然有我的關係，但也因為你和他們有緣。無錫的隆賢法師是我在靜安學苑教書時的學僧，人很忠厚，十幾年前我到無錫曾受過他的招待，那時條件較差，現在聽說好多了。

最近《人民日報》將出版一本日本著名歷史小說家井上靖寫的《孔子》，出版時可買一本看看，一定可以得到許多歷史知識和教訓。三月二日《人民日報》海外版有井上靖〈致中國讀者〉一文，可先一看。

昨天你們到常熟興福寺春遊，不知玩得高興嗎？唐王建詩：「清晨入古寺，初日照高林。曲徑通幽處，禪房花木深。」就是詠興福寺（即破山寺）的詩。興福的住持妙生法師，也是我五十年前在興福教書時的學僧。去年還在福州聚過。只要說起我的關係，我想一定會熱情接待你們的。寒山寺的當家楚光（非初光）法師，四十年前和我在靜安寺照過相，前年又在廈門和泉州見過面（他參加江蘇僧侶訪問團），他很能辦事，字也寫得好，聽說一年賣給日本人的字就收入好幾萬。

靈岩山姥姥的骨灰❶，我也很惦記，不知有無變動？小波和小三都很想念姥姥，她在「常寂光中」也可以安慰了。靈岩山的明學法師，最近受圓拙法師之託，把山上

❶ 姥姥的骨灰：指蓮蓮生母周梅生的骨灰。

所藏的弘一法師寫經（三卷）照相寄來，可惜不甚明晰。他很有道行和學問，聽說今冬在日本京都舉行的佛教文化交流座談會，將推他為中方代表出席。

我要寫的文字太多，因為視力和精神衰老，要寫的東西都不能如願。聖嚴法師去夏給我一信，我一直未回，本想稍暇好好給他寫一長信，去年在閩，一直沒有寫成。他所辦的《人生》（每期兩小張），我看到一次，你喜歡看，那太好了（來京時，可帶來我看看）。你如有空給他寫信，就把我的情況告訴他一下，並代我致意。

最近台北陳慧劍（《弘一大師傳》作者，已出十六版），因為聽一位到泉州的法師說，知道我在寫《新譜》（即增補《弘一大師年譜》），他來信說：「您著的《新譜》，是否可分交大陸與台灣兩地出版？如可分在台灣的『東大圖書公司』（台灣最大書店），我可以代為洽印，每十萬字，稿酬為美金二千元。且該局佛學書審稿，多由我負責。……台灣佛界也樂於見到《新譜》。」現在我還不能作出決定。

上海的那位小沈，大造輿論，說我壞話，我也不怕。弘一法師說過，何以「息謗」？曰：「無辯。」我在上海多年，許多人都知道我的為人，我本可以寫信去申辯，但我想人們的眼睛是雪亮的，他的作為人們看得很清楚。真禪因為有時要請他寫東西，不得不敷衍一下。我和真禪的關係，應該說是比較深一些的（從多方面看）。

你和尚明五月中旬（十二、三日）到京來，我和媽都很歡迎。要帶些什麼東西也很難說。春（毛）筍、扁豆、江米等（筍太重，也不必多帶），如果方便，可帶一些來，如不便，也不必勉強。康寧昨天來家，幫忙包了餃子，吃得皆大歡喜。她家大概決定七、八月間搬家，大概是搬到東直門方面。

我幾年前遊虎跑，看見「李叔同紀念館」，我就有意見。當然應該稱「弘一法師紀念館」較為名正言順，但那是園林管理處搞的，只好由它去了。因為近年寫字由於圓珠筆太尖，寫起來愈寫愈小。戴老花眼鏡還可以對付。我的工作告一段落後，想到新加坡旅行一趟（那邊已請了多時），如果去，小錢既另有高就，只好請你隨行了，不知你有無這個興趣？草草復此，順問

近安

尚明、小三都代問好！

爸　手書

一九九〇年四月十六日

最近佛教大德，先後死了多人。一九八七年和你到福州西禪寺（派車來接）見到的梵

輝法師，和天台山的唯覺法師，都已作了古人。根源法師到天台山去，恐怕即為去弔唁的。順聞

（六十三）

蓮蓮：

六月二十四日尚明來京，帶來你的信和《人生》、照片及聖嚴法師的信，都已收到。知道你和尚明都願意為我的著作效勞——抄寫，我很高興。我近來不大出門，甚至不下樓，整日為《年譜》修訂工作而忙碌。但因這種工作，不比寫小說，可以隨便增減，而是每項記述必須「語皆有本」，所以比較費時。我校訂完畢，定以「特快專遞」寄給你，你抄畢再寄京給我。你問「傳戒當教授阿闍梨」的事，讓我給你簡單解釋一下：

受戒是男女出家後取得僧（比丘）、尼（比丘尼）資格的一種宗教儀式。我在四十年前《學僧天地》❶第一期寫過一篇〈佛教的會議法〉，就是說傳戒或受戒是一

種會議形式。後來到京寫《佛教百科全書》時，又寫了一篇〈傳戒〉，收於《中國佛教》（知識出版社出版，共四冊）第二冊的《佛教儀軌制度》中。

在寺廟稱為「傳戒」，求戒的人稱為「受戒」。比丘要受持二五〇條戒，比丘尼要受持三四八條戒（或通常稱為五百戒），才算「具足」。所以比丘、比丘尼戒，叫「受具足戒」，簡稱「受具」。

受戒時，傳戒的寺廟要有一定的人數，通稱為「三師七證」（共十人。邊地可以「三師二證」，共五人）。

三師是：1.戒和尚（正授的人稱傳戒和尚，求戒的人稱他為「得戒和尚」，即「正授戒者」）；2.羯磨師，即依戒本讀表白及羯磨文者，亦稱「羯磨阿闍梨」；3.教授師，即教授威儀作法者，亦稱「教授阿闍梨」。七證者，即七位證明師，通稱為七「尊證」。

「三師七證」，一般是請有德高僧擔任的。

---

❶《學僧天地》：一九四五～一九四八年間，上海靜安佛學院所辦的一份刊物。

阿闍梨，ācārya，梵語。音譯為阿遮梨耶，簡稱為「闍梨」，譯為教授、軌範、正行等，謂能糾正弟子之行為、為其師範的有德之僧。

羯磨，karma，梵語。普通譯為「業」，即行為，在戒律上譯為「作法」（即儀式作法）。如說戒羯磨、懺悔羯磨等（即說戒儀式或懺悔儀式等）。

我在台南開元寺傳戒時任的，就是「三師」中的「教授阿闍梨」。

叢林禪堂中安排座位，是依「戒臘」（即受戒）的先後而定的，不依人的年齡。阿闍梨共有五種：即1.出家阿闍梨，2.羯磨阿闍梨，3.教授阿闍梨，4.授經阿闍梨，5.依止阿闍梨。

弘一法師一九一八年在杭州虎跑出家後，一九二一年到了溫州慶福寺，即依律拜該寺住持寂山為「依止阿闍梨」，事之為師。

目前懂得這些道理的人不多，請好好研究一下。草草作復，不宣。

媽媽問候你，小尤近住家裡。

爸　手書

一九九〇年六月三十日

（六十四）

蓮蓮：

六月二十八日來信，於七月二日收到。我二十九日給你的信，大概也收到了吧？你發心要給我抄寫《年譜》，我很感謝。能寫一張，加以複印，當然要快一些。我盡量趕寫，如果包君❶來不及帶去，則專件郵寄也行。

前幾天，四、五年前我所編的《弘一法師書信》一書的樣本，總算已由三聯書店送來，印刷尚覺精美。據說兩、三月內可以裝訂完畢，即開始發行。現在封面等尚未附上，只見版權頁而已。據版權頁載，三十二開本，一九九〇年六月初版，每冊定價七．九五元，約四八〇頁。我得大略校閱一下，然後寄給泉州編入《全集》。但因尚有三百封信還要編入（一九八八年才入手的，共花一萬元），所以尚需一段時間整理。

狼山請高僧的事，你看《歸程》❷，大概知道張季直（謇）和太虛法師的關係了。

❶ 包君：包大行，時任煤科院常州科研試製中心辦公室主任，常去北京出差。

虛公的活動面很大，他當然不會去住狼山的觀音寺的。至於弘一法師，倒是相宜的。那時張狀元在南通辦實業，又辦伶工學校，請歐陽予倩教戲劇，弘一法師的學生劉質平教音樂。張謇曾託劉去請，後未成功。

《人生》早已收到，尚未暇細讀，只看到他❸到了英國去主持「禪七」的報導。台南當教授阿闍梨，我在前函已略作介紹。嘉興要成立弘一大師紀念室的事，我早已知道，他們且要請我為顧問，無非想我提供資料。我因忙不過來，沒有復他們。

最近有人要寫弘一法師的劇本，寫信給江蘇省佛教會要資料，該會往我一推，我也無法應付。又有福州稅務局來人，拿來一幅老人的寫經，要託我去找趙樸老題字，我也不能去辦。

康寧足受傷後，已來過一次。休息幾天就會好的。上次（月）你在京寄澳洲小波的信，怎麼只貼兩分郵票？被退回了。批條是欠資二元。我補貼了，是讓康寧去寄的。

❷《歸程》：聖嚴法師的著作，法鼓文化出版。

❸這裡的「他」，指的是聖嚴法師。

小尤現在仍住我家，她在外每天工作十小時，早晚兩餐在我家吃，夜間有空才掃掃地、擦擦玻璃，實際不是她當我家褓母，而是媽媽當她的褓母。這種情況想來也不會長久的。

匆匆草此，順問

近安

爸　手書

一九九〇年七月五日

（六十五）

蓮蓮：

前後來信，均已收到。《人生》及聖嚴、中流❶書札，亦已披讀。馬春泉❷君來訪，帶來照片及小波給康寧禮物，亦已轉致，勿念。來信藉悉微恙已痊癒，甚以為慰，以後飲食仍須注意。

尚明昨天已自蘇聯提前一天回京，昨日來家小聚，適康寧又來，大家頗以為樂。小三來京，我們非常歡喜，一切由康寧聯繫，到京後當招待之。

聞尚明將於星期三（七月二十五日）回常，恐不及與小三同行。包君回常，帶去稿件及稿紙，想已收到。近來我又陸續校閱了八、九年（一九一三～一九二一）《年譜》，大約小三回去時可以再帶去一部分。

北京近日時有小雨，尚不甚熱。三聯書店出版我編的《弘一法師書信》（約七百多封），本月雖已送來樣本，但尚在裝訂，發行不知拖至何時?!

日前廈門南普陀住持妙湛法師來京治病，曾見過兩次，他大概今日乘機回廈。聞樸老又住入醫院，想係為避人事應接之煩。人各有累，無可如何也。我們生活如常，勿念。匆復順問

❶ 中流：即李中流，江蘇南通人。與聖嚴法師曾是靜安佛學院同學，當時法名中流，後來還俗，在青海西寧某大學任教。九十年代後期，重新禮茗山老法師再度出家，更法名為覺真。

❷ 馬春泉：喬尚明的同事，常州科研試製中心的工程師。

近好

爸　手書
一九九〇年七月二十三日早

（六十六）

蓮蓮：

七日來信十日收到，知你關心我的《年譜》手稿，感謝之至。前日康寧來家，據說和包大行同志通過電話，據說他出差去了，還未回來。看來你請他十一～十二日來家取稿，尚無把握。康寧給小三的書和莊臨之借你的衣服，都已送來，包同志來時，即可一齊帶常。《年譜》的後半部材料較多，如來不及，最後部分等尚明回國，再交他帶去吧。

昨天趙樸老請廈門來的妙湛法師吃飯，我碰巧趕上，叩陪末席。他精神很好，只是耳聾（不戴耳機，十分只聽二三云）。妙湛的弟子送他日製助聽器，據說很得力。

席間他還問起你，我說你很好，不久以前還來過北京，因忙未晉謁。

「上吐下瀉」發燒，恐怕不是著了涼吧?!酷暑季節，吃東西要特別當心。希望你好好保重，好為佛法做些事情。小三考完發燒，大概太緊張了，年輕的人想較易復元。

白稿紙已準備好，大約兩百多張，不夠可以四百字格的紙代之。

北京天氣不太熱，且時有陣雨，我們家也很風涼。媽媽身體也挺好。從此奉復即訊

近安

爸　手書

一九九〇年七月十一日午後

（六十七）

蓮女：

給我和小三的明信片，早已收到。小三在京住七、八天，有康寧來陪，玩得很高興。我只陪她到香港美食城吃了一些簡單食物。因為她近視，送她一副眼鏡。

李中流為出國來京，曾和他夫人來家看我，他想住佛協，讓我寫便條介紹。

微波爐買到了，謝謝。我有一些美金存款，尚未到期，先付你美金二十元，新加坡幣三百元（一百元等於二五九元人民幣，可向中銀換美金百餘元），另付人民幣五百元，交小三帶去，請檢收。

增補《年譜》，除前已抄者外，我又校閱了十八年（即一九一三～一九三〇年）。茲交小三帶去，有空就抄，不必太趕。另外還有十來年，稿子較長，我繼續校，校後再寄。我和媽都好，勿念。匆此順問

近安

爸 手書

一九九〇年八月七日晨

媽媽說，小三在此很幫忙，每天為阿公做早點，只是不大肯吃東西。

（六十八）

蓮女淨覽：

九日的信，十三日收到，知小三已平安回家，至為喜慰。這次承你代購微波爐，很費心力，我給的錢，正好抵銷，真意想不到。多餘的美金五元，就不必退給我了，請留充車雜費吧。

弘一法師一生學佛，身體力行，不多談玄說妙，平時教人只是倫理道德一些淺近易行的道理。所謂聞其風者「頑夫廉，懦夫有立志」，頑者貪也。

中流為人雖不深知，但好「攀緣」是肯定的。那天他來我家之前，已先到佛協摸底，知道那裡有客房可住，他說上次有位客人是佛協國際部副部長的哥哥，住了好久並未付錢（據說現在新建的前國際部樓上騰出，充當客房，招待普通客人，每人日收五元）。他想援例充作內部的人，要我寫張條子介紹。我說：「公派出國講學，住宿應該可以報銷。」他說住佛協可以省些費用，結果我勉強寫了幾句介紹詞。最近我聽說他在內部買飯票（每人每頓只有幾毛錢），大概連伙食也省了，不知是否「包幹」性質？現在走了沒有，我不知道。

我不知他已見過圓明，我還介紹他到日本可去找圓明，他現在叫楊鴻飛。他自己並不說已見過他。學問是一回事，人品也是一回事。佛家說「攀緣」真有意思。

小波真幸福，在留學時期，有哥哥幫助，爺爺接濟，再讀不好就對不住許多親人了。媽媽聽到小波近日不錯的消息，也很高興。

今年舊九月間，是弘一法師誕辰一百一十週年紀念，又是泉州承天寺重建落成、圓拙法師將陞座和請明暘去主持水陸法會，《全集》編委會和圓拙法師都希望我能赴閩一行。我因寫作之事未了，又恐孤身遠行也有許多不便，現在尚未決定。

《年譜》手稿，大概還有最後八年尚未校完（文字稍長），希望最近能完成它。我編的《弘一法師書信》（共七百多通），由三聯書店出版，拖了四年，最近總算看到樣本了。版權頁說是今年六月出版，但至今尚未裝訂完畢。前年我們花一萬元購得弘一法師遺札抄件約三百封，還要加進去編入《全集》。「書信卷」共約千通。

尚明赴新加坡，不知已回國未？匆復順問

近好

並問小三好，媽媽也頂好。

爸　手書

一九九〇年八月十五日

（六十九）

蓮女：

今日上午煤科院小岳同志受尚明之託，已將微波爐和你的簡信送來無誤，請放心。三天前收到你的長信（內附《聯合早報》廣洽受獎照片及微波爐發票稅單和美金五元），尚未暇復，茲一併給你作答，因為事忙，不能詳述。

1.《年譜》複印及抄件原稿一部分，均已收到，抄印都很清楚，我尚未細校，偶翻及一九一七年，漏抄一小張，我當再補抄。你那樣忙，又忙家務，抽空為我抄寫，實屬不易。複印如要費用，請通知好了。其餘一部分一九三一年（除已抄的一九三四年）至一九三七年，已託包君帶去，想可收到。因為他的車在樓下等，我匆匆寫一便條交他。

2.常熟妙生和尚要為正道法師樹碑立傳，託德悟來信致意。我記得一九四八年或四九年，曾為編過一冊《正道法師圓寂紀念特刊》，我除寫文和輓聯外，還寫過〈正道法師塔銘〉，我請他們在滬找找看，如找不到，我再補寫。

3.關於日本記者訪問李哀問答，他說「父母尚在」，大概隨便答的，也許當時日本對中國留學生比較注意，這樣答適合些。至於「尚未結婚」之說，大概是正在追求日本異性（那時他才二十六歲），這樣答比較妥當，我想。

4. 聖嚴法師的《人生》，已直接寄來八十四期一張（第一次也許被郵局檢查，送到時已經拆開）。以後你就不必轉寄了。

5. 中流前幾天再來一次，據說日大使館和公安部簽證很不順利，等了一個多月，他已去信日本再行交涉。日本邀請單位答應再向外務省請求速辦，以後簽證手續直接寄到青海給他。所以他於八月二十五日已經暫回青海去等消息了。我問他為什麼要從上海出境，他說費用可以省些。我有點不明白，既然人家邀請，當然來回機票是奉贈的。也許他想讓上海熟悉的人知道他是應請赴日講學的吧?!

6. 廈門鴻山寺（新修）訂於十月十日（舊八月二十二日）舉行落成典禮，廣洽老回來作開光說法。該寺已寄來請柬。泉州承天寺定舊九月初六日（陽曆十月二十三日）舉行落成典禮，聽說宏船（曾任新加坡佛總主席）要回來主持，並擬請樸老去隨喜（樸老尚住在醫院，不知能否前往？）。

7. 今年是弘一大師誕生一一〇週年，泉州預備搞紀念活動三天（會後還要出特刊），因為他的生日是舊九月二十日（陽曆十一月六日），所以泉州擬於舊九月十九日至二十一日（即陽曆十一月六日～八日）開會紀念。這樣承天寺的九月初六開光，至弘一大師百十週年紀念的九月二十一日圓滿，前後實足半個月，如果我要去，恐怕至少得一個月才行。我的事情多，現尚未作最後決定。

匆復順問

近好，尚明統此不另，並問小三好。

爸　手書

一九九〇年九月七日

康寧姊妹上星期來，吃午飯才走，這星期還要來。媽媽近況如常，請代問好。草草諒之。

（七十）

蓮女：

月初給你一信，並增補《年譜》最後一部分稿子，想早收到。不知近日抄至何年，大概何時能夠抄完？殊為念念。你工作也忙，當然不能全力以赴，請量力而行好了。

這次泉州承天寺開光慶典，昨天已寄來請柬，似乎有南行必要。我本來想請你同行，但你忙又不能多耽擱，故暫不勞你，同時泉州方面也請佛協派人參加，聞佛協已決定派些人去，我可以和他們一道走，好有照顧。大約下月（十月）二十日左右動身。先到廈門或福州，再坐車到泉州。

康寧的外公去世，想已知悉。她近來仍每週來家一次，吃了飯回去。

媽媽身體尚好。她從上星期日起到南堂隨眾到亞運會搞宗教活動（半天）❶，事畢即以車送回。

這次亞運會中國運動員成績不錯，博得全國的讚譽，真為中華民族揚眉吐氣！

趙樸老自舊七月底赴九華山巡禮，聞將順道回鄉（安徽）探親。然後回京再赴福建云。匆此順問

❶ 亞運會當時在北京舉行，為了尊重運動員的宗教信仰，每週日上午在亞運村由北京天主教愛國會組織彌撒活動，由於蓮蓮的繼母鄭麗都懂英、法、日語，故應請前往接待。

近安

尚明、小三請代致意。

爸 手書

一九九〇年九月三十日

（七十一）

蓮蓮、尚明同覽：

日前承你倆匯寄百元，以祝老人誕辰，已經收到，至為感謝。我和媽媽老體如常，堪以告慰。微波爐，據云尚未使慣，但決無妨。

我擬於三、四日後，與杜仙洲先生（古建築專家）同赴廈門（正託佛協買票），然後再轉泉州，參加承天寺舊九月初六日的落成開光典禮。再過半月（下月五～七日）再參加弘一法師誕辰的一百十週年紀念活動（擬出專刊紀念）。

你倆工作太忙，為我增訂的《年譜》抄寫操心，殊為感謝。抄完以後，暫存常州，不必寄京，待後再行聯繫。

據康寧說，小華將於十二月二十二日先到北京，然後赴常州團聚，深為歡喜。這樣一來，你又忙上加忙，待小華回日後，再考慮是否赴閩陪我吧。

我編的《弘一法師書信》，總算已經出版。前幾天附郵掛號寄你一冊，想可收到。書中經我校對，發現二十餘錯字。此書為對海外發行，故排繁體字，但將應簡化的字如「云何」，亦排成「雲何」，實屬笑話。茲附勘誤表一紙，以供閱讀時參考。

匆復順祝

近好

爸 手書

一九九〇年十月十七日北京

（七十二）

蓮女澄覽：

接十月十九日來信，知道常州天寧寺傳戒的盛況，真是難得。你又見到淨空法師，不知代我問候他了沒有？我於二十日與杜仙洲工程師同機到廈。天色已經黑了，他直往泉州，我則被接往南普陀。住了兩個晚上，二十二日與妙湛法師等同車到泉州。承天寺是二十三日（舊九月初六）舉行落成開光的。趙樸老和宏船法師剪綵，上海真禪也來參加。萬頭攢動，人山人海，差可形容。南洋及台灣也有不少人來隨喜。現在來的各地嘉賓，已陸續回去，承天寺恢復了平靜。我因《弘一法師全集》的編輯工作尚未完成，暫時再住些時，將來自廈回京，或到常州你家小住兩天，今尚未定。

增訂《弘一大師年譜》，不知抄完了沒有？請我到星洲的廣淨法師❶，據說和這裡的人鬧了意見，沒有參加開光盛會就去朝山了，聽說要待本月中旬才能回來，我只好等他回來，再作決定。你們盼望一見小波的心情我是理解的，但一起三個人到星洲，恐怕有困難。

我住承天寺很好，負責人待我也好。我把要寫的散文（欠債）盡量補寫，以後就輕鬆了。我的身體還好，勿念。匆匆奉達，即問

❶ 廣淨法師：時任星洲龍山寺住持。

近安

問尚明、小三好。

爸 手書

一九九〇年十一月二日夜

我的通信處是：福建泉州承天寺（郵編三六二〇〇〇）即可

北京友人來信說，我寫的紀念弘一法師誕辰一一〇週年文章已發表在《人民日報》海外版二版（一九九〇年十月三十日或三十一日），請查出一閱。有空給我來信。

（七十三）

蓮女慧覽：

三日寄去一信，想早收到。未得回音，想家務與工作多忙。增訂《弘一大師年譜》，不知已抄就否？我在京寫了一篇〈以出世精神做入世事業〉，作為紀念弘一法師誕辰一百一十週年的文章，登載於《人民日報》海外版十月三十日第二版，全文三千多字，不知你看到否？如未看，可借海外版看看，也可增加一些知識。

頃接你繼母來信，告訴我尚明身體不好，不知得什麼病？至為念念。尚明終年僕僕風塵，實在太勞累了。想來靜養一陣就會恢復健康的。

我在參加承天寺落成開光盛典之後，因為《弘一大師全集》尚有一些收尾工作，主要是整理新入手的三百封信（用一萬元代價買來的），按年月順序排列，改正抄寫的誤字。因為弘一法師寫信，向不寫年（古人多如此），所以很難推考。此外《專刊》（紀念弘一法師誕辰一百一十週年）的編輯工作也應稍為盡力。但我覺得近來走路有點蹣跚，所以在新年年底以前即擬回京。

承天寺的主要殿堂雖已完成，但生活區尚待建設，真是百廢待舉。匆匆復此，未能盡意，順問尚明平安，多加珍攝。

爸　手書

一九九〇年十一月十三日泉州

（七十四）

蓮女淨鑒：

在泉曾寄一信，想早達覽。前日亞雄❶來京開會，承過訪晤談，藉知尚明清恙已趨穩定，並已上班視事，至為喜慰。

我於上月底漫遊廣東，遍訪粵北韶關等地名山古剎，皆素所願遊而未得勝緣者。因居民身分證忘置京寓，不能購買機票，改乘列車自廣州回京，費時三十六小時，幸託佛天加護，一切頗為順利，堪以告慰。

《弘一大師年譜》增訂稿，不知已抄就否？前數日康寧來，知小華決定本月二十四日回國抵京，小住數日即相隨赴常團聚，不知康寧回京時能交她帶京否？

家中一切如常，勿以為念。尚明此次得病，恐係操勞過度所致，病後希加意珍

❶ 亞雄：莊亞雄，蓮蓮生母方的一位親戚，時在上海有機化學研究所工作，與蓮蓮一家交往密切。

攝，佛家所謂「得放下時且放下」，願三復斯言。

趙樸老前月赴閩，為泉州承天寺落成剪綵，順遊武夷山，回京後忙於開會，最近聞又將赴雲南視察云。草草順問

闔府平安

爸 手書

一九九〇年十二月十二日夜

隨信附上〈以出世精神做入世事業〉（《人民日報》海外版一九九〇年十月三十日）一文的剪報複印件一份，供你參閱。

（七十五）

蓮女慧鑒：

十三日郵寄一書（附剪報），想可收到。昨日常州包大行君來京，適我們以事外

出，你託他帶來的部分《年譜》抄印稿，已由值班室交來。檢點之後，實際張數如下：1.原稿一九一六～一九二四年，無誤；2.抄稿一九一六～一九二四年，無誤；3.複印件二份，一份如抄稿。一份頭尾缺印若干張：前部分缺八張（一〇二～一〇九），後部分缺一七〇～二二五張。

尚有十八年，不知已抄了多少？複印紙及抄工，如需費用，請來信告我。

我十月間寄給你《弘一法師書信》，想早已收到，書中有若干錯字，我已寫了勘誤表，待後寄。今年為弘一法師誕辰一一〇週年紀念，我在《人民日報》海外版發表的文章，據康寧說，東京的親家和小華都看到了。

尚明想已康復，仍須注意調護，不可大意。匆此順祝

闔家平安

爸　手書

一九九〇年十二月十五日夜

（七十六）

蓮女慧鑒：

十二月十七、十九、二十一日（快件一）三函，及圓湛❶給你的信複印件，已先後收到。前此之賀年片附照片多幀亦已收受。

小華於二十二日晚到京，康寧往接。約定昨（二十三）日晚間來家小聚，姥姥連日忙於準備火鍋材料，可稱小宴。到有客人小華、康寧、果果❷及小華丈人式昭先生❸，肯堂舅舅亦臨時趕到，席間觥籌交錯，盡歡而散。小華、康寧聞定二十六日赴常，想

❶ 圓湛：曾是作者在佛學院教書時的學僧，善書法、會做古詩，時在南京棲霞山佛學院任教，後應請到海南島建寺，並任住持，已於前幾年圓寂。

❷ 果果：名康勤，康寧的妹妹，時在北京大學西語系法語專業讀書。

❸ 式昭先生：康式昭，康寧和康勤姊妹的父親，北京大學中文系畢業，時任文化部政策司司長，是蓮蓮和尚明的親家。

你家又當熱鬧一番。

你寄泉州二信，我已去信追回，尚未得回音。

趙樸老近日赴滇，視察少數民族佛教情況，聞須歷時二月始能回京。此老為法多忙，令人起敬。

《弘一大師新譜》一九三四年條原稿，夏間你在京時已經抄過，你忘記了，請放心好了。尚明在治病期間，應專心療養，今帶病為我抄寫，我很過意不去。請人代抄之費用，自應由我支付，一切以後再算吧。尚明堂妹複印稿件，亦甚勞苦，擬以福建名茶等奉酬，因小華、康寧行李多，不及攜帶，且待過年再議。

海外版發表我的紀念弘一法師的文章，東京親家先已看到（他訂有是報），據說他頗為歡喜。文章長達三千多字，本未料到全文發表，而竟全文照登，實出意外。據康寧的父親說，海外版發表如此長文，實屬罕見。但前數日送來稿費只八十元，但也不算少了。

淦泉❹和我時通音問，他應普陀佛學院之約，樸老諒不致反對，因今日法門寥落，人才稀少，如他學識能力，殊不易得。據他說，真禪所寫文章，有些材料是他提供的。聽說上海宗教部門領導上對他也還照顧。

前幾天姥姥和我也給小波寄去一張賀年片，我還寫了一首古詩贈她。

你下月赴英出差，到京時可來家住。

《弘一大師全集》在港印刷，而未出版，我的責任尚未完成。故關於赴星洲旅遊還難作最後決定。聖嚴法師辦的《人生》雜誌，自數月前已承寄贈，本期（八十八）竟贈送二份，知他為法多忙，差強人意。

關於《年譜》抄寫工作，你可量力而行，不必趕得太緊，以免妨礙健康，何況這一、兩月你也太忙。總之，要照顧好尚明和家務，其他且緩辦也無妨。我和姥姥情況如常，勿念。姥姥的精神世界也很充實。先此作復，餘俟後陳。順祝尚明早日康復，新年闔家歡樂

爸　手書

一九九〇年十二月二十四日晚

❹ 淦泉：是作者在佛學院教書時的學僧，學識和能力均強，曾任上海玉佛寺住持，並兼任上海靜安寺住持，此時剛剛卸任不久。

「摯」與「摰」，讀音與意義俱不同：「摯」，讀如至，懇摯也。「摰」，讀如涅，危或不堅牢也。「蔵」應寫作「藏」不錯，如有《辭源》可一查之。

（七十七）

蓮女慧鑒：

上星期六康寧回京，帶來許多菜蔬等物，均已收到，謝謝。聽說你身體不太好，肋骨疼痛，不知就醫檢查否？近日稍微好些嗎？至為念念。尚明已經康復，在家休息，應一切放下，保養身心。古德說：「兩手空拳握古今，握緊了也須放手；一根扁擔挑風月，挑到時也要息肩。」各人的工作不同，但這種精神確是需要的。尚明人緣好，勤勤懇懇，而又善於領導，但也要考慮自己的健康。

增訂《弘一大師年譜》的四年原稿及抄印件，已如數妥收。我大略檢點一下，大概不錯。但核對工作很費時間；我還要寫一篇長序，才算完成。你殷殷請我到你們常州去小住，我也有這個打算。但時間不易安排。我和媽媽如果一起出門，這家就沒人看了。

你去年寄泉州承天寺的兩封快件，最近和其他書籍一齊寄京，原封不動。我看了知道許多事情，知道你對我的關心，同時也知道你對佛學發生一點興趣，這太好了，但可惜已經太遲了。佛學沒有二、三十年工夫，是不易有所成就的。但你既有善根，累積一些「資糧」也是好的。

近年日本佛教傳道協會，在進行漢譯佛經的英譯，大陸台灣各有一人參加。大陸是李榮熙，台灣是恆清尼法師（恆清原是美國威士康辛大學的佛學博士，近任台灣「法光佛教文化研究所」所長）。

你月底要來京作赴英準備，不知健康情況如何？近來事忙，匆匆寫了這些，餘俟你來京詳談。順問

近安

爸　手書

一九九一年一月十八日

尚明及小三，順請代候。

（七十八）

蓮女淨覽：

倫敦寄來明信片，於二月二十四日收到，知道你將於二月二十五日到滬。據康寧來說，你已平安回到常州，至為欣慰。你在香港住了幾天，據說只到大嶼山寶蓮寺去了一次，見到初慧法師❶，只談了十分鐘。他託你轉送給我二〇〇港幣，你要我寫信謝謝他，我當然要寫；但未接你來信，一點情況不瞭解，實在無從下筆。

你初回來，當然很忙，但至今已過兩旬，仍未見來信，不免有點記掛。尚明近來身體怎樣？病後應多調養，不能過忙。我們二老身體還好，只是媽常覺骨痛而已。我則腿上生了皮炎，拖了好久，近才就診塗藥，似略奏效；但日間時有痰疾，這也是老年人常有的病，且不管它。

趙樸老已屆高年，近聞仍到深圳去解決一個寺廟的事。我想今年到新加坡去一

❶ 初慧法師：時任大嶼山寶蓮禪寺住持，亦曾是作者的學生和老友。

趟，不知你是否願意同去？如能同去，請備二寸半身相片三幀，以便寄去申請。探親（三月，旅遊一月）的申請人要填下列履歷資料：1.姓名，2.年齡，3.職業，4.出生地點，5.家庭成員的姓名、職業和申請人的關係。匆此順問

闔家安好

爸 手書

一九九一年三月十五日

（七十九）

蓮女入覽：

康寧來，帶來三月九日你寫的信和Froben及蔘片一包，初慧和我結緣的二〇〇港幣，名竹刻家徐秉方❶給趙樸老求書的有關資料書鎮等，均已收到。我因為久未接你來信，剛於十五日（即接你信之前一日）給你寫了一信，想已收到。

香港初慧法師處，我已於十八日復信致謝，並寄了一份紀念弘一法師的文章給他。

趙樸老於本月上旬，因處理深圳新建寺廟的管理問題，前往深圳廣州，至今未回，聞須月底始能回京，因為下月初旬中國佛協要開一次常務理事會議，他必須回京主持。

樸老近來年高（今年已八十五歲）事忙，且兼耳聾，要請他寫字的人很多，他都未能一一書寫。我託他寫的一些題字，至今未寫。我也不便去看他。因為他平日事多、客多、外事活動多，不像往日那麼易見。因為平日去訪他的人，都是貴客，外賓不能不優先接見。他能看的文件都是比較短的，像秉方先生那些資料，他是望而生畏的。趙樸老見客，是要預先約好，不是隨便什麼人都接見的。等下月開會時，看有無機會見到樸老，那時再想法面託吧。

謝謝你送我們的東西。姥姥的關節炎，吃了Froben，據說見好。我表面看還算好，但畢竟已入老齡，行動不便了，動作也遲緩了。近來《弘一法師全集》的收尾工作正在忙碌。抄好的《年譜》尚須補充一些材料。台灣近來又有人來信催我，大概夏

❶ 徐秉方：常州一竹刻家，擬請趙樸初先生為其新書題字。

間總得搞好。匆復順祝
闔府均安

爸 手書
一九九一年三月十九日

（八十）

蓮女淨鑒：

三月二十日和二十二日來信，並小波照片、你與淨空法師等合攝照片、小波的傳真信箋二紙、淨空法師的通信地址等，均已收到。

香港初慧法師，我已去信道謝，勿念。

香港是商業都市，當然許多人都要掙錢，這比五十年前我在香港時，恐怕更甚。

聖嚴法師於一九八九年率團八十人朝拜印度佛蹟，回來寫了一本《佛國之旅》，近寄一冊給我，寫得很生動；我也寄了一信和《弘一法師書信》送他（另一冊送印順法師，他是台灣佛學權威，和我是老同事），想來他會高興的。他辦的《人生》，我每期都收到，你那裡呢？

我的皮炎已癒，痰疾是老毛病，有人送我幾盒「祛痰靈」，吃了也不管用，將來再說吧！

媽媽要買的Froben（中文名是「風」），如有可能，請再買一〇〇片，她說這是託買的。小波的傳真函件二箋，隨函寄去。餘不一一。順問

近安

爸　手書

一九九一年三月二十八日

北京前日下中雪，今日又小雨夾雪，天氣較前寒冷，聽說對農作物很有好處。樸老上月初旬赴深圳視察，至今未回，這次的政協會議也沒有參加，聽說在廣州生病，不知情況如何？下月佛協要開常務理事會，總要回來吧！

（八十一）

蓮蓮：

你好！五月十三日來信，二十三日收到。知已安抵悉尼，並看到小波，母女相聚喜可知也。

來信知在廈門機場晤宗聖法師。歡談多時，上勝緣也。宗聖法師莆田人，與廣洽法師似不甚往來。廣洽法師今年九十二歲，最近據說患半身不遂，不知情況為何？他住在一個講究的小廟，名「薝蔔院」。他並無徒弟，只有一個老菜姑（早年即認識我）名依蓮姑（姓呂，□□），照顧他的生活，皈依女弟子很多。你歸國途中，想看看新加坡的寺廟，機緣很好。我當寫信給洽老介紹，萬一他行動不便，可請他轉託他人辦理。

演培法師（江蘇人）或許你認識（以前在上海玉佛寺），他新近任普覺寺（五月九日進山陞座）住持，當家是廣餘法師，要請我到廈門金雞亭主持佛教研究所所長。演培法師有一徒弟（比丘尼）名寬嚴法師，原籍泉州人，菲律賓大學畢業，善英語，如果能得到她的幫助就好了。龍山寺（新加坡名剎）住持是廣洽法師，但他不常到，有兩個當家，廣淨和晴暉最近都要回泉州主持惠安平山寺的落成典禮，剩下廣安法師和妙華法師兩位，也是和我熟悉的。

媽媽身體尚好。康寧上禮拜曾來過。現在我要到郵局去寄信，回來再給洽老寫信。草草作復，順候

旅安，並問小波好。

爸　手書

一九九一年五月二十四日北京

1. 龍山寺　新加坡黎斯哥士律三七一號（律印路）
No. 371 Race Course Road
Singapore, 0821

2. 薝蔔院 Chiam Poh EE（Temple）
38, Lorong 27-A Geyland
Singapore, 1438

3. 光明山普覺寺（演培法師、廣餘法師）
Kong Meng San Phor Kark See
88, Bright Hill Drive

Singapore, 2057

4. 廣洽法師的閩語發音是Kong Hiap法師
5. 新加坡佛教總會的主席　優曇法師（安徽人）
6. 南洋佛學書店　隆根法師（江蘇人）
7. 華嚴精舍　廣義法師（福建人）
8. 普濟寺　妙燈法師（福建人）
9. 松年法師（有名書法家，江蘇人）

以上都是我的師友，見時可致意問候。

（八十二）

蓮蓮：

來信早已收到。淨空、聖嚴二法師複印函亦已讀悉。知旅中平安❶，至慰。

小波的同學傳吉❷送我馬來西亞的寺院佛像照片等，均已收到，至為感謝。小波能和一些信佛的人為友，於諸佛所，種諸善根，喜慰無量。新南威爾士華人佛教會能於澳洲成立，可為彼邦之人間淨土，願彼等晝夜六時恆吉祥！

我近月來頸間濕疹蔓延，頗以為苦，近始就醫治療，漸見痊癒。故聖嚴法師處，尚未暇通信。衰老日甚，精神不濟，每日讀書寫作，僅數小時耳。加以時際炎熱，容易昏睡，增訂《年譜》，正從事序文寫作，尚未暇校讀。

廣洽法師病狀，傳說不一，有謂腦溢血，開刀以後，流血過多，且屆高齡，神志不清，頗有「苟延殘喘」之勢，心甚念之，無如之何！

近月長江中下游及太湖水災，甚為嚴重，想已於報上見之。常州、無錫、蘇州等地亦皆被水淹。工廠且多停工，幸人無恙。

---

❶ 此信寄至澳洲悉尼，蓮蓮因公隨煤炭部團組到澳洲進行考察，公畢請假三週以訪女兒，其他成員先行回國，此時仍在澳洲。

❷ 傳吉：喬清波在悉尼技術大學學習時的同學，馬來西亞留學生，篤信佛教。

康寧研究生論文答辯❸，已順利通過，每週來家一次聚會，她諸事似甚忙。尚明於七月十五日來京，住西郊飯店，開會四日（聞係《大百科全書·煤炭卷》編輯會議），十九日完畢，今日（二十日）已乘機回常州（來時乘火車）。其間曾來家兩次，精神似甚良好。常州因大水為害，農田淹沒（運河水漲），蔬菜頗為昂貴。近日水位略降，情況想較好轉。

近日漳州東橋亭劉慧芳（素華）姑與道侶朝禮四大名山，昨到京，曾來相訪，晤談甚歡。回憶一九八七年我們回鄉，你和媽曾受她熱情招待，往事歷歷，至今未忘。她年雖老，而甚健談。

北京自上月京郊密雲洪水為災，經軍民搶救，變危為安。雖有損失，似無礙大局。至今風雨以時。蔬菜百物，價廉物美，首都生活，殊感幸福。

趙樸老近雖出院，而諸事甚忙。字尚未寫，昨接常州徐秉方君來信催問，甚為抱歉。我已數訪小宗❹，請他相機催請，但樸老已屆高年，外事活動又多，實不勝其煩。

❸ 康寧當時在中國科學院植物研究所讀研究生，此時方畢業。

家裡一切如常，勿以為念。

藏慧法師（華藏寺創建人）不知曾見面否？

匆匆書此，即候

旅安。並問小波安，祝進步。

爸　手書

一九九一年七月二十日夜

回信仍寄晴冬園三號樓八〇一室。

❹小宗：時任趙樸初先生的祕書。

（八十三）

蓮女入覽：

張德芳❶同志帶來的信和年貨，已於十日收到，謝謝。小三給小尤的信和禮物，我已讀給她聽了。你的短信和壓歲錢二十元也已給她。

你又送我們二〇〇元，充買年貨之用。再次謝謝。我已分一〇〇元給媽媽使用，另一〇〇元準備過幾天給肯堂。他日前正辦理小飲食業，三、兩天來吃一頓晚飯。他說很忙，不知實際情況如何？德國某哲學家說：「一個人的性格決定他的命運。」只好讓他受命運支配吧。

尚明入院作全面檢查，吃中藥調理，要耐心休養。他體質好，想不久當能康復。我的老年搔癢症稍好，但早晚多痰，是衰老現象，只好隨遇而安了。媽媽為況如常。匆此先復，順問尚明安康。

❶ 張德芳：蓮蓮先生喬尚明的同事，當時由常州去北京出差。

德悟因心臟病入院，不知情況如何？

爸 手書

一九九二年一月二十日

（八十四）

蓮女入覽：

沈世莊同志❶來京，帶來你的身分證與人蔘丸，及小波送姥姥的料子、送吳鉅齡❷的東西，均已收到，勿念。稿費二八三元已收到，給弟弟的百元也已代付，剩下的我們公分了，謝謝。

❶ 沈世莊：時任煤科院常州自動化研究所工程師，為蓮蓮的同事。

❷ 吳鉅齡：蓮蓮的老同學，住在北京。

沈同志回常，姥姥買了一些回禮託她轉交，請收受，計有開心果、美國杏仁、山楂片及一罐人家送我的台灣烏龍種佳茗。關於「成道」的故事，我另簡單寫幾點，供參考。

匆復順祝

你們年安

爸媽同此致意

一九九二年十二月二十四日

你的身分證隨函附去。

附錄

關於佛的成道

佛的誕生、成道、涅槃，是佛教的三大節日，特別是「成道」，有「八相成道」之說。八相即降兜率、託胎、出生、出家、降魔、成道、轉法輪、入涅槃。相傳佛、菩薩為度眾生出現於世，一生之中示現八種形相，以成道或成正覺為最重要。成道即覺悟成佛。

舊傳佛生日是舊十二月八日，宋以後改為四月初八。二月初八為涅槃日，十二月初八（臘八）為佛成道日。

南傳佛教，合佛誕生、成道、涅槃三節為一慶祝盛典，稱為「衛賽節」（Vesak，原是印度二月之別名），或譯「維薩節」，時間是每年的五月月圓日，相當於舊四月十五日前後，每年相差幾天。日本佛教徒在四月八日祝佛誕，稱「花祭」（はなまつり）。四十年前太虛法師在滬提倡，稱「世界佛教節」（在五月月圓日），日本佛教稱「國際讚佛日」。

兜率天是欲界六欲天之一天（世界）名，諸佛都從兜率降生，它有外院和內院。佛教徒相信彌勒菩薩今在內院說法，將來降生於此世界，謂之「彌勒下生」。草草附及。

爸　手書

十二月二十四日

（八十五）

蓮蓮賢女：

黃雪英❶女居士等三人，朝禮名山，到京多日，因買票頗費時間，故在家多住數日。她們是自揹行裝朝山的。現在她們先到常州，然後再朝禮九華山、黃山，經杭州再朝普陀，行程很遠，我看她們隨身行李很重，勸她們把不太重要的衣服書籍，暫騰出來，寄在上海靜安寺或常州你家，離上海到福建時再去取，你看這樣辦法行嗎？如果行，請你設法為她們處理一下（寫信或打電話）。德悟法師大概回到上海了。請打電話聯繫一下如何？匆此順問

近好

❶黃雪英：為蓮蓮長子喬文華在日本留學時的同學，台灣人，是位虔誠的佛教徒。因得知文華的外祖父（作者）是佛教界耆宿，特於到大陸朝山之際，拜見林老，並請教佛法及有關朝山途徑等，獲作者夫婦熱情接待。

尚明統此致意。

爸　手書

一九九三年六月十九日

（八十六）

蓮蓮：

你要我寫廣欽老和尚的事蹟，我勉強寫了一些，主要事蹟並無遺漏。他幼未讀書，屬於苦行一派，但他在清源山有許多神話，我有意略了。但只吃水果，不吃熟食，所謂「不食人間煙火」，是自古就有的。有些不合歷史的事，我也不寫。

記得五、六年前，他的徒眾要在泉州城北五里處清源山建塔，我曾為他寫過塔記，原稿一時找不到，你可斟酌去取。他在台灣台北土城鎮火山所建的承天寺以及高雄所建的妙通寺（女叢林）規模都很大，近來在台北又由他的高徒傳顗（讀如蟻）建了一座「慕欽講堂」（名是我取的），是宣講佛教之處。

鋼和泰用英文寫的〈譯釋喇嘛文告〉，文雖不深，但有許多專門名詞，特別是羅馬字的藏文譯音，你如不便譯，就空著吧。

匆匆祝好

爸　手書

一九九三年九月四日

隨信附上我所撰廣欽老和尚事蹟介紹（略，參見「林子青傳記集」）。

（八十七）

蓮蓮：

新年好！二月十九日掛號郵寄少林寺資料及照片，想可收到。

最近台灣有個民間社團——「中華藝文活動推展協會」，邀請北京「華夏文化促進會」（夏宗禹等關係，趙樸老支持）赴台展出弘一大師書法珍品，大約邀請十人左右（年齡大者可帶陪同），在台北、台中、高雄等地巡迴展。時間大約在今秋舊曆九、十月間。他們請我以顧問身分前往，他們擬請媽媽為陪同，她以腿力不佳，想請你為陪同，如能成行，我們可以舊地重遊，亦一樂事。一切巡迴展出事務，由華夏文化促進會負責。

先此通知，好做個思想準備。華夏還想請圓拙、陳珍珍、蔡吉堂等有關人員參加，但他們都已高年，而且體弱，不知能勝任否也。

匆匆致意，順祝

春安

爸　手書

一九九四年二月二十四日元宵

尚明順候。

（八十八）

蓮蓮：

你十月間的來信，已經收到。知道你們在澳洲玩得很好，我們也很高興。我是八月十日經香港到台灣的。時間很緊，我只住了十天就回來了。「弘一大師遺墨真跡文物展」共兩星期，我和一批參展的人是提前回來的。參觀的人很多，連李登輝也來參觀，可見彼岸的重視。

我於十月十八日和媽媽一道，應邀到福建走了一趟。由廈門而泉州，參加廣洽老舍利的進塔儀式。後來又經廈門到漳州去看一些親友，在漳州住了幾天。又由漳州到泉州去參加弘一大師誕辰一一五週年的學術研討會三天，大會極一時之盛。十月三十日自廈門乘機回京，一路平安無事。現在回京，生活一切如前。

你說歸途要到日本。不知去了沒有？如果去不成，大概是回常州了。所以寫這封信來問你。

明年三月，台灣又想再開弘公書法展，他們來信要我再去，我尚未決定。匆匆祝你們都好

爸　手書
一九九五年十一月二十五日夜

（八十九）

蓮蓮：你好！

四月八日的信，十四日收到。

關於上海情況，報告得很詳細，看了很高興。知道你的親朋好友都團聚了，我也為你們高興。

最近我們佛協幾個人，辦了退休手續，組織集體去春遊一次。到植物園去看了桃花和紫金香，回頭又去參觀「西客站」，建築規模很大，是中國人可以自豪的。根據這次春遊，我體會了自己的健康情況大不如前。我上下車須人扶持，步履蹣跚，恐不能遠行。

所以，峨嵋、九華之行，只好作罷，免得累及你和尚明。古詩云：「湖海扁舟須及健。」而今我已耄耋之年，對於蜀道也無力去攀登了。況且我還有幾篇文章要寫，也不便遠行。

新加坡尚無信來邀請，我也不願主動去追問，一切只好隨緣了。

我的健康情況，夜間極少酣睡，天未明即醒。但日間多打瞌睡。昔弘一法師與其師弟弘傘法師書云：「今春以來……手顫眼花，日恆思睡，有如八九十老翁。」我今頗為相似，幸手尚未顫耳。

何澤霖居士，最近亦寄來佛書多種，尚未奉函致謝。德悟今年寄來賀年片後，即未來信，想諸事多忙，身負寺務處主任故也。

你五月間如走得開，可來家小住，不知家中用褓母否？匆復順問

雙安

爸 手書

一九九六年四月二十七日燈下

（九十）

蓮蓮：你好！

前後來信，均已收到。知道你住院期間，做了好事，幫助窮困女孩住院費用，助人為樂，我很歡喜。佛教有一熟語叫「四攝法」，即攝受眾生的方法，佛教說是菩薩救度眾生的四種方便，即「布施、愛語、利行、同事」。第一是布施，即以財物布施給人。這是根本。

今天北京上半天大雨，因為我明天左眼預定去動手術，康寧今天特地陪我去驗血（醫生要求），結果驗得白血球是一三〇〇〇（上次是一二〇〇〇），稍高一些，據醫院意見，不便動手術。現在決定明天暫時不去回民醫院，或推遲一星期也說不定。等檢查身體以後再說。

星洲之行，慧雄法師（他在新加坡和印尼雅加達都有道場）決定請我們三人。他除電話聯繫外，以委託長順法師（廣濟寺知客，閩東人，曾赴新加坡和印尼訪問）代辦手續。我如動手術，恐怕要三個月後始能成行。不知你和尚明的澳洲之行，已決定否？匆匆奉復，未盡一一。即頌

你和尚明安樂

爸　手書
一九九六年八月五日

媽附筆問好。

台南小三❶有信來，生活很好，據說黃雪英曾去訪她，耿德以車送她回屏東去。上海佛學書局某經理，受人施資印書，他將鉅款買了私人房屋，聞被拆職。他們寄的許多書，多是過時的，敷衍而已。沈去疾簽發的信，可以不理它！我尚未收到該信。今年的八號颱風，已在台灣過境，台灣普遍受災，南投縣受災尤為嚴重。印順法師夏天多在南投縣永光別苑息夏（去年我曾在那裡一宿），他寄書給你，可不容易，應生難遇之想。

❶ 小三：即蓮蓮的幼女喬清汶，一九九五年與台南人蘇耿德（在澳洲讀書時的同學）結婚，當時她正在台南蘇家休假。

託康寧代寄《弘一法師》二冊，《年譜》二冊，想可收到（七月二十五日寄出）。

（九十一）

蓮女慧覽：

你們好！

十一月十二日來信讀悉。小波婚照❶六張，亦已收到。你詳細地報告你們一家老少的動態，我看了很是歡喜。昨晚接小波電話，知道你們一家老少去黃金海岸❷旅行，想來夠歡樂的。你們的兒女婚嫁已畢，所謂「向平之願已了」。（向平，東漢人，字子

❶ 喬清波（即小波）於一九九六年十一月在澳洲結婚，蓮蓮將當時所攝婚照寄給作者同享快樂。

❷ 一九九六年十二月間，喬尚明的父親喬鍾洲自日本來澳，全家陪他同去昆士蘭州的旅遊勝地黃金海岸及附近的布里斯班市觀光。

平。子女婚嫁已畢，遂不問家事，出遊名山大川。唐白居易贈親家翁詩云：「最喜兩家婚嫁畢，一時抽得向平身。」但你也許另有想法。）

最近，我原來另有訪問新加坡的機會。新加坡高僧演培法師於十一月十日突然圓寂，享年八十歲。訂於一九九七年一月九日，在新加坡舉行讚頌大會，昨天收到「誠邀出席演培長老圓寂傳供讚頌大會」請柬，請柬一共請了大陸三人：鄭立新、林子青、李榮熙。林、李二人未能前往，由鄭立新一人出席（提供往來機票、住宿），我大概要為《演培長老永思集》撰寫「鴻文」紀念❸。

關於赴新加坡訪問事，常順法師（代辦人，福建人，廣濟寺知客）已將我們三人護照複印本傳真過去。對方問我們何時能去？媽媽說，大概是三月初吧。你如果在一月中旬回常州，恐怕仍須到北京跑一趟。澳洲的東西，吃的我不需要，如有一次性刮鬍刀，可給我買十來把。匆復並問近好。

❸ 作者撰有〈懷念演培法師〉一文，全文可參見由法鼓文化出版的「林子青居士文集」第一集《長亭古道芳草碧》（二二一～二二五頁）。

爸　手書

一九九六年十二月二十六日夜北京

媽媽附筆致意！

喬老親家翁及尚明順此致候。

（九十二）

蓮女：

附上你要的漳州南山學校校歌（校長覺三法師撰詞，一九二八年）：

海濱東來，天色已曉，四面汪洋憑望眺。

萬綠叢中，霞波起舞，海王抱將紅日出。

快快快，接引接引，（下文已忘）……

《新加坡佛教發展史》一書，今（十二）日亦已收到，附及。

麗都、子青

一九九七年八月十二日

另轉去新加坡普濟寺妙燈法師給你的來信一封❶。

❶ 妙燈法師寫給蓮蓮（即江濤）的來信如下：「江濤居士：由毗盧寺寄來的信和照片三張，均收到，至為感謝！這次令尊、令慈和你連袂蒞新，本來想要熱切地歡迎和招待一番，遺憾的是我摔傷左腳大關節，遵醫囑不能走動，需靜養以待裂骨生還復元，以致未能如願地迎送老師故友，至為抱歉！雖然如是，但老師和你們不嫌棄我的缺陷，前來慰問有加，回憶當年南山時代的師生情誼，共同唱起那數十年憶持不忘的校歌，產生了童年時代的生動情趣，給大家感到當年的親切懷念，這也總算不虛此行。我的骨傷須待十多天後再照X光才可以知道有否進步？謝謝你們的關懷。傳芬師要來新和你們會聚，可說是因緣佳會，至為隨喜！略此順頌法喜充滿，並候　林老師旅安！　妙燈合十　一九九七年七月九日」

（九十三）

蓮蓮、尚明：

您們好！

十二月二十七日的信和照片，均已收到，謝謝！

這次南遊，可謂不虛此行。在常州半月，承你們熱情接待，不勝感謝。媽媽胳膊已好多了❶，她也不想再拍片子，由她去吧。康寧也有信來，寄了三張照片，看來頂不錯了，一工作就當了「主任」，非一般人所能做到的，我們為她歡喜。

姓王的阿姨還算勤快，我們要求不高，看來她也頂滿意的，管吃住花五百元，比起一般雖然多些，只要雙方都滿意，也沒什麼。我和媽媽對人要求不高。你和尚明從明年起，決定每月助我們二百元，補助褓母費，謝謝你們的好意，現在我們還可對付，暫時

❶ 蓮蓮繼母鄭麗都與作者到達常州火車站出站時，為急於扶作者而不慎摔了一跤，致右肩骨折，回北京時尚未徹底復元。

無此需要。耿德和小三來京，我們會好好招待的。

關於稿件的事，我因衰年病懶，無法著急，最近福建莆田學誠法師來信，要為圓拙法師圓寂出紀念刊，也是非寫文章不可的。一切都隨緣吧。能趕得上，就帶去，否則明年再說。好在我並不是名流，也不求名太急。順寄一些照片給你，不知能合用否？匆匆書此，即候年安。

姥姥
阿公 同此

一九九七年十二月三十日

（九十四）

蓮女：

你好！

前後來信（上海、常州寫的），都已收到。遲復歉甚。

你的大作❶，我已在《南洋佛教》三四四號看到，寫得很好，不知你看到了沒有？聽說你只收到了稿費，沒有看到文字。

大作的標題是「歡喜重逢竟成了最後訣別」（另有一副標題，略）。插圖幾張，也不錯，只是陳三立的詩❷錯了兩個字。一是第四句「夢輕」應是「夢清」，二是第六句「侍所宗」，應是「世所宗」。不知是你寫錯，還是他們排錯？

關於台灣《海潮音》發表的如滿、如意兩師的「碑記」，大概是他們代投的。可以編入「叢稿」❸。至於在玉佛寺所講三人的歷史，可以不用了，何況「叢稿」的份量已經太多了。

小羅所生的女兒❹才十二天。昨晚我同姥姥、小王（褓母）三人叫車去看她們，

❶ 指蓮蓮隨作者訪新加坡回來後所寫的〈新加坡佛教之旅——記與松年老法師的獅城重逢〉一文。

❷ 陳三立的詩：指作者訪問新加坡松年老法師時，錄寫了一首曾任溥儀老師的清朝遺老陳寶琛懷念學生陳三立的詩送給松老，詩曰：「平生相許後凋松，投老匡山第幾峰？見早至今思曲突，夢清特地省聞鍾。真源忠孝吾猶敬，餘事詩文世所宗。五十年來彭蠡月，可能重照兩龍鍾。」

❸ 叢稿：即由法鼓文化出版的「林子青居士文集」。

順訪肯堂的丈母娘，我送她們一老一少各一千元紅包，以結勝緣。坐了一個多鐘頭，就告辭而歸。小孩面目的確很清秀，我們都喜歡她。你看到了，作為姑姑一定也喜歡她。大概滿月的時候，小羅將抱她來看我們。

我的眼花（勉強可以看書）耳聾，稍遠一些，就聽不清。所以電視片，我也不大看。匆匆書此，順問

尚明安好、吉祥如意

爸　手書

一九九八年三月六日夜

小孩，我給取名小蓉，給你們寄上照片四張，以留紀念。

❹ 指林肯堂與小羅（羅秀蓉，四川人）所生之女，名林小蓉。

（九十五）

蓮女慧覽：

你前後兩信和寄四百元，都收到。大作〈新加坡佛教印象記〉，也已收到，長達稿紙六十張，大概有兩萬字，真是洋洋大文。我從頭到尾看了，沒有什麼問題，只有幾個錯別字和遺漏的字（如莊觀、欣嘗等），我給改了。何雲❶還沒有來，等他編輯時再斟酌吧！

褓母錢，你以後不用再寄了，因為你對永善坊長輩還要每月孝敬，未免負擔過重。我自己還過得去。

聖嚴法師給你的信（複印），我已看到。稍暇當作復。在一七二號的《人生》，有他到東京立正大學去講演、並為他的三個導師（坂本幸男、金倉圓照、野村耀昌）舉行追悼會，其中野村耀昌教授，我在一九八〇年他與中村元博士訪華時，曾與同席

❶ 何雲：時任北京《佛教文化》雜誌社的編輯。

宴會，想不到他已作古人了。

我的〈鋼和泰其人其事〉一文，還未改好，年紀大了，凡事不能從心！

尚明能鑽研舊體詩（非古詩），很好。關於平仄，現在一般大學生都不懂得，可看《五方元音》一書，比較易懂。尚明的草書寫得不錯，「鍥而不捨」，將來必有成就。中國人的書法，好的太少了。匆匆書此，未能盡意。即問

近安！

尚明統此致候。小波通信時請代問候。

爸　手書

一九九八年四月一日

（九十六）

蓮女慧覽：

《陳寅恪先生編年事輯》及《佛教二十一世紀》二書，已先後收到，謝謝。

小羅、小蓉母女等，前日晚間坐車回川，今晨來電話，已平安抵達娘家，大家都很欣慰。肯堂聞要出差，未曾同去。她們母女和我們在京照了許多照片，你很關心，我特把幾張寄給你留念，希望你和尚明看了能歡喜。另外，小三和耿德照的四張，也寄給你，請代轉。

近日我整理舊筆記，無意中發現陸洪恩❶遺書一通，你很關心，我特地寄你，以免滄海遺珠。草此順問

近好

爸　手書

一九九八年四月十四日

❶ 陸洪恩：上海人，一九一九年出生，畢業於上海國立音樂專科學校鍵盤系，曾任上海交響樂團副團長。是蓮蓮的表姊夫及幼年的鋼琴老師。文革初期，以莫須有的罪名，於一九六八年四月二十七日被處死刑，是當時高級知識分子被公開處死的第一人。一九七九年九月二十六日，在上海龍華革命公墓大廳舉行了對他的平反昭雪追悼大會。

尚明順此問候。

（九十七）

蓮女慧鑒：

五月二十七日來信，讀悉。知道你近來讀《陳垣集》，很受啟發，我去年在滬，也買了一冊，還未細讀。陳垣是當代知名學者，特別是宗教史方面，可為著作等身。他與胡適、王國維、梁啟超等是同時人，我幾十年前就讀過他的作品，對於考證一門，最為佩服。二十年前，我買了一冊《陳垣史學論著選》，厚厚一本，尚未細讀。《陳垣集》你就不用帶來了。

肯堂和小羅母女及其岳母於五月二十九日離川來京，正好小波將於翌日要回廣州，當晚和表妹相見，抱抱逗逗，小蓉也對她笑笑，親愛之情，不可言喻。肯堂和小羅於今日（六、一）出去看病，先到積水潭看骨科，被介紹到西直門「結核病研究所」診斷。據說要收押金七千元，動手術五千元，大概要到昌平或通縣去動手術。我們希望她盡快去治療，以求早癒。

小姑換房，得了一筆錢，晚年可以無慮了，我也為她高興。顧龍珠出身名門，文學素養可想而知。能勸她多讀一些佛書，必竿頭日上。德悟晚景順遂，是他的福報。近年彼此不大通信，你寫信時代我問好。我眼花耳聾，書照看，不聽電話，每天早晨出門溜灣半小時，老體尚可維持。祝尚明詩書並進。匆復，順祝安樂。

媽媽附筆問候。

爸　手書

一九九八年六月一日

（九十八）

蓮蓮：你好！

前後來信，均收到。你為我的文章整理，很費了時間，首先向你道謝。書的名稱，你改為「文集」，當然也可以，不過我以為還是用《佛教文史叢稿》，較為突出。有幾篇文章我還沒有寫好，上次小波到英德等國，答應為我找些鋼和泰材料，不知有無結果？衰年病懶，古今所同，一拖就是幾年。人貴有自知之明，我非作家，數十年操觚為文，不過應酬而已。圓拙法師示寂，其後人學誠法師要我為文紀念，義不容辭，我蒐集舊信得數十通，尚無暇整理。將來即據其來信，勉強寫成一文。〈緬懷廣洽法師〉形式與之。匆復順頌

平安

爸　手書

一九九八年十一月十二日

尚明順此問候。

（九十九）

蓮女、尚明均覽：

風景明信片，已收到。我的眼花耳聾，近日又兼後腰酸痛，不便行動。經診治

後，略有起色。已能行走，但後腰酸痛如常。

你們一家在穗，過得很好❶，我很高興。小三在澳又找到好工作。你們在廣州，遊了六榕寺，替我看了雲峰法師❷，受了招待，後來又到光孝寺去訪問。我很歡喜！

小羅母女帶著小蓉回到四川劍閣鄉下，肯堂至今未歸，究竟忙得怎樣？不得而知。他的開銷很大，每月電話費就要上千元。你是姊姊，要寫信勸勸他。他比較聽你的話。

杭州靈隱寺，請木魚法師做方丈，他是溫州江心寺去的。人地頗為相宜。匆復順問

近安

爸　手書

一九九八年十一月二十九日夜

❶ 當時蓮蓮的長女喬清波被澳洲聯合利華公司外派赴大陸工作，先在上海任職，一年後又被派往廣州。蓮蓮與尚明同去廣州與女兒團聚，小住一個多月。

❷ 雪峰法師：時任廣州六榕寺住持，早年曾在香港大嶼山的佛學院就讀，作者當時在那裡教佛學。

致喬尚明（一通）

尚明：

給鄭阿姨的信，已收到。知你將調入領導班子，從此更能發揮你的長才，可賀可賀。羊毛褲已託人織好，前日掛號（夾一斤糖）寄到南京給小華了。

蓮蓮昨天也自比利時的列日❶來了一信，報告途中見聞及生活近況，並寄來照片四幀，因為沒有多洗，囑先將這四張寄給你們看看。茲特掛號寄去，以供先睹為快。

我們的身體都還好，只是大家也一樣忙。我的聲帶發炎，說話聲音嘶啞，但並無痛苦，已醫治多時，略見好轉。

京中至今未下雪，不知常州氣候如何？蓮蓮說，他們大概在巴黎只住十天，估計

❶ 蓮蓮當時與常州自動化研究所的兩位工程師同往比利時，進行煤礦通訊方面的考察，擔任翻譯，公畢順道至法國巴黎進行觀光和考察。

近日可以回國了。匆此順祝
闔家平安

爸 手書
一九八二年十二月十二日

智慧人系列 1

長亭古道
芳草碧

憶弘一大師等師友

林子青 著

定價 250 元

紅塵的李叔同是近代藝術奇才，托鉢後的弘一大師是一代律學高僧，他的一生多彩多姿而極富傳奇性。林子青居士是當今研究弘一大師的權威之一，經過多年認真蒐集、考核並整理各種資料後，側寫大師生平逸聞，點點滴滴讓人仰止大師行誼心懷。

本書同時收錄了太虛大師、曼殊和尚、常惺法師、白聖法師的相關文章，讀者得以一窺二十世紀高僧風範。

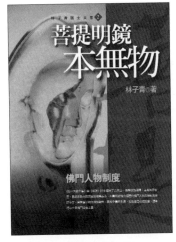

智慧人系列 3

名山石室 貝葉藏

石經塔寺文物

林子青 著

定價 300 元

為了避免末法法難使經教滅亡，南岳慧思大師弟子靜琬發願刻造石經：「世若有經，願勿輒開。」後人承其餘緒，自隋到明，綿歷千年，房山石刻已成佛教古代藝術寶庫。

林子青居士畢其心血，深入研究此一世界文化遺產，使讀者得以系統化地瞭解房山石經的歷史意義。本書亦收錄探討藏經源流、塔寺文物等專文，深富參考價值。

智慧人系列 5

人間此處是桃源

林子青詩文集

林子青 著

定價 380 元

詩，是生命的影像。詩的領域，比語言還要深廣。本書收錄《煙水庵詩稿》等近二百首詩作與二十篇散文，字裡行間透露出作者悲世憫人、細膩浪漫的性格。細讀這些雋永而蘊含禪意的作品，我們將清楚感受到：詩人所處的大時代，以及生命深層活動的微波。

「林老是部活字典，也是咱們中國佛教界的國寶。」
——趙樸初（前中國佛教協會會長）

「由這套書中，可以看到林老居士的一生，也可以看到近代中國佛教的縮影。」
——聖嚴法師

國家圖書館出版品預行編目資料

鴻雁千里寄故人：林子青書信集／林子青著.
-- 初版. -- 臺北市：法鼓文化, 2008.09
面；　公分 --（智慧人；6）

ISBN 978-957-598-439-7（平裝）

224.518　　97014607

智慧人 6

鴻雁千里寄故人——林子青書信集

法鼓文化

著者／林子青
出版者／法鼓文化事業股份有限公司
主編／陳重光
責任編輯／李書儀
美術設計／連紫吟、曹任華
地址／台北市北投區公館路186號5樓
電話／（02）2893-4646　傳真／（02）2896-0731
網址／http：//www.ddc.com.tw
E-mail／market@ddc.com.tw
讀者服務／（02）2896-1600
初版一刷／2008年9月
建議售價／690元
郵撥帳號／50013371
戶名／財團法人法鼓山文教基金會—法鼓文化
北美經銷處／紐約東初禪寺
Chan Meditation Center（New York, U.S.A.）
Tel／（718）592-6593　Fax／（718）592-0717